ESOTERISCHES
WISSEN

Herausgeber dieser Reihe Michael Görden

Dr. JOSEPH MURPHY
Die Macht der Suggestion

WILHELM HEYNE VERLAG
MÜNCHEN

HEYNE RATGEBER
08/9500

Titel der Originalausgabe:
HOW TO USE THE LAWS OF MIND
Aus dem Amerikanischen übertragen und bearbeitet
von Manfred G. Schmidt

6. Auflage

Copyright © 1980 by Dr. Joseph Murphy
Copyright © der deutschen Ausgabe Verlag PETER ERD, München 1983
Genehmigte Taschenbuchausgabe
Printed in Germany 1991
Die Originalausgabe erschien unter dem Titel
Mehr Glück und Erfolg durch die richtige Anwendung der geistigen Gesetze
Umschlaggestaltung: Atelier Adolf Bachmann, Reischach
Umschlagillustration: Ewald Orsan, Simbach
Satz: Fotosatz Völkl, Germering
Druck und Bindung: Ebner Ulm

ISBN 3-453-00380-2

Inhalt

1. KAPITEL: **Die Wirkungsweise Ihres Gemüts** 13

Suggestionen und Ihr Unterbewußtsein 14
Zwei gegensätzliche Suggestionen 14
Wie sie mit einer suggerierten Seekrankheit fertig wurde . 15
Ihre frühe Erziehung 16
Wie sie ihr Gemüt reinigte 17
Wie kann ich Frieden finden? 18
Er sah sich als reicher Mann 19
Blicke nach innen 20
Sie können sich ändern 22
Überwinden Sie die Welt 22
Sie können sich über die Dinge erheben 23
Wie er sein Leben änderte 24
Machen Sie sich eine grundlegende Wahrheit bewußt .. 26
Sie war gegen Orangensaft allergisch 26
Praktizieren Sie diese Wahrheit 27
Er sagte: »Es funktioniert« 28
Ihre rechte Hand 29

2. KAPITEL: **Heilung durch den Geist** 31

Die Tage der primitiven Menschheit 31
Die Macht des Placebos 31
Centro Medico Del Mar Tijuana 32
Das Handauflegen 33
Die Macht des Glaubens 35
Wie das Gemüt dem Medikament zur Wirkung verhilft . 35
Der Vater im Innern 36
Erwarten Sie Sicherheit 37
Er entdeckte sich selbst 38
Er glaubte nicht, was über ihn geschrieben wurde 39
Kämpfen Sie nicht gegen die Welt 41
Denken Sie nicht an die Vergangenheit 42
Die zwei Welten 43
Gemütsfrieden 44

3. KAPITEL: **Das Geheimnis des Erfolgs im Leben** .. 47

Er sagte: »Ich bin nicht erfolgreich« 47
Das Gesetz der Umkehr 50
Erfolg im Gebet 50
Skrupellose Methoden 52
Erfolg bei spiritueller Arbeit 53
Er war der Präsident einer großen Gesellschaft 53
Das verschlossene und das offene Gemüt 55
Die Quelle aller Segnungen 56
Erfolgreich leben 58
Achten Sie auf Ihre Worte 58
Triumph der Prinzipien 59
Weshalb sie nicht bezahlten 60
Ein häufig anzutreffender Aberglaube 61
Das Gesetz des Geistes ist unpersönlich 62
Sie werden gebraucht 63
Eine Meditation für den Erfolg 64

4. KAPITEL: **Die Macht des Geistes: vom Abgrund des Todes errettet** 65

Eine einfache Wahrheit 66
Göttliche Liebe heilt 66
Eine neue Einsicht veränderte sein Leben 67
Die innere Bedeutung der Goldenen Regel ist wichtig .. 69
Er sagte: »Ich habe es versucht, aber ich kann nicht« ... 70
Wie er sein Gemüt instand setzte 70
Sie erfuhr das Geheimnis 71
... daß ihr einander liebt ... (Joh. 13:34) 71
Die Erklärung rettete sein Leben 72
Stimmen Sie sich auf das Unendliche ein 73
Ihr Wunsch muß Ihr Unterbewußtsein erreichen 75
Er hatte das falsche Selbst-Image 75
Sie wurde von Furcht- und Schuldgefühlen geplagt ... 76
Das erste und das zweite Selbst 77
Der Weg zum Erfolg 77

5. KAPITEL: **Lehre uns beten** 79

Wie ihr Erleuchtung zuteil wurde 80
Der Heiligste der Heiligen 80

Das Gebet des Glaubens 81
Wie sie für ihren Schwager betete 82
Die Verheißungen Gottes 83
Sie sind ein Mittler 84
Sie werden von Engeln bewacht 84
Sind Sie allgegenwärtig? 86
Näher zu Dir 87
Ist es weise? 87
Der Schutzheilige 88
Sie können sich eine herrliche Zukunft bauen 88
Sie sind der Kapitän auf der Brücke 90
Das Alter ist nicht die Flucht der Jahre 91
Ein medizinisches Wunder 92
Ihre Religion war ihr Problem 94

6. KAPITEL: **Die spirituelle Gesinnung** 97

Sie können sich erheben 98
Fangen Sie an zu glauben 98
Das Blut des Lammes 99
Der Preis, den Sie zahlen 100
Weshalb er enttäuscht war 101
Wie er seine Verzagtheit überwand 103
Der Fürst dieser Welt 104
Wie die Furcht gehandhabt werden sollte 105
Es gibt einen leichten Weg 106
Die Geheimnisse des Lebens 108
Die Antwort auf Trübsals- und Untergangs-
prophezeiungen 108
Sie nannten ihn »den Felsen von Gibraltar« 109
Vergleichen Sie sich nicht mit anderen 110
Er wollte Geistlicher werden 112
Das Gesetz von Ursache und Wirkung 113
Eine bessere Zukunft 113

7. KAPITEL: **Denkmodelle sind schöpferisch** 115

Glaube und Vorstellungskraft heilte sie 116
Die Macht der Gedanken 117
Wo sind die Feinde? 118
Weshalb er nicht vorwärtskam 118
Psychosomatische Medizin 119

Die zwei Schwestern 120
Die Herrschaft des Gemüts 121
Machen Sie sich mit den mentalen und spirituellen
Gesetzen des Lebens vertraut 123
Die Macht der Heilungssuggestion 125
Sie sind hier, um zu wachsen und sich zu entfalten 126
Das Wort wird Fleisch 127
Entfernen Sie die mentalen Blockierungen 128

8. KAPITEL: **Erfüllen Sie sich Ihre Wünsche** 131

Ihr inständigstes Begehren 131
Begehren ist naturgemäß und gottgegeben 132
Selbsterhaltung 133
Begehren ist das Geschenk Gottes 133
Unterdrücktes Begehren 134
Er wünschte sich eine College-Bildung 135
Durchdenken Sie die Dinge 136
Es gibt eine Antwort 137
Die Goldene Regel 137
Sie fand einen Bedarf 138
Sie werden gebraucht 139
Die zwei Brüder 139
Schöpferische Imagination 141
Sie wünschte sich ein Haus 141
Es gibt einen leichten Weg 142
Das Licht in Ihrem Innern 143
Sein geistiges Bild von seiner Tochter 143
Sie sind immer imaginativ 144
Mißbrauch der Imagination 144
Weshalb der Redner versagte 145
Eine alte mystische Legende 146

9. KAPITEL: **In der Erklärung liegt die Heilung** 149

Schwärende Gedanken 150
Er sah ein, daß er sich töricht verhalten hatte 151
Sie löste das Verhältnis sofort 152
Spontane Heilung 152
Sie waren 16 Jahre lang gelähmt 153
Selbstheilung 154
Erwartungsvolle Aufmerksamkeit 154

Der Wert des Lachens 154
Übermäßige Anspannung 158
Sie heilte sich von Eifersuchtsgefühlen 160
Sie hörte auf, sich selbst zu bestehlen 160
Der Verdruß befand sich in ihm selbst 161
Suchen Sie immer im Innern nach der Ursache 163
Sie können Ihre Reserven mobilisieren 164
Die Zeichen verhießen ihr »eine Neigung zu Unfällen« . 165

10. KAPITEL: **Das Buch des Lebens** 167

Wie Ihr Gemüt arbeitet 169
Der neue Name 171
Was glauben Sie? 172
Zum Siegen geboren 173
Die sieben Siegel 174
Wer sind Sie? 177
Entdecken Sie sich selbst 180
Der See des Feuers 183

11. KAPITEL: **Wozu sind Sie hier?** 187

Finden Sie Ihren wahren Platz 187
Ihr spezielles Gebet 188
Beanspruchen Sie Ihr Gutes jetzt 188
Der gegenwärtige Augenblick 189
Er hörte auf, die Vorsehung verantwortlich zu machen . 190
Ein Lebensprinzip 191
Weshalb sie nicht gedeihen konnte 192
Göttliche Unzufriedenheit 193

12. KAPITEL: **Satan, Teufel, Schlange etc. – ihre wirkliche Bedeutung** 195

Das Auge wurde Teufel genannt 195
Der umgekehrte Gott 196
Eine Erfindung des Menschen 196
Schmerz ist eine Konsequenz 197
Überwindung von Hindernissen 198
Der Fall Luzifers 198
Eine schöpferische Macht 198
Die Wahrheit macht uns frei 200

Der Erzengel Luzifer 200
Der sogenannte Teufel im hebräischen Symbolismus ... 201
Denken ist schöpferisch 203
Es gibt keinen Tod 204
Das Leben sucht sich seine Ausdrucksmöglichkeit 205
Der physische Tod des Körpers 205
Positiv und negativ 206
Der Bezichtiger 206
Satan 207
Das Leben und das Böse 208
Teufel austreiben 209
Eine Autosuggestion 210

13. KAPITEL: Sie können Ihre Ängste kontrollieren . 213

Treten Sie der Furcht entgegen 214
Der geheime Ort 214
Biblische Anweisungen 215
Ein Bibelvers rettete ihre Erbschaft 217
Wer ist Ihr Herr? 217
Schuldgefühle und ihre Bedeutung 219
Gebrauchen Sie Ihre Vorstellungskraft 221
Gott ist zeit- und raumlos 222
Gott und das Gute sind gleichbedeutend 223
Gebet treibt die Furcht aus 225
Lassen Sie göttliche Liebe vor sich hergehen 227

14. KAPITEL: Die Macht der Suggestion 231

Wie Suggestionen wirken 232
Ihre Autosuggestion 232
Die Wunder Ihres tieferen Bewußtseins 233
Sie suchte einen Kahunapriester auf 233
Heiler 234
Fetisch-Anbetung 235
Heilungen bei den nordamerikanischen Indianern 236
Die Wahrheit ist ewig 237
Alkoholismus wurde überwunden 237
Darwins Kommentare 238
Herrschaft über Tiere 239
Eine bemerkenswerte Heilung 240

Paralytiker konnten wieder laufen 241
Die Annalen der Medizin 241

15. KAPITEL: **Ehe, Sex und Scheidung** 246

An den Rollstuhl gefesseltes Mädchen kann wieder
gehen 247
Weshalb sie ihrer Mutter keine Hilfe war 248
Was beim Beten zu beachten ist 249
Sie müssen die Heilung wirklich wollen 249
Sie hatte Schuldgefühle wegen ihrer Ehescheidung . . . 253
Sie zitierte Matthäus 19 254
Gott ist Liebe 255
... Was Gott zusammengefügt hat, das soll der Mensch
nicht scheiden (Matth. 19:16) 257
Eheschließungen vollziehen sich im Gemüt 258
Unwissenheit ist die einzige Sünde und alles Leiden ist
die Konsequenz 259
Wir leben zusammen: wo ist der Unterschied? 259
Behütet euer Herz mit allem Fleiß, denn daraus geht das
Leben (Spr. 4:23) 261
Eine Reise nach London 262
Eine hoffnungslose Ehesituation 262
Ihr Körper ist nicht verantwortlich 264
Weshalb sie nörgelte 266
Er kam zu ihr zurück 267
Disziplinieren des Gemüts 268

1. KAPITEL

Die Wirkungsweise Ihres Gemüts

Sie verfügen nur über ein Gemüt, das jedoch mit zwei Funktionsweisen ausgestattet ist. In diesem Kapitel habe ich es mir zur Aufgabe gemacht, diese unterschiedlichen Funktionsweisen klar und verständlich darzustellen. Jede dieser Funktionen oder Phasen wird durch die ihnen eigenen Phänomene charakterisiert. Beide sind imstande, unabhängig voneinander tätig zu werden – nichtsdestoweniger handelt es sich hier um zwei Phasen und nicht etwa um zwei Gemüter, mit denen Sie ausgestattet sein könnten.

In diesem Buch werden Sie lernen, beide Phasen Ihres Gemüts synchron und harmonisch einzusetzen, um dadurch Frieden, Gesundheit, Harmonie und Überfluß in Ihr Leben zu bringen. Die gängigen Bezeichnungen dieser zwei Wirkungsweisen Ihres Gemüts sind: »Objektives und subjektives Bewußtsein«, »wachbewußter Verstand« und »Unterbewußtsein«. Daneben spricht man noch vom »Supraliminalen« und »Subliminalen« – eine alte psychologische Terminologie.

Für dieses Buch habe ich mich für die Anwendung der Bezeichnungen »wachbewußter Verstand« und »Unterbewußtsein« entschieden. Der objektive oder wachbewußte Verstand nimmt die Erscheinungswelt durch seine fünf Sinne wahr, während es sich beim Unterbewußtsein oder subjektiven Gemüt um eine Intelligenz handelt, die sich in allen subjektiven Zuständen und Verfassungen manifestiert, wie beispielsweise in Traumgeschehen, Nachtvisionen, Heilungen etc. Während Sie schlafen, hält Ihr Unterbewußtsein alle lebenswichtigen Funktionen in Gang. Es übernimmt die Atmung, den Blutkreislauf, es läßt Ihr Herz schlagen, und es kümmert sich um alle anderen essentiellen Funktionen Ihres Körpers. Ihr wachbewußter

Verstand führt Sie bei Ihrem Kontakt mit Ihrer Umgebung. Mittels Ihrer fünf Sinne werden Sie beständig mit neuen Eindrücken versorgt, durch Beobachtungen, Erfahrung und Kenntnisnahme.

Suggestionen und Ihr Unterbewußtsein

Ihr Unterbewußtsein spricht auf Suggestionen an und wird von Suggestionen kontrolliert. Es unterliegt völlig dem Gesetz der Suggestion und folgert nur deduktiv, d. h., es setzt sich nicht mit den Dingen auseinander, es erwägt und bewertet nicht, und es sammelt keine Fakten, um sie dann ihrer Beweiskraft entsprechend einzusetzen.

Seine Methode des Folgerns ist also rein deduktiv. Und das ungeachtet der Tatsache, ob eine Prämisse richtig oder falsch ist. In anderen Worten: Seine Folgerung, von einer falschen Prämisse ausgehend, wird ebenso logisch und korrekt sein, wie die von einer wahren. Somit wird zum Beispiel ein Mensch im Zustand der Hypnose auf die Suggestion, ein Hund zu sein, ohne zu zögern die Rolle eines Hundes spielen, sofern ihm das physisch möglich ist. Dabei wird er sich dann tatsächlich für einen Hund halten.

Möglicherweise hatten Sie schon einmal Gelegenheit, Hypnotisierte bei dem ihnen suggerierten Rollenspiel zu beobachten. Der Hypnotisierte ist immer überzeugt, das zu sein, was ihm suggeriert wird. Sie können beispielsweise einem Hypnotisierten suggerieren, Präsident Roosevelt zu sein; dann wird die Persönlichkeit des Betreffenden völlig in dem Einfluß der Suggestion aufgehen. Wenn er zudem in der Vergangenheit noch Gelegenheit hatte, dem Präsidenten zuzuhören, dann wird er sich in der Tat für Roosevelt halten.

Zwei gegensätzliche Suggestionen

Sie haben immer die Macht, die Suggestion eines anderen Menschen zurückzuweisen. Die Suggestionen anderer verfügen über keinerlei Macht, solange sie von Ihnen nicht akzeptiert werden; nur bei einer Annahme werden sie zu Ihrer eigenen Gemütsbewegung oder einer Autosuggestion. Wenn Sie beispielsweise einem erfolgsgewohnten Geschäftsmann mit einem unerschütterlichen Vertrauen in seine Fähigkeiten einreden wollten, er müsse sich bei einem bestimmten Vorhaben auf Fehlschläge gefaßt machen, würde er Sie wahrscheinlich auslachen und Ihre Suggestion der allgemeinen Lächerlichkeit preisgeben. Mehr noch: Ihre Suggestion könnte ihm sogar noch Ansporn sein, sozusagen eine Stimulierung seines Bewußtseins für sein Vorwärtskommen, seinen Wohlstand und seinen Triumph. Ihr Unterbewußtsein akzeptiert von zwei Ideen jeweils die dominierende.

Wie sie mit einer suggerierten Seekrankheit fertig wurde

Auf einem unserer Kreuzfahrt-Seminare hielt eine der Teilnehmerinnen es für angebracht, einem anderen Gruppenmitglied zu suggerieren, sie sähe krank und bleich aus, was möglicherweise auf die rauhe See zurückzuführen wäre. Die so Angesprochene war jedoch gut vorbereitet. Sie wußte mit derartigen Suggestionen umzugehen, deshalb lautete ihre Antwort: »Ich bin hier, um mich spirituell aufzuladen und eine herrliche Zeit zu erleben. Ich bewege mich mit dem Schiff, den Wellen und dem Rhythmus der Tiefe. Es ist wunderbar!« Damit neutralisierte sie die negative Suggestion der anderen Frau.

Die negativen Suggestionen anderer müssen, um wirksam sein zu können, immer eine verwandte Saite in Ihrem Innern anschlagen; es müßte sich – um beim obigen Beispiel zu bleiben – ein Furchtgefühl in Ihrem Unterbewußtsein befinden, andernfalls wären ihre Wirkungen gleich Null. Bedenken Sie immer, daß Sie sich jederzeit auf die unendliche Gegenwart und Macht in Ihrem Innern einstimmen können. Wenn Sie mit dem Unendlichen gleichgeschaltet sind, werden Sie sich gegen alle üblen und falschen Suggestionen immunisieren.

Ihre frühe Erziehung

Wir alle wurden, als wir noch jung und damit form- und beeindruckbar waren, mit Suggestionen, Meinungen, Überzeugungen und glattem Aberglauben versorgt, die sich samt und sonders aus den religiösen Glaubensinhalten unserer Eltern, Onkeln, Tanten, Geistlichen, Lehrer und anderen zusammensetzten.

Wir alle haben die Suggestionen, die Überzeugungen, die Sprache, die Sitten, Gebräuche und Traditionen unserer Eltern und unserer Umgebung akzeptiert. Wir hatten da ja auch keine andere Wahl. Wir konnten diese Suggestionen und Indoktrinationen nicht zurückweisen, weil wir noch nicht imstande waren, das Falsche vom Wahren zu unterscheiden.

Sie sind jedoch nicht mit einer religiösen Überzeugung, mit Befürchtungen, Tabus oder Verboten irgendwelcher Art auf die Welt gekommen. Wie wir alle, so wurden auch Sie – bei Ihrer Geburt ein hilfloses und unwissendes Wesen – voll und ganz dem Gutdünken Ihrer Eltern anheimgegeben, oder dem anderer, denen Sie anvertraut waren. Geboren wurden Sie nämlich nur mit zwei Ängsten – der Angst vor dem Fallen und der Angst vor Geräusch – beides jedoch nichts anderes als Gottes Alarmsystem für Ihren Schutz. Alle anderen Ängste sind Ihnen erst später verabreicht worden.

Ich empfehle allen Menschen, den Ursprung ihrer Überzeugungen, ihrer religiösen Konzepte und ihrer Ängste zu untersuchen, um festzustellen, ob sie zu ihrer Gesundheit, ihrem Glück und ihrem Gemütsfrieden beitragen. Alles, was Sie in Ihrer Jugend gelernt, angenommen oder nachgeahmt haben, kann aus Ihrem Unterbewußtsein entfernt und für immer ausgelöscht werden. In anderen Worten: Sie können Ihr Unterbewußtsein immer wieder instandsetzen und neu programmieren – den ewigen Wahrheiten gemäß, die universell sind und allen Menschen gehören. Diese ewigen Wahrheiten sind die gleichen, gestern, heute und in Ewigkeit.

Wie sie ihr Gemüt reinigte

Eine pensionierte Lehrerin erzählte mir einmal, auf welche Weise sie die ihr in frühester Jugend eingegebenen religiösen Auffassungen auslöschen konnte – Glaubensmeinungen, die sie als seltsam, grotesk, irrational, unlogisch und unwissenschaftlich ansah. Sie hatte in einem Magazin einen Ausspruch Einsteins gelesen: »Wissenschaft ohne Religion ist lahm, und Religion ohne Wissenschaft ist blind.«

Daraufhin befaßte sie sich eingehend mit den Religionen der Welt, einschließlich Unity und Religious Science, und las mein Buch *Die Macht Ihres Unterbewußtseins*. Letzteres gab ihr die entscheidenden Impulse. Wie sie mir sagte, schlug es eine Glocke bei ihr an, und sie erwachte aus einer langen religiösen Erstarrung.

Zugleich machte sie es sich zur Gewohnheit, das folgende Gebet regelmäßig und systematisch anzuwenden, in dem Wissen, daß es alle falschen Konzepte aus ihrem Unterbewußtsein auslöschen würde, so, wie bei einer Tonbandaufnahme das Vorhergegangene automatisch gelöscht wird. Sie programmierte ihr Unterbewußtsein folgendermaßen:

»Göttliche Liebe erfüllt meine Seele. Göttliches rechtes Handeln ist mein. Göttliche Harmonie beherrscht mein Leben. Göttlicher Frieden erfüllt meine Seele. Göttliche Schönheit ist mein. Göttliche Freude erfüllt meine Seele. Auf allen meinen Wegen werde ich göttlich geführt. Ich bin vom Höchsten illuminiert. Ich weiß und ich glaube, daß Gottes Wille für mich ein größeres Maß an Leben, Liebe, Wahrheit und Schönheit ist – etwas, das meine kühnsten Träume übersteigt. Ich weiß, daß Gott mich liebt und für mich sorgt.«

Dieses Gebet hatte sie formuliert, nachdem sie *Die Macht Ihres Unterbewußtseins* und andere Bücher von mir gelesen hatte. Sie wußte, daß diese großen Wahrheiten nach und nach in ihr Unterbewußtsein sinken und die gewünschte Veränderung zuwege bringen würden.

Das erste, was sie dabei lernte, war die Tatsache, daß es nur eine einzige Macht gibt. Es kann niemals zwei Mächte geben – spirituell, wissenschaftlich, mathematisch oder auf irgendeine andere Weise. Wenn Sie sich bewußt machen, daß Gott der lebendige allmächtige Geist ist – allgegenwärtig und allmächtig –, dann bleibt kein Raum für irgend etwas neben ihm. Gäbe es zwei Mächte, dann würde eine die andere auslöschen. Dann gäbe es keine Ordnung, keine Planung, keine Proportionen oder Symmetrie. Die Welt wäre ein Chaos, aber kein Kosmos.

Sie erkannte auch, daß alles Gute und Schlechte in ihren Erfahrungen allein auf ihre Anwendung dieser einen Macht zurückzuführen war – der einen Macht, die in sich ganz und vollkommen ist. Sie erkannte die Tatsache, daß sie jede Macht auf zweierlei Art anwenden konnte, daß Gut und Böse ausschließlich Bewegungen ihres eigenen Gemüts waren, in Relation zu dem einen Sein, das in sich ganz und vollkommen ist.

Sie war eine weise Frau. Sie hatte aus ihren Fehlern gelernt und sie korrigiert. Sie hatte neues Handeln auf neu gelernte Wahrheiten gegründet. Sie führt jetzt ein glücklicheres und friedvolleres Leben.

Wie kann ich Frieden finden?

Diese Frage wurde mir kürzlich in einem Club an meinem Wohnsitz Leisure World, Kalifornien, gestellt. Eine Frau fragte: »Wie kann ich Frieden finden? Ich lese unentwegt von Verbrechen – von Vergewaltigungen, Morden, Einbrüchen –, und wenn nicht von Verbrechen, dann von Benzinknappheit oder den vielen Gaunereien, die heutzutage gang und gäbe sind.« Meine Antwort darauf war, daß eine veränderte Einstellung auch alles andere verändert. Ich machte ihr klar, daß sie von sich aus wohl kaum imstande wäre, die Welt zu verändern oder soziale Ungerechtigkeiten, Verbrechen und das inhumane Verhalten von Mensch zu Mensch verhindern könnte, daß sie sich vielmehr auf die unendliche Gegenwart einstimmen und bejahen sollte: »Gottes Frieden erfüllt meine Seele. Das Licht Gottes scheint in mir. Ich denke, spreche und handle aus dem göttlichen Zentrum in meinem Innern heraus.«

Das, so fügte ich hinzu, ist eine sichere Methode, Frieden zu finden in dieser sich verändernden Welt. Nirgendwo auf der Welt gibt es ein Gesetz, das Sie zur Gehässigkeit, zu Groll- oder Furchtgefühlen zwingt, nur weil irgendwelche Politiker, Umstände oder Zeitungen das suggerieren. Sie können jederzeit bejahen: »Gott denkt, spricht und handelt durch mich.«

Es ist eine einfache Wahrheit im Leben: Kein Mensch, kein Umstand, keine Begebenheit, keine Zeitungs- oder Rundfunkmeldung kann Ihnen den Frieden rauben; Sie selbst geben ihn weg, wenn Sie die Kontrolle über Ihre Gedanken, Worte, Taten und Reaktionen aufgeben. Sie sind der Boß; Sie sind verantwortlich für Ihr Denken.

Er sah sich als reicher Mann

Vor einigen Wochen hielt ich eine Reihe von Vorträgen in den großen Städten der Republik Südafrika. Dr. Reginald Barrett, der dort regelmäßig Vorträge über die Gesetze des Gemüts hält, machte mich auf einem Seminar in Durban mit einem Mann bekannt, der zu mir sagte: »Wissen Sie, Dr. Murphy, es ist wahr: Wohlstand befindet sich zunächst in unserem Gemüt und erst dann in der Erde, in der Luft, im Meer und überall sonst.« Er berichtete mir, daß sein Vater und Großvater seinerzeit aus England nach Südafrika gekommen waren, um dort ihr Glück zu machen. Sein Großvater hatte viele Monate mit der Goldsuche verbracht und nichts gefunden. Er gab schließlich auf, als ihm die Geldmittel ausgegangen waren. Sein Vater jedoch ging noch einmal über das gleiche Territorium und stieß bereits nach wenigen Wochen auf eine Goldader, die dann später zu einer der berühmtesten Goldminen Südafrikas wurde.

Wie er mir sagte, war sein Vater ein sehr religiöser Mensch, der ständig bejaht hatte, daß Gott ihm die Goldvorkommen enthüllen und ihn zu grünen Auen und stillen Wassern führt. Gewiß, das Gold befand sich im Boden – der spirituelle Reichtum jedoch befand sich im Gemüt des Vaters in Form eines unerschütterlichen Glaubens an göttliche Führung und an die ewigen Wahrheiten des 23. Psalms. Sein Großvater hingegen war, wie sich herausstellte, verängstigt, angespannt und neidisch, weil einige seiner Freunde zu Reichtum gekommen waren und er nicht. Diese Einstellung verursachte eine mentale und spirituelle Blindheit, so daß er das Gold zu seinen Füßen nicht wahrnehmen konnte.

Blicke nach innen

Blicken Sie nicht auf Äußerlichkeiten, wenn Sie Gemütsfrieden, Wohlstand, Sicherheit oder innere Kraft erlangen wollen. Die göttliche Gegenwart befindet sich in Ihrem Innern – die höchste Intelligenz, die alle Dinge geschaffen hat, ist allweise. Keine Regierung, keine Institution und keine Person kann Ihnen ein ruhiges Gemüt oder inneren Frieden verleihen.

Ihr Unterbewußtsein ist der Sitz Ihrer Gewohnheiten, und Gewohnheiten schaffen Sie sich auf die gleiche Weise, wie Sie gehen, schwimmen, tanzen, klavierspielen, maschineschreiben oder autofahren lernten. Dabei sind Sie bestimmten Denkmustern und Handlungsweisen wieder und wieder gefolgt und hatten sie dadurch nach einer gewissen Zeit in ihr Unterbewußtsein gepflanzt. Seither können Sie alles das ganz automatisch vollziehen. Sie könnten es auch als Ihre zweite Natur bezeichnen. Letztere ist lediglich die Reaktion Ihres Unterbewußtseins auf Ihr wachbewußtes Denken und Handeln.

Bejahen Sie mehrmals während des Tages: »Gottes Strom des Friedens durchdringt mein Gemüt und mein Herz. Ich ruhe in den ewigen Armen der Weisheit, Wahrheit und Schönheit.« Machen Sie es sich zur Gewohnheit, dieses Gebet mehrmals zu wiederholen. Repetieren Sie es wieder und wieder, in dem Wissen, was Sie tun und warum Sie es tun. Wenn Sie mit der Bejahung dieser einfachen Wahrheiten fortfahren, werden Sie friedvoll und harmonisch und automatisch zum Frieden und der Serenität Ihrer gesamten Umgebung beitragen.

Manch einer erzählt mir von seiner Sehnsucht nach einem kleinen Flecken in Strandnähe, wo er dann Ruhe und Frieden finden könnte. Aber so etwas ist natürlich nur eine Selbsttäuschung. Wo Sie auch hingehen mögen, Ihr Gemüt nehmen Sie immer dorthin mit. Wo sie auch sind, überall treffen Sie sich selbst wieder. Wenn Ihr Gemüt in Aufruhr ist, wenn Sie angespannt und besorgt sind, dann werden Ihnen weder der Meeresstrand noch die Berge den ersehnten Frieden bringen können. Sie müssen den Frieden zunächst einmal *erwählen*.

Einige Menschen sind unablässig auf der Suche nach einem Shangri La, wo das ganze Leben nur eitel Wonne und Harmonie ist, eine Art Utopia, wo wir dann alles miteinander teilen und harmonisch zusammenleben – friedvoll und fröhlich. Sie müssen jedoch bedenken, daß Sie sich immer Ihr eigenes Utopia schaffen. Einen Ort dieser Art gibt es nicht. Er existiert nur im Gemüt des Menschen, der sich auf das Unendliche eingestimmt hält und den Frieden gefunden hat, der jede Vernunft übersteigt. Die Probleme, Herausforderungen, Schwierigkeiten und der Aufruhr überall um uns herum veranlassen uns, nach diesem inneren Frieden zu streben und befähigen uns, unsere Göttlichkeit zu entdecken und uns über die Probleme der Welt zu erheben.

Sie können sich ändern

Sie brauchen keinen Zauberstab, um die Welt zu verändern, aber Sie können sich selbst ändern, indem Sie sich mit der unendlichen Gegenwart und Macht in Ihrem Innern identifizieren und beständig Harmonie, Frieden, Schönheit, Liebe, Freude, rechtes Handeln und göttliche Ordnung beanspruchen. Wenn Sie sich das zur Gewohnheit machen, dann erheben Sie sich damit über die Turbulenzen und das Chaos des Weltbewußtseins, zuweilen auch Menschheitsdenken, Gesetz des Durchschnitts oder Massengemüt genannt.

Überwinden Sie die Welt

Die »Welt« repräsentiert in biblischer Sprache alles äußere Geschehen, alle Menschen, gut oder schlecht. Mit Massengemüt oder Gesetz des Durchschnitts ist das gewohnheitsmäßige Denken von viereinhalb Milliarden Menschen gemeint. Tagaus, tagein lesen wir von Kriegsgeschehen, Grausamkeiten, Verbrechen, Haß, Eifersucht, Mord, Rassenunruhen und religiösen Kämpfen. Zugleich lesen wir aber auch von guten und edlen Menschen, die zum Frieden in der Welt beitragen.

Man kann der Welt oder dem Massengemüt nicht entfliehen. Wir alle sind in dieses Massengemüt eingetaucht, weil wir, subjektiv betrachtet, alle eins sind, und das psychische Meer uns alle einschließt. Das ist der Grund, weshalb wir uns immer geistig aufgeladen halten sollten. Machen Sie sich immer bewußt, daß die unendliche Intelligenz Sie führt und leitet und daß die Macht des Unendlichen Sie belebt und erhält. Strahlen Sie Liebe, Frieden und Wohlwollen auf alle Menschen aus und wünschen Sie ihnen alle Segnungen des Lebens.

Diese Gemütshaltung garantiert Ihnen den Erfolg auf allen Ebenen. Darüber hinaus leisten Sie einen konstruktiven Beitrag zum Wohlergehen aller Menschen, wo immer Sie sich auch befinden mögen. Mit Sicherheit können Sie sich triumphierend durch die Strudel dieser konfusen Welt bewegen – auf Wegen der Freude und Pfaden des Friedens. Es sind Ihre Auffassungen, Ihr Glaube und Ihre Überzeugungen, die alle äußeren Handlungen diktieren und kontrollieren.

Sie können sich über die Dinge erheben

Ein Krankenpfleger, der gerade sein Abschlußexamen hinter sich gebracht hatte, war mit einer verantwortungsvollen Position in einer nahegelegenen Klinik betraut worden. Eines Tages kam er zu mir in die Sprechstunde und beklagte sich, er sei mit den Nerven völlig am Ende. Er habe es nur mit halbverrückten Patienten zu tun, die Telefone klingelten unentwegt, und überhaupt könne er es nicht länger aushalten.

Im Verlauf unseres Gesprächs begann es ihm zu dämmern, daß die Patienten in der Klinik sowohl physisch als auch mental krank waren und es zu seinen Obliegenheiten als Krankenpfleger gehörte, den Lärm, das Durcheinander und die Beschwerden in dieser Institution zu überwinden. Ich machte ihm klar, daß die Gereiztheit der Kranken ein grundlegender Bestandteil seiner Betreuungsarbeit war und daß es für ihn darauf ankäme, sich über diese Probleme zu erheben. Durch ein Davonlaufen vor den Problemen würde er sich lediglich »aus der Bratpfanne ins Feuer«

begeben. Ich machte ihm eindringlich klar, daß er seine Probleme tapfer bei den Hörnern packen müßte, dann würde er sie auch überwinden.

Einsichtig wie er war, begann er auf meine Empfehlung zu bejahen: » ... *Nichts von alledem berührt mich* ... (Apg. 20:24). Ich werde alle Plagen und Schwierigkeiten überwinden.« Er entschloß sich, in der Klinik auszuharren und konnte zu seiner großen Freude feststellen, daß sich aufgrund seiner neuen Einstellung alles veränderte.

Wie er sein Leben änderte

In Johannesburg hatte ich ein interessantes Gespräch mit einem Mann, der mir erzählte, daß er im Alter von 40 Jahren plötzlich ohne Geldmittel dagestanden hätte. Er war völlig abgebrannt, entmutigt, deprimiert und betrübt. Seine Unternehmungen hatten sich samt und sonders als totale Fehlschläge erwiesen, was seine Frau zum Anlaß nahm, ihn zu verlassen, da er, wie sie meinte, nicht imstande war, ihr den gewohnten Lebensstandard zu bieten.

Der Wendepunkt in seinem Leben trat jedoch eines Abends ein, nachdem er eine Vortragsveranstaltung über die Gesetze des Geistes besucht hatte. Die erste Feststellung des Referenten: »Der Mensch ist das, was er den ganzen Tag denkt«, machte einen gewaltigen Eindruck auf ihn. Diese Wahrheit ist – so führte der Sprecher weiter aus – bereits seit Tausenden von Jahren bekannt. Nichtsdestoweniger wird sie vom weitaus größten Teil der Menschheit geflissentlich übersehen und daher auch kaum angewandt.

Wie er in seinem Herzen denkt, so ist er ... (Spr. 23:7).

Das *Herz* ist eine altertümliche Bezeichnung für Ihr Unterbewußtsein. Die Bibel will damit zum Ausdruck bringen, daß alles, was Sie tief in Ihrem Herzen als wahr empfinden, zum Vorschein kommt und in allen Bereichen

Ihres Lebens seinen Ausdruck findet. In anderen Worten: Jeder Gedanke, jede Idee oder jedes Konzept – als wahr empfunden und mit Gefühl aufgeladen – wird von Ihrem Unterbewußtsein hervorgebracht, als Form, Funktion, Erfahrung und Begebenheit. Dies war von alters her die herausragende Entdeckung im Leben des Menschen.

Von da an machte dieser Mann sich das Erfolgsdenken zur Gewohnheit. Er dachte nur noch an den Erfolg, Harmonie, Frieden, Wohlwollen, Reichtum und rechtes Handeln. Er hielt nur diese Konzepte in seinem Bewußtsein und schickte sich an, sie sich zu beweisen. Jedesmal, wenn ihm Gedanken der Selbstverurteilung oder der Selbstkritik in den Sinn kamen, bejahte er sofort: »Erfolg ist mein. Harmonie ist mein. Reichtum ist mein.« Nach einigen Monaten des Beharrens in dieser veränderten Gemütshaltung wurde er zu einem konstruktiven Denker. Er betreibt jetzt ein Geschäft, das ihm ein Einkommen von mehreren Millionen Dollar jährlich sichert. Zugleich gibt er Hunderten von Menschen Arbeit und Brot.

Der Psalmist sagt: ... *Ich will ihn schützen, denn er kennt meinen Namen* (Psalm 91:14). Der Begriff *Name* steht hier für *Wesen*. Es ist das Wesen der unendlichen Intelligenz, auf Ihr Denken und Fühlen zu reagieren. Im dritten Kapitel des Buches Exodus wird der Name ICH BIN oder Gewahrsein genannt – die Funktion des Denkens.

Der eingangs erwähnte Dr. Reg Barrett sagte seinen Zuhörern noch etwas sehr Interessantes, dessen Essenz etwa so lauten könnte: »Wenn Sie kein Gemüt hätten, dann könnten Sie mich weder sehen noch hören. Sie besäßen dann keinerlei Empfinden für die Sie umgebende Welt. Sie könnten weder schmecken noch fühlen oder den Duft der Blumen in Ihrem Garten riechen.« Ihr Gemüt ist die Grundlage allen Lebens – es verleiht allem, was Sie als wahr annehmen, Leben, Substanz und Form. Alles, was Sie erblicken, entspringt dem unsichtbaren Gemüt Gottes und des Menschen.

Machen Sie sich eine grundlegende Wahrheit bewußt

William James, der Vater der amerikanischen Psychologie, hatte festgestellt, daß die größte Entdeckung der letzten 100 Jahre das Gewahrwerden der Macht des Unterbewußtseins ist. Dr. Phineas Parkhurst Quimby, der berühmte Geistheiler, hatte bereits bei seinen Experimenten im Jahre 1847 festgestellt, daß »bei wirklichem Glauben an eine Sache die Wirkung naturnotwendig folgt, gleichgültig, ob man an sie denkt oder nicht«.

Diese Feststellung ist sehr wichtig, denn sie betrifft uns alle und offenbart, daß alles, was in unser Unterbewußtsein gelangt, uns beherrscht und kontrolliert. In anderen Worten: Ihre unterbewußten Annahmen und Überzeugungen diktieren, kontrollieren und dirigieren alle Ihre wachbewußten Handlungen, ganz gleich, ob Sie daran denken oder nicht. Alles Ihrem Unterbewußtsein Aufgeprägte, sei es gut oder schlecht, wird von ihm auf dem Bildschirm des Raumes zum Ausdruck gebracht. Ihr gewohnheitsmäßiges Denken wird von Ihrem Unterbewußtsein nach und nach absorbiert und aufgezeichnet. Dort wird es dann zum Gesetz und damit zu Überzeugungen, die automatisches Handeln nach sich ziehen.

Sie war gegen Orangensaft allergisch

In Port Elizabeth hatte ich ein langes Gespräch mit einer jungen Dame, die gern Orangensaft trank, aber jedesmal danach unter einem sehr unangenehmen Hautausschlag im Gesicht und an den Armen zu leiden hatte. Ihre Geschwister dagegen konnten jede Menge dieses Getränkes zu sich nehmen und fühlten sich pudelwohl dabei.

Ich erklärte ihr, daß ihre allergische Reaktion zweifellos auf frühe Kindheitserlebnisse zurückginge, als sie zu viele Orangen gegessen hatte und ihr bedeutet worden war, daß das nicht gut für sie sei. Ich machte ihr klar, daß diese

Überzeugung nach wie vor in ihrem Unterbewußtsein vergraben ist und sie zu dieser bestimmten Reaktion veranlaßt. Bei ihren Geschwistern hingegen konnte es infolge der Abwesenheit einer solchen Überzeugung nicht zu entsprechenden Reaktionen kommen. Es war die lang vergessene unterbewußte Überzeugung, die hinter dieser allergischen Reaktion stand.

Mit dem folgenden Gebet wies ich ihr einen Weg zur Überwindung ihres Problems. Damit konnte sie ihr Unterbewußtsein neu programmieren und die Furcht vor dem Genuß von Orangensaft beseitigen: »Gott hat alles für gut erklärt. Alles, was ich esse oder trinke, verwandelt sich in Schönheit, Ordnung, Symmetrie und Proportion. Ich bin harmonisiert und vitalisiert. Ich esse das Brot des Himmels und trinke den Wein der Freude. In meinem Körper sehe ich Ordnung, Frieden, Heilsein und Schönheit manifestiert. Es ist wunderbar!«

Diese Wahrheiten schrieb sie durch ständige Wiederholung in ihr Unterbewußtsein und befreite sich damit nach und nach von diesen falschen Überzeugungen. Sie wußte, daß ihr wachbewußter Verstand das Unterbewußtsein beherrscht. Vor einigen Tagen erhielt ich einen Brief von ihr, mit einem Foto, das sie übermütig lachend mit einem Glas Orangensaft zeigte. Nachdem sie die Macht in ihrem Innern entdeckt hatte, fand sie ein neues Gefühl der Freiheit und des Gemütsfriedens.

Praktizieren Sie diese Wahrheit

Alles, was von Ihrem wachbewußten Verstand als wahr angenommen wird, das akzeptiert auch Ihr Unterbewußtsein. Und die unendliche Intelligenz Ihres Unterbewußtseins macht sich daran, diese Annahme Wirklichkeit werden zu lassen. Jede Annahme – wahr oder unwahr – verhärtet sich zu einer Tatsache und kommt als solche auf dem Bildschirm des Raumes zum Vorschein.

Er sagte: »Es funktioniert«

Vor einigen Monaten erwähnte ich in einem meiner sonntäglichen Vorträge im Saddleback Theatre in El Toro, daß alles, was ein Mensch dem »ICH BIN« mit Gefühl und Verständnis hinzufügt, sich verwirklicht. Daraufhin sagte ein Mann sich: »Das werde ich ausprobieren!« Dementsprechend bejahte er mehrmals am Tag laut hörbar, wenn es ihm möglich war: »ICH BIN wohlhabend. ICH BIN gesund. ICH BIN glücklich. Ich fühle mich großartig!« Auch beim Autofahren nahm er diese Bejahungen vor. Er machte es sich zur Gewohnheit und fand dabei, daß sie ein gültiges Lebensgesetz waren. Sein Geschäft, seine Gesundheit und auch seine Familienbeziehungen erfuhren eine bemerkenswerte Veränderung. Er konnte feststellen, daß seine veränderte Einstellung auch alles andere in seinem Leben veränderte.

Ihre rechte Hand

Kürzlich las ich in einer Pressemeldung, daß in einem islamischen Staat einem rückfällig gewordenen Dieb die rechte Hand abgehackt worden war. Das Gerichtsurteil berief sich dabei auf den Koran. Die heiligen Schriften der Welt haben jedoch alle eine innere Bedeutung und sollten daher nicht wörtlich genommen werden. In Matth. 5:30 heißt es: *Und wenn dich deine rechte Hand verführt, so haue sie ab und wirf sie von dir ...*

Die Bibel ist angefüllt mit Parabeln, Allegorien, Sinnbildern, Vergleichen und Geheimlehren. Ein Gleichnis hat sowohl eine äußere als auch eine innere Bedeutung. Mit der Hand können wir formen, erschaffen und aufzeigen. Die Aktionen Ihrer Hand wiederum werden von Ihrem Denken diktiert. Sollten Sie sich beispielsweise anschicken, ein monströses, scheußliches Bild zu malen, dann können Sie ein solches Vorhaben jederzeit ändern, indem Sie sich mit der unbeschreiblichen Schönheit Gottes identifizieren und ein wirkliches Kunstwerk hervorbringen.

Sollten Ihre künstlerischen Schöpfungen im großen und ganzen unproduktiv sein, dann geben Sie dieses Vorhaben lieber sofort auf. In anderen Worten: Verändern Sie Ihre Gemütshaltung. Wenn Sie in Ihrem Geschäfts- oder Berufsleben nicht die gewünschten Resultate erzielen, dann liegt das an Ihrem Gedankenleben und an Ihren Vorstellungen. Dann müssen Sie Ihr Denken ändern.

In einem arabischen Land fragte ich den Fremdenführer nach der Bedeutung eines Schildes im Park. Wie er mir sagte, lautete die wortwörtliche Übersetzung: »Schneide deine Füße ab«, was – in unsere Umgangssprache übersetzt – heißen sollte: »Bitte nicht den Rasen betreten.« ... *ohne Gleichnis redete er nichts zu ihnen* (Matth. 13:34).
Und wenn dich dein rechtes Auge verführt, so reiß es aus und wirf es von dir ... (Matth. 5:29). Mit *Auge* ist hier die spirituelle Wahrnehmung gemeint – Ihr Verständnis, Ihre Betrachtungsweise der Dinge, Ihre Lebensauffassung. Wenn ein Schüler eine komplizierte mathematische Gleichung begriffen hat, dann sagt er gewöhnlich: »Ich sehe es jetzt ein«, und will damit zum Ausdruck bringen, daß er voll und ganz begriffen hat.

Jedesmal, wenn Sie meinen, daß es keinen Ausweg aus einer Situation gäbe oder Sie wohl nie im Leben vorwärtskommen würden, sollten Sie »dieses Auge ausreißen«. In anderen Worten: Reißen Sie diese törichte Einstellung aus. Machen Sie sich statt dessen bewußt, daß Sie ein Sohn des Unendlichen sind – zum Siegen geboren! Begreifen Sie, daß Sie göttlich geführt werden. Leben Sie deshalb in freudiger Erwartung des Besten, und das Beste wird zu Ihnen kommen. Fangen Sie damit an, in allem Gott zu sehen – in den Bäumen, den Steinen und in den Wasserfällen – in der gesamten Natur, in allem.

2. KAPITEL

Heilung durch den Geist

Jede Art von Glauben, die dazu führt, das Vertrauen des Patienten zu inspirieren, kann als wirksames therapeutisches Mittel eingesetzt werden, sofern es von lindernden Suggestionen begleitet wird. Somit kann jeder Fetisch-Anbeter, der den Zahn, den Knochen oder die Kralle eines Tieres als Träger eines übernatürlichen Geistes ansieht, dessen Hilfe durch bestimmte vorgeschriebene Riten und Zeremonien erlangt werden kann, zu vollkommener Gesundheit zurückfinden. Wie kommt das? Ganz einfach weil Zeremonie und Glaube eine machtvolle Suggestion beinhalten und das Unterbewußtsein wiederum auf diesen blinden Glauben anspricht und damit die unendliche Heilungsgegenwart aktiviert.

Die Tage der primitiven Menschheit

In den Tagen der primitiven Menschheit, als der Aberglauben vorherrschte, waren zahllose Techniken und Methoden für die Heilung von Gemüt und Körper in Gebrauch. Die irrationale Reverenz, die man Idolen, Talismanen, den Gebeinen von Heiligen, Reliquien etc. erwies, brachte in der Tat oft genug Heilungsresultate mit sich, aufgrund eines blinden Glaubens. Mit letzterem ist alles das gemeint, was Ihr Gemüt veranlaßt, von Furchtgefühlen auf Vertrauen umzuschalten, was automatisch Resultate bewirkt.

Die Macht des Placebos

Ein Placebo ist ein Scheinmedikament ohne die geringste therapeutische Wirkung – eine inaktive Substanz wie eine

Milchzuckertablette oder ein Brotkrumen in Kapsel- oder Tablettenform, von der ein Patient sich Linderung erhofft. Die verabreichte Substanz hat, wie gesagt, keinerlei therapeutischen Wert. Und doch waren zuweilen nach ihrer Einnahme bemerkenswerte Heilungen zu verzeichnen. Deshalb sind viele Ärzte vom therapeutischen Wert eines Placebos überzeugt.

Das Wort Placebo kommt aus dem Lateinischen und bedeutet eigentlich »zufriedenstellen«. Kürzlich las ich einen Artikel im *American Journal of Psychotherapy*, in dem Dr. Shapiro von einschlägigen Erfahrungen berichtete. Er hatte festgestellt, daß ein Placebo bei organischen Krankheiten einen profunden Heilungseffekt erzielen kann, sogar bei bösartigen Geschwülsten, die bislang als »unheilbar« galten.

Centro Medico Del Mar Tijuana

Ich hatte schon oftmals Gelegenheit, mit Krebspatienten zu sprechen, die als inoperabel galten. Sie alle hatten sich in die bekannte Krebsklinik in Tijuana, Mexiko, begeben. Dort wurden sie, wie man weiß, mit Laetril behandelt und erfuhren eine vollkommene Heilung. Ein Mann berichtete mir, daß er in dieser Klinik Leute aus allen Teilen der Welt getroffen habe. Mittlerweile waren unsere Zeitschriften angefüllt mit sensationellen Berichten über die Heilungserfolge durch Laetril. Es war ausschließlich die Rede von Menschen, die durch Laetril geheilt wurden, nachdem alles andere versagt hatte.

Das weist jedoch eindeutig auf die Wirkungsweise des Unterbewußtseins hin, das immer auf den Glauben und die Überzeugungen des Patienten reagiert. Die amerikanische *Food and Drug Administration* und viele der führenden Krebsspezialisten verweisen immer wieder auf die Tatsache, daß Laetril – eine aus Aprikosen gewonnene Substanz – an sich auch nicht den allergeringsten therapeutischen Wert besitzt. Dieser Tatsache eingedenk, ist es allein der Glaube und die unerschütterliche Überzeugung des Patienten, durch die alle Heilungskräfte des Unterbewußtseins mobilisiert und die chemische Zusammensetzung seines Körpers verändert werden. ... *Dir geschehe nach deinem Glauben* ... (Matth. 8:13).

Das Handauflegen

Die Heilung von Kranken durch Berühren oder Handauflegen ist eine Methode, die bereits im Altertum verbreitet war bei den Indern, Ägyptern und Juden. In Ägypten hat man Skulpturen gefunden mit einer Hand auf dem Magen und der anderen auf dem Rücken. Auch die Chinesen haben – Berichten früherer Missionare zufolge – die verschiedensten Krankheiten durch Handauflegen geheilt.

Auch im Alten und Neuen Testament wird das Handauflegen in zahlreichen Beispielen erwähnt. Hier ist eine Auswahl:

Nimm dir Josua, den Sohn Nuns, einen Mann, in dem der Geist ist, und lege deine Hand auf ihn ... Lege auch von deiner Hoheit auf ihn, damit die ganze Gemeinde Israel ihm gehorsam sei (Num. 27:18,20).

Kranken werden sie die Hände auflegen, und sie werden genesen (Mark. 16:18).

Es begab sich aber, daß der Vater des Publius an Fieber und Ruhr krank darniederlag. Und Paulus ging zu ihm hinein, betete und heilte ihn, indem er ihm die Hände auflegte (Apg. 28:8).

Da ging Ananias hin und trat in das Haus. Und er legte ihm die Hände auf und sprach: Bruder Saul, der Herr, welcher dir erschienen ist auf dem Wege, den du herkamst, Jesus, hat mich gesandt, damit du wieder sehend und mit dem heiligen Geist erfüllt werdest. Und alsbald fiel es ihm von den Augen wie Schuppen, und er wurde wieder sehend ... (Apg. 9:17–18).

Und sie brachten einen Tauben zu ihm, der kaum reden konnte, und baten ihn, ihm die Hand aufzulegen. Und er nahm ihn vom Volk weg beiseite, legte ihm die Finger in die Ohren und berührte ihm die Zunge mit Speichel, blickte zum Himmel auf, seufzte und sprach zu ihm: Ephatha, das heißt: Tue dich auf! Da taten sich seine Ohren auf, und die Bindung seiner Zunge löste sich, und er redete richtig (Mark. 7:32–35).

Es gibt noch viele andere Passagen in der Bibel, die alle Zeugnis ablegen von der wunderbaren therapeutischen Wirkung des Handauflegens. Es wird uns dort auch gesagt, daß Jesus beim Besuch seines Heimatortes nicht viele Werke vollbrachte wegen des Unglaubens seiner Bewohner. Der Chronist, der diesen Umstand offenbarte, kam zu der bedeutsamen Feststellung: ... *und er konnte dort keine Machttat vollbringen, außer daß er wenigen Kranken die Hände auflegte und sie heilte* (Mark. 6:5).

Von St. Patrick, dem irischen Apostel, wird berichtet, daß er die Blinden durch Handauflegen geheilt hat. Aus der Geschichte wissen wir, daß die Könige von England und Frankreich Krankheiten durch Berührung kurierten. Edward der Bekenner und Philip der Erste von Frankreich waren die ersten Könige, die diese Macht besaßen. Das Handauflegen wurde damals Chirothesia genannt.

Viele Heiler auf der ganzen Welt praktizieren heutzutage das Handauflegen mit zum Teil wunderbaren Resultaten. Viele berichten von einer magnetischen Heilkraft, die durch ihre Hände geht und sich auf jede Körperzelle des Patienten überträgt. Daraus folgt logischerweise, daß die Überzeugung des Heilers und die Empfänglichkeit, der Glaube und die angeregte Vorstellungskraft des Patienten eine Imprägnierung des Unterbewußtseins veranlaßt und damit die unendliche Heilkraft aktiviert haben.

Die Bibel gibt die Antwort: ... *Dir geschehe nach deinem Glauben* (Matth. 9:29).

Die Macht des Glaubens

Ich erhielt einen Anruf von einer Dame aus Utah, mit der ich korrespondiert hatte. Sie war an Darmkrebs erkrankt und hatte um Führung, Heilung und Vollkommenheit gebetet. Sie sagte: »Ich will keine Operation. Ich will nicht in die Klinik. Ich will keinen Chirurgen sehen!«

Ich erklärte ihr, daß sie niemals eine solche Bemerkung machen sollte, da sie Furcht beinhaltet und sie damit eben das Gefürchtete in ihren Erfahrungsbereich zieht: *Was ich gefürchtet hatte, ist über mich gekommen* ... (Hiob 3:25). Des weiteren erklärte ich ihr, daß es falsch sei, den genauen Weg des Heilungsverlaufs vorzuschreiben. Die Wege der unendlichen Gegenwart sind unergründlich. Sie betete daher weiter um Führung, Heilung, Schönheit und Vollkommenheit.

Nachdem sie ein Buch von Dr. John Richardson und Patricia Griffin gelesen hatte, in dem 90 Fälle von Krebsheilungen durch das Verabreichen von Laetril beschrieben wurden, begab sie sich nach Tijuana und unterzog sich daselbst einer Behandlung mit diesem Mittel. Dabei hielt sie an ihren Gebeten fest und erfuhr eine völlige Heilung. Sie fuhr dort hin im Glauben an eine restlose Heilung von ihrem Leiden, und genau das widerfuhr ihr ... *Darum sage ich auch: Alles, um was ihr betet und bittet, glaubet, daß ihr es empfangen habt, und es wird euch zuteil werden* (Mark. 11:24). ... *Wenn du glauben könntest. Alles ist möglich dem, der glaubt* (Mark. 9:23).

Wie das Gemüt dem Medikament zur Wirkung verhilft

In einem Artikel, den mir Prof. Jack Holland von der San José University zur Verfügung stellte, mit dem Titel »Der mysteriöse Placebo«, stellt Norman Cousins fest: »Ein bemerkenswertes Beispiel der Rolle, die der Arzt bei der erfolgreichen Verabreichung eines Placebos spielt, wurde bei einem Experiment demonstriert, in welchem Patienten mit blutenden Magengeschwüren in zwei Gruppen eingeteilt wurden. Der ersten Gruppe wurde mitgeteilt, daß bei ihnen jetzt ein neuentwickeltes und erprobtes Medikament zur Anwendung käme, das ihnen mit Sicherheit Linderung bringen würde. Der zweiten Gruppe sagte man, daß ihnen ein neues, noch im Stadium der Erprobung befindliches Medikament verabreicht würde, über dessen Wirksamkeit man jedoch noch nichts Konkretes wisse.

Daraufhin konnte bei 70 % der Patienten in der ersten Gruppe eine bemerkenswerte Linderung verzeichnet werden, bei der zweiten Gruppe waren es hingegen nur 25 %. Beiden Gruppen war das gleiche Medikament verabreicht worden – ein Placebo.« In diesem Zusammenhang ist der Kommentar, den Norman Cousins dazu abgab, recht interessant. Er meinte: »Der Arzt selbst ist das wirkungsvollste Placebo.«

Das oben angeführte Experiment offenbart die Macht des Glaubens bei einem Patienten. Die eine Gruppe hatte große Heilungserwartungen, indem sie alle ihre Hoffnungen auf ein vermeintlich neues, wirkungsvolles Medikament setzte, die anderen zeigten sich von dem Medikament und den nichtssagenden Bemerkungen darüber nicht sonderlich beeindruckt und erzielten auch nur dürftige Resultate. Etwas glauben bedeutet, etwas als wahr zu akzeptieren.

Der Vater im Innern

Der Vater im Innern ist die Quelle aller Dinge und allen Seins. Es ist das Lebensprinzip selbst. Jesus nannte diese Gegenwart »Unser Vater«, der alle sichtbaren und unsichtbaren Dinge geschaffen hat. Es ist die Macht, die Jesus anwandte, um die Blinden, die Tauben und die Lahmen zu heilen. Es ist die Macht und Intelligenz, die dem Sturm Einhalt gebietet, die Brote und Fische vermehrt; es ist die Macht, die Jesus befähigte, in der Menge unsichtbar zu werden, mit Moses zu sprechen, und Tote aufzuwecken.

Es ist die Quelle und Macht, die Jesus den »Vater im Innern« nannte. ... *Der Vater in mir, er tut die Werke* (Joh. 14:10). Geist, Gedanke, Glaube und Vertrauen – alles das ist unsichtbar. Die Bibel sagt: ... *Wer mich gesehen hat, hat den Vater gesehen* ... (Joh. 14:9). In anderen Worten: Wenn Sie jemanden diese wundervollen Heilungen vollbringen sehen, müssen Sie sich bewußt machen, daß dabei mentale und spirituelle Kräfte im Spiel sind, die vom Vater im Innern geleitet werden.

Erwarten Sie Sicherheit

Im Laufe der Jahre habe ich feststellen müssen, daß die weitaus größte Anzahl der Menschen Enttäuschungen im Leben geradezu erwartet. Viele fürchten sich vor unsichtbaren Gefahren; ihre Gemüter sind von Vorahnungen, Unsicherheit und Anspannungen umwölkt. Viele sind zudem noch überzeugt, daß der Wille Gottes etwas für sie recht Unerfreuliches darstellt – daß er ihnen Leiden, Schwierigkeiten oder Hindernisse schickt, um ihren Glauben zu erproben oder sie für ihre Sünden zu strafen. Es ist geradezu bestürzend, wieviel Menschen meinen, daß der Wille Gottes für sie Krankheit, Schmerz und Strafe sei.

Denken Sie daran: Das Lebensprinzip – und damit Gottes Wille für Sie – tendiert immer zu einem Selbstausdruck als Liebe, Schönheit, Freude, Harmonie und Überfluß. Der Wille Gottes für Sie ist etwas Großartiges, Wundervolles und Schönes, etwas, das Ihre kühnsten Träume übersteigt. Gott ist absoluter Friede und kann daher keine Schmerzen wollen. Gott ist grenzenlose Freude und kann daher kein Leid wollen. Gott ist unendliche Liebe und kann daher nichts Liebloses tun. Gott ist Ganzheit, Schönheit und Vollkommenheit und kann daher keine Krankheit wollen. Gott ist der gleiche – gestern, heute und in Ewigkeit.

Es ist allein der Mensch, der sich Leid, Krankheit, Schmerz und Elend zuzieht durch seine Unkenntnis der Gesetze des Gemüts und der Wege des unendlichen Geistes. Der Mensch muß sich von den dschungelgleichen Ideen befreien, von einem Gott als menschengleiches Wesen mit menschlichen Rachegelüsten. Gott ist universelles Gesetz, und ein Gesetz ist nicht rachsüchtig; es ist völlig unpersönlich und sieht daher die Person nicht an. ... *Gott sieht die Person nicht an* (Apg. 10:34).

Wenn der Mensch das Gesetz auf negative Weise anwendet, dann hat er unter der Reaktion dieses Gesetzes zu leiden. Die Sonne scheint auf alle Menschen, gut und böse. Sie scheint ebenso auf den Mörder wie auf den Heiligen. Der Regen fällt auf die Gerechten und die Ungerechten. Der unendliche Geist fällt kein Urteil. Der Mensch belohnt und straft sich selbst durch die Art und Weise, wie sein wachbewußter Verstand sein Unterbewußtsein imprägniert. Denkt er Gutes, dann erhält er Gutes; denkt er Böses, dann folgt unweigerlich Böses darauf. So einfach ist das.

... *Wie könnt ihr Gutes reden, da ihr doch böse seid?* (Matth. 12:34). Belohnung und Strafe sind im Denken des Menschen begründet. Es ist ausgesprochen töricht, die Ursache des guten oder bösen Geschicks außerhalb seiner selbst zu suchen.

Er entdeckte sich selbst

Kürzlich kam ein Mann in meine Sprechstunde. Er war für ein großes Unternehmen tätig und machte seine Mitarbeiter, seinen Boß und die Gesellschaft für seine Misere verantwortlich. Er war der Meinung, daß gewisse Menschen in seinem Büro sein Vorwärtskommen bewußt blockierten. Er war sehr zornig über die Zustände, die unaufhörlich Zank und Streit und alle Arten von Disharmonie verursachten.

Ich erklärte ihm, daß die Ursache all seiner negativen Erfahrungen in ihm selbst lag, und keineswegs außerhalb, und daß er sich von seinem göttlichen Zentrum – der Quelle und Ursache aller Segnungen – entfernt hatte. So als hätte er verbundene Augen, bekämpfte dieser Mann Feinde, die es gar nicht gab. Er änderte seine Einstellung und begann, morgens und abends das folgende zu bejahen: »Gott ist auf meiner Seite. Gott liebt mich und sorgt für mich. Gott ist mein Boß und mein Führer – er eröffnet mir neue Wege zu größerem Selbstausdruck.« Er entschloß sich, sein Gedankenleben zu verändern und begann, Gedanken der Liebe und des guten Willens auf alle seine Mitarbeiter, den Boß und seine gesamte Umgebung auszustrahlen.

Er machte die Entdeckung, daß Gott, die höchste Intelligenz in seinem Innern, *für* ihn war und nicht *gegen* ihn. Alles andere wäre auch ein Widerspruch in Zweck und Motivation. Er stellte fest, daß seine sogenannten Feinde nichts anderes als eine Projektion seiner eigenen Befürchtungen und seiner Unwissenheit waren. Seine veränderte Einstellung veränderte auch alles andere.

Es gibt da einen alten Ausspruch: »Frieden ist die Macht am Herzen Gottes.« Dieser Mann fand den Frieden in seinem Innern und projizierte diesen inneren Frieden auf alle Menschen und Zustände. Frieden befindet sich im Mittelpunkt unseres inneren Wesens und ist die Seele des Universums. Nun, da er in Übereinstimmung mit seinem göttlichen Wesenskern war, fand er seinen Weg zu Beförderung und wahrem Selbstausdruck.

Er glaubte nicht, was über ihn geschrieben wurde

Vor einigen Jahren wurde ich nach einem Vortrag in der Caxton Hall in London von einem Mann zum Tee eingeladen. Dabei schnitt er ein sehr interessantes Thema über Öffentlichkeitsarbeit und Publicity an. Einige Jahre zuvor hatte er nämlich einen Pressemanager engagiert, der ihn als Politiker aufbauen und das ideale Image von ihm verbreiten sollte. Wie er mir berichtete, war er dreimal in sein Amt gewählt worden, hatte dabei jedoch jedesmal das Gefühl, seine Wähler getäuscht zu haben, da er sich keineswegs für den Mann hielt, den sein Presseagent dem Publikum präsentiert hatte.

Da er sich über die Gesetze des Gemüts im klaren war, war er auch mit den gängigen Praktiken solcher Pressemanager wohlvertraut: Sie bedienten sich immerwiederkehrender Suggestionen in den Medien, die von den Menschen offensichtlich akzeptiert wurden, da sie ihnen oft genug eingehämmert worden waren. Er sagte mir: »In meinem Herzen wußte ich, daß es nicht recht war, aber ich empfand eigentlich nichts als Verachtung für diese Menschen. Ich blickte auf sie herab. Für mich waren sie ignorant, ungehobelt und einfältig.« Wie er sagte, war dieses künstlich erzeugte Image von seiner Person völlig falsch. Es stimmte in keiner Weise mit dem Bild, das er von sich selbst hatte, überein.

Durch diesen Gemütskonflikt hatte er Magengeschwüre entwickelt, die sich jetzt durch Blutungen bemerkbar machten. Ein Arzt, der mit psychosomatischen Heilweisen vertraut war, hatte ihm daraufhin die Ursache seines Zustands erklärt. Er hatte einen regelrechten Schuldkomplex entwickelt, weil er das Gefühl hatte, für seine Täuschung der Öffentlichkeit Strafe verdient zu haben. Die entsprechende Medizin und sein späteres Ausscheiden aus der politischen Verantwortung heilten seine Magengeschwüre.

Ich erklärte ihm, daß ein gutes Selbstimage für einen jeden Menschen unerläßlich sei. Daraufhin entschloß er sich zu der kühnen Bejahung: »Ich bin ein Sohn des lebendigen Gottes. Gott liebt mich und sorgt für mich. Ich erhöhe

Gott in meiner Mitte. Gott ist, und seine Gegenwart durchströmt mich als Harmonie, Gesundheit, Frieden, Freude und Überfluß.« Ich empfahl ihm, sich dieses einfache Gebet zur Gewohnheit zu machen, damit er jedesmal, wenn er an sich etwas auszusetzen fand, bejahen konnte: »Ich erhöhe Gott in meiner Mitte.«

Ich erklärte ihm zugleich, daß sich jede Geringschätzung auch auf uns selbst auswirkt. Wer auf andere herabsieht, der sieht auf sich selbst herab, aus dem einfachen Grunde, weil er der einzige Denker ist, und alles, was er denkt, das erschafft er in seinem Körper und in seinem Erfahrungsbereich. Dieser Mann entdeckte Gott in seinem Innern und konnte sich dadurch von seinen Depressionen befreien.

Kämpfen Sie nicht gegen die Welt

Durch die Tagespresse oder die Rundfunk- und Fernsehnachrichten werden wir tagtäglich mit erschreckenden Grausamkeiten und den Tragödien der Welt konfrontiert. Wenn Sie sich mit all diesem Ungemach und den vielen Verbrechen geistig auseinandersetzen – sie im Gemüt bekämpfen –, wenn Sie sich davon verstimmen lassen oder gar zornig werden, dann sind Sie immer der Unterlegene. Weil Sie dann in Ihrem Innern disharmonisch sind, werden Sie diese Disharmonie in allen Bereichen Ihres Lebens manifestieren.

Bedenken Sie, daß Gottes Frieden Ihre Seele erfüllt und Gottes Liebe Ihr Gemüt und Herz durchdringt. Machen Sie sich des weiteren wissend und fühlend klar, daß das Licht Gottes in der gesamten Menschheit zum Ausdruck kommt. Auf diese Weise leisten Sie einen nicht unerheblichen Beitrag zum Frieden in dieser sich verändernden Welt. Hören Sie auf, Ihre wertvolle mentale und spirituelle Energie zu verschwenden, indem Sie sich gegen weltliche Zustände auflehnen und sie bekämpfen. Setzen Sie

Ihre Energie konstruktiv ein, und erschaffen Sie Gesundheit und Glück für sich und alle, die Sie umgeben.

Denken Sie nicht an die Vergangenheit

In einem kalifornischen Club, dem ich angehöre, sprach ich einmal mit einem weit über 80 Jahre alten Herrn. Im Verlauf dieser Unterhaltung zählte mein Gesprächspartner alles Ungemach auf, das ihm in seinem langen Leben widerfahren war. Er beklagte sich über die Social Security Administration (die amerikanische Altersversorgung), die Steuern, über all die Gauner, die seiner Ansicht nach in unserer Regierung sitzen, und über all die Verwundungen, die er in zwei Weltkriegen davongetragen hatte. Er vergaß auch nicht, eine gerichtliche Auseinandersetzung zu erwähnen, die vor sage und schreibe 50 Jahren stattgefunden hatte, sowie seinen Vermögensverlust beim berühmten Börsenkrach von 1929. Mit diesen alten Wunden lebte er und war voller Haßgefühle auf unsere gegenwärtige Regierung in Washington. Er litt unter schwerer Arthritis und Kolitis und konnte sich nur mühsam am Stock fortbewegen – alles verursacht durch seine negativen, destruktiven Emotionen.

Ich besprach mit ihm die wichtige Rolle der Gefühle bei Krankheiten, und er schien für meine Argumente aufgeschlossen zu sein. Er sah ein, daß er nicht imstande war, die Welt zu verändern, daß er jedoch recht gut sich selbst ändern könne. Sein Gemüt hatte sozusagen immer wieder alte Szenen und Dekorationen hervorgeholt und damit destruktive Emotionen erzeugt. Ich erklärte ihm, daß diese Emotionen sich im Unterbewußtsein anhäufen und nach einem Auslaß suchen. Dadurch geschieht es, daß sie sich aufgrund ihrer negativen Natur als Krankheit im Körper niederschlagen.

Ich empfahl ihm regelmäßige Gebetsarbeit, Aktivitäten in Clubs, neue Bekanntschaften und außerdem Sportarten wie Schwimmen oder Golf. Die Gebetsarbeit, die ich ihm vorschlug, setzte sich zusammen aus dem Lesen des 23. Psalms am Morgen, des 27. Psalms am Mittag und des 91. Psalms am Abend vor dem Einschlafen. Die Psalmen sind Gesänge Gottes. Wenn er sein Gemüt mit diesen großen Wahrheiten durchsättigen würde, dann hätte das eine allmähliche Veränderung seines Bewußtseins zur Folge.

Das Gebet der Vergebung, das ich ihm gab, lautete wie folgt: »Ich bejahe, daß Gottes Liebe meine Seele jetzt erfüllt. Ich weiß: wenn seine Liebe mein Herz durchströmt, sind alle Grollgefühle aufgelöst. Ich vergebe mir selbst für das Beherbergen negativer und destruktiver Gedanken über andere. Ich bin entschlossen, das jetzt nicht mehr zu tun. Ich stimme mich auf den unendlichen Einen in meinem Innern ein, und ich denke, rede, handle und reagiere vom Standpunkt Gottes und seines Gesetzes der Liebe aus. Ich vergebe jedem voll und ganz (hier folgten die Namen). Ich strahle Liebe, Frieden, Wohlwollen und alle Segnungen des Himmels auf sie aus. Sie sind frei, und ich bin frei. Ich weiß es, wenn ich andere losgelassen habe, denn dann kann ich an sie denken, ohne einen Stachel zu fühlen; ich fühle im Gegenteil eine Welle des Friedens, und ich verspüre ein Gefühl der Segnung in meinem Herzen.«

Ich treffe diesen Mann hin und wieder und kann zu meiner Freude feststellen, daß er nicht mehr von der Vergangenheit spricht, sondern sich für Gott und seine Wirkungsweise interessiert. Die Beweglichkeit seiner Gelenke hat sich spürbar gebessert, zu seiner Freude und der seines Arztes, und er ist auf dem Weg zu einem neuen Leben. Um seinen Zustand zu heilen, mußte er sein Denken ändern und geändert halten.

Die zwei Welten

Wenn wir von Metaphysik reden, dann beziehen wir uns auf das, was sich über dem und jenseits des Physischen befindet. Metaphysik bezieht sich auf die innere Welt Ihres Denkens, Fühlens sowie Ihrer Vorstellungen und Überzeugungen. Wenn Sie nachdenken, dann werden Sie der Tatsache inne, daß Ihr Tun und Lassen von einer vorausgegangenen Gemütshaltung bestimmt wird. Jeder Handlung muß ein Gedanke vorausgehen. Sollten Sie mit einem chronischen Leiden behaftet sein oder ein langweiliges, monotones Leben führen, dann kann es sehr gut möglich sein, daß auch Sie über Vergangenes nachsinnen und die gleichen alten Mentalschablonen wieder und wieder durchleben.

Sie sind jedoch hier, um zu wachsen, und wenn Sie dem Lebensprinzip den Durchstrom auf höheren Ebenen verweigern, dann hat es keine andere Wahl, als vielleicht negative Erfahrungen in Ihr Leben zu bringen wie Krankheiten oder andere Probleme, die Sie aus Ihrer Lethargie aufrütteln und Sie veranlassen, nach einer Lösung zu suchen. Auf diese Weise entdecken Sie sich selbst.

Gemütsfrieden

Die Bibel sagt: ... *Ich kam nicht, um den Frieden zu bringen, sondern das Schwert* (Matth. 10:34). Jesus wird auch Prinz des Friedens genannt. Sie müssen sich die tiefen psychologischen und spirituellen Bedeutungen hinter den Worten bewußtmachen. Die Bibel enthält uralte Wahrheiten über die göttliche Weisheit in jedem Menschen. Wenn Sie zum ersten Mal die Wahrheit über sich selbst hören und dabei erfahren, daß Sie es sind, der sein eigenes Schicksal gestaltet, dann sind Sie verwirrt – möglicherweise schockiert –, und Ihr Gemüt ist gespalten.

Symbolisch gesehen schneidet das Schwert – es trennt. Wir haben es hier mit dem Schwert der Teilung zu tun, das falsche Konzepte von der Wahrheit trennt.

Nach einem meiner sonntäglichen Vorträge über die Macht des Unterbewußtseins sagte mir eine junge Dame, daß ihr religiöser Glaube, den sie von klein auf gehabt hatte, nunmehr völlig erschüttert sei. Wie sie hinzufügte, war sie von der Richtigkeit meiner Ausführungen überzeugt, und das beunruhigte sie.

Ich empfahl ihr, sich mit einfachen Wahrheiten zu identifizieren und sie in der Praxis anzuwenden, damit sie sich selbst beweisen könne, daß die Wahrheit sie frei macht – frei von überkommenen Lehrmeinungen, reinem Aberglauben und den theologischen Komplexitäten über das Höllenfeuer etc.

Die Wahrheit oder das Schwert kommt Ihnen in den Sinn, um Sie von allem Falschen zu trennen; das verursacht einen gewissen Aufruhr in Ihrem Gemüt. Letztendlich siegt jedoch die Wahrheit, und Sie werden feststellen, daß Sie Ihr eigener Erlöser sind. Sind Sie krank, dann ist Gesundheit Ihr Erlöser; sind Sie hungrig, dann ist Nahrung Ihr Erlöser; befinden Sie sich im Kerker der Furcht, der Unwissenheit und des Aberglaubens oder in einem Gefängnis aus Steinmauern, dann ist die Freiheit Ihr Erlöser; sind Sie am Verdursten, dann ist Wasser Ihr Erlöser; und wenn Sie sich im Dschungel verirrt haben, dann ist es das leitende Prinzip in Ihrem Unterbewußtsein, das Sie sicher heraus ins Freie führen wird, vorausgesetzt, Sie wenden sich an die unendliche Intelligenz, die in Ihren unterbewußten Tiefen ruht.

Die Bibel gibt die Antwort: *Ich bin der Herr, und außer mir ist kein Helfer* (Jes. 43:11). *Ich bin der Herr, und keiner sonst; außer mir ist kein Gott. Ich habe dich gegürtet, ohne daß du mich kanntest* (Jes. 45:5).

Das ICH BIN in Ihrem Innern ist die Gegenwart Gottes – Gewahrsein, reines Sein, der lebendige Geist, der Schöpfer alles Sichtbaren und Unsichtbaren. Aus diesem Grunde ist jeder Mensch sein eigener Erlöser. Die Wahrheit will Sie anspornen, sich von allen Glaubensmeinungen loszulösen, die Furchtgefühle im Gemüt verankern. Der Frieden, von dem hier die Rede ist, ist keine ergebene

Resignation, kein Sichabfinden mit einem Problem oder einem unheilbaren Zustand. Er bedeutet vielmehr ein Sichfreimachen von negativen Glaubensinhalten und eine absolute Weigerung, sich mit irgendeinem Problem abzufinden.

Machen Sie sich bewußt, daß Gott die Lösung eines jeden Problems kennt. Wenden Sie sich nach innen, und beanspruchen Sie Ihr Gutes kühn und mutig! Bestehen Sie auf Harmonie, Gesundheit und einem Leben im Überfluß! Schneiden Sie sich ab von alten, gewohnten Denkweisen. Lehnen Sie alle Untergangs- und Höllenprophezeiungen ab. Erwarten Sie das Beste, und das Beste wird Ihnen zuteil werden. Gehen Sie vorwärts auf dieser Erde mit dem Lob Gottes auf den Lippen.

Seien Sie sich im klaren darüber, daß die Wahrheiten des Lebens im Widerspruch zu alten Denkweisen, Meinungen und religiösen Glaubensinhalten stehen, denen Sie möglicherweise bislang angehangen haben, aber die Wahrheiten fachen die Gottesgabe in Ihrem Innern an. Glauben Sie, was der Psalmist sagt, dann werden Sie zu grünen Auen und stillen Wassern geleitet werden (23. Psalm). Finden Sie den inneren Frieden, der alle Vernunft übersteigt.

3. KAPITEL

Das Geheimnis des Erfolgs im Leben

Jeder Mensch will in seinem Leben erfolgreich sein. Sie sind zum Siegen geboren, zum Überwinden und zu einem Leben des Triumphs. Sie sollten geradezu sagenhaft erfolgreich sein – mit Ihren Gebeten, in Ihrem erwählten Beruf, in Ihren zwischenmenschlichen Beziehungen und in allen Bereichen Ihres Lebens.

Erfolg an sich ist ein mächtiger Antrieb, denn das Lebensprinzip ist immer bestrebt, durch Sie zum Ausdruck zu kommen – auf höheren Ebenen. Sie sind immer erfolgreich, wenn Sie ein erfülltes und glückliches Leben führen, wenn Sie sich auf Ihrer höchsten Ebene ausdrücken und der Welt von Ihren Talenten geben. Bei jedem erfolgreichen Vorhaben erheben Sie sich so hoch wie möglich, damit gereicht es der Menschheit zum Segen. Es bringt Ihnen materiellen Lohn, und seine Durchführung ist Ihnen ein Vergnügen. Erfolg ist jedoch zunächst einmal Auffassungssache: Was dem einen durchaus Erfolg ist, das mag einem anderen als Fehlschlag erscheinen.

Er sagte: »Ich bin nicht erfolgreich«

Kürzlich sprach ich mit einem Mann, der mit jeder nur denkbaren Art des Geldverdienens wohlvertraut war. Er hatte sich im Lauf der Zeit ein Vermögen an Geld, Wertpapieren und Grundbesitz angehäuft. In der Geschäftswelt galt er als ungeheuer erfolgreich oder, besser gesagt, als ein großer Erfolg. Mir gegenüber jedoch räumte er ein, daß er sich keineswegs als ein so großer Erfolg fühle, da ihm hierzu jedes Mittel recht gewesen und er so manches Mal auch nicht vor durchaus fragwürdigen Praktiken zurückgeschreckt war. Er hatte andere Menschen ausgenutzt, sie betrogen und ihr Vertrauen mißbraucht. Gegenwärtig litt er an blutenden Magengeschwüren und extrem hohem Blutdruck. Darüber hinaus hatte er einen handfesten Schuldkomplex entwickelt – er glaubte, Leiden und Strafe verdient zu haben.

Seine blutenden Magengeschwüre – so erklärte ich ihm –, waren die unmittelbare Auswirkung seines schwärenden Denkens. Eine radikale Änderung dieser Denkgewohnheiten würde mit Sicherheit eine Heilung zur Folge haben. Zudem machten ihm die Nebenwirkungen der Medikamente zu schaffen. Nachdem ich ihm die Zusammenhänge gründlich erläutert hatte, veränderte er seine Denkmuster durch unentwegtes Wiederholen der folgenden Wahrheiten, abends und morgens:

»Der Herr ist mein Hirte. Ich singe das Lied der jubilierenden Seele, denn ich habe Gott zu meinem Hirten erwählt. Göttliche Intelligenz beherrscht und führt mich auf allen meinen Wegen. Mir wird nichts mangeln, weder Frieden noch Harmonie oder Führung, denn ich werde von Gottes Weisheit beherrscht. Ich lagere immer auf grünen Auen, denn Gott läßt mich gedeihen, auf eine Weise, die meine kühnsten Träume übertrifft. Ich finde mich an stillen Wassern, denn der unendliche Friede Gottes erfüllt mein Gemüt und mein Herz. Meine Emotionen (Wasser) sind gestillt und ruhig. Mein Gemüt ist frohgestimmt – es reflektiert Gottes himmlische Wahrheiten und sein Licht (meine Seele ist erquickt). Den ganzen Tag lang denke ich an die heilige Gegenwart Gottes in mir. Ich wandle auf dem Pfad der Gerechtigkeit durch Beachtung der ewigen Wahrheiten Gottes. Ich weiß, daß es keinen Tod gibt, und ich fürchte kein Übel. Ich weiß, daß Gott uns nicht den Geist der Furcht gegeben hat, sondern den Geist der Liebe und Macht und dazu einen gesunden Verstand. Gottes Stecken (Liebe) und Stab (Wahrheit) trösten, erhalten und nähren mich. Die Festtafel Gottes ist immer vor mich gesetzt – der geheime Ort (in der deutschen Bibel der

›Schirm‹, d. Übers.) des Höchsten, wo ich in meinen Gedanken mit Gott gehe und spreche. Ich esse von den nährenden Wahrheiten Gottes, sobald Furcht und Sorge (meine Feinde) mich bedrängen. Das Brot, das ich esse, ist Gottes Idee des Friedens, der Liebe und des Vertrauens in alles Gute. Das Fleisch, das ich esse, ist die Allgegenwart Gottes; der Wein, den ich trinke, ist die Essenz der Freude. Die Weisheit Gottes salbt meinen Intellekt; sie ist eine Leuchte zu meinen Füßen und ein Licht auf meinem Weg. Mein Becher (Herz) ist wahrhaft die Kammer der heilenden Gegenwart Gottes – er läuft über mit Liebe und Freude. Ich verweile gedanklich bei allem Guten, Wahren und Schönen; das ist mein Haus Gottes.«

Nachdem er sein Gemüt über einen gewissen Zeitraum mit dieser Interpretation des 23. Psalms durchtränkt hatte, konnte er eine spürbare Veränderung in seiner ganzen Lebensauffassung wahrnehmen. Sein gesamtes Verhalten änderte sich: Er wurde in jeder Hinsicht freundlicher, rücksichtsvoller, wohlwollender und liebevoller. Eine Behandlung mit Medikamenten war nicht länger vonnöten. Voller Freude konnte er feststellen, daß eine veränderte Einstellung auch alles andere veränderte.

Er hörte auf, sich selbst zu verurteilen. Das Lebensprinzip verurteilt niemals. Wenn Sie Ihren Verstand auf rechte Weise gebrauchen, dann folgen auch die rechten Resultate. Ihr Gemüt ist ein Prinzip – wenn Sie Gutes denken, dann erfolgt Gutes, denken Sie Mangel, dann wird Mangel die Folge sein. Das Lebensprinzip hegt keinen Groll, so wenig wie das Prinzip der Mathematik oder das der Chemie einen Groll hegt.

Nehmen wir einmal an, Sie seien von Ihrer Firma gefeuert worden, weil Sie nicht imstande waren, korrekt zu addieren oder zu subtrahieren. Nach richtiger Unterweisung diesbezüglich machen Sie jedoch derartige Fehler nicht mehr. Das Prinzip der Mathematik ist völlig unpersönlich – es hat nichts gegen Sie –, und genauso verhält es sich mit

Ihrem Gemüt. Fangen Sie an, das geistige Gesetz auf rechte Weise – der Goldenen Regel und dem Gesetz der Liebe gemäß – anzuwenden. Das Geistprinzip hat nichts gegen Sie. Das Vergangene ist vergessen, seiner wird nicht mehr gedacht.

Das Gesetz der Umkehr

Edison wußte, daß unsere Sprache wellenförmige Schwingungen erzeugt und folgerte daraus, daß diese Schwingungen wiederum in Töne zurückverwandelt werden könnten. In anderen Worten: Er erfaßte das Prinzip der inversen Transformation – der mechanischen Wiedergabe von Sprache oder Musik durch den von ihm erfundenen Phonographen.

Kenner der wissenschaftlichen Gesetze wissen, daß jede Transformation von Kraft umkehrbar ist. Hitze bewirkt mechanische Bewegung. Kehren Sie dieses Prinzip um, und Sie werden feststellen, daß mechanische Bewegung Hitze erzeugt. Wie die Wissenschaft uns sagt, erzeugt Elektrizität Magnetismus; gleichermaßen kann Magnetismus elektrische Spannung erzeugen. Ursache und Wirkung, Energie und Materie, Aktion und Reaktion sind dabei die gleichen und sind jeweils austauschbar.

Darum sage ich euch: alles, um was ihr betet und bittet, glaubt nur, daß ihr es empfangen habt, und es wird euch zuteil werden (Mark. 11:24). Hier wird uns bedeutet, zu beten, in der festen Überzeugung, das Erbetene bereits zu besitzen. Das gründet sich auf das Gesetz der inversen Transformation.

Erfolg im Gebet

Eine Mutter hatte den sehnlichen Wunsch, ihren Sohn zu besuchen, der im Begriff war, seine Abschlußprüfung an einem Londoner College zu machen. Sie verfügte jedoch nicht über das erforderliche Reisegeld. Ich fragte sie, wie denn wohl ihre Stimmung wäre, wenn sie jetzt bei ihm sei, ihn in ihre Arme schlösse und dann den Abschlußfeierlichkeiten beiwohnte. Sie meinte daraufhin: »Oh, ich wäre so glücklich, ich wäre entzückt!«

Ich empfahl ihr daraufhin, sich des Abends vor dem Einschlafen genau das vorzustellen. Sie sollte das *Hier* zum *Dort* und die *Zukunft* zum *Jetzt* machen, sie sollte regelrecht spüren, wie sie ihren Sohn umarmte und die ganze Szene so realistisch gestalten, daß sie beim Öffnen ihrer Augen erstaunt wäre, nicht in London bei ihrem Sohn zu sein.

Nachdem sie auf die empfohlene Weise verfahren war, subjektivierte sich der erwünschte Zustand in der dritten Nacht. Als sie ihre Augen öffnete, war sie in der Tat erstaunt, nicht am Ort des Geschehens zu sein. Die Antwort auf ihr Gebet kam in Form einer Darlehensrückzahlung. Dieses Darlehen hatte sie zehn Jahre zuvor einer Bekannten gewährt. Mit den entsprechenden Zinsen war es eine weitaus größere Summe, als für die Reise erforderlich war.

Diese Frau ging in ihrem Gebet von der Tatsache aus, sich bereits an Ort und Stelle zu befinden, als Teilnehmerin an der Zeremonie. Sie sah und hörte sich mit ihrem Sohn sprechen, und das erhebende Gefühl, das sich mittlerweile einstellte, brachte ihr die Freude des beantworteten Gebets. Sie kontemplierte ihr Ziel als vollendete Tatsache. Sie hatte begriffen, daß alle Transformation der Kraft umkehrbar ist. Sie war sich der Tatsache bewußt, daß ihre Anwesenheit in London ihr große Freude und Befriedigung bringen würde. Deshalb hielt sie dieses Freudegefühl in ihrem Innern fest. Die Antwort auf ihr Gebet würde dann mit Sicherheit erfolgen.

... *und das, was nicht ist, ins Dasein ruft* (Röm. 4:17). Der Erfolg Ihrer Gebete gründet sich auf geistige Gesetze. Bedenken Sie: Wenn ein äußerer Umstand ein Freudegefühl und Glücksempfinden in Ihnen hervorrufen kann, dann kann ein freudiger, glücksempfindender Gemütszustand ebenso einen äußeren Umstand – eine physische Tatsache – produzieren.

Skrupellose Methoden

Wenn ein Mensch sich skrupelloser Finanz- oder Geschäftspraktiken bedient, dann muß sich als die nach dem Gesetz von Ursache und Wirkung eintretende Folge eines solchen Verhaltens nicht unbedingt ein finanzieller Verlust zeigen. Ein Verlust kann auf mannigfache Weise eintreten: als Verlust der Gesundheit, Mangel an Förderung, Verlust von Kunden, Verlust des Ansehens, Verlust der Selbstachtung, Verlust von Liebe etc., denn die Wege des Unterbewußtseins sind jenseits allen Ergründens. Für alle »Missetaten« – für jeden Mißbrauch der geistigen Gesetze – wird uns früher oder später die Rechnung präsentiert.

Der einzige Erfolg, der den Menschen zugleich in Frieden und Harmonie ruhen läßt, ist der auf die Goldene Regel ausgerichtete Erfolg. Das heißt im Klartext: Er muß so denken, fühlen, reden und handeln, wie er wünscht, daß andere ihm gegenüber denken, reden, fühlen und handeln. Erfolg ist in erster Linie eine moralische und spirituelle Angelegenheit, getragen von Aufrichtigkeit, Integrität, Gerechtigkeit und gutem Willen allen Menschen gegenüber, wo auch immer.

Wir alle sind voneinander abhängig. Somit liegt es auf der Hand, daß das Wohlergehen anderer die unerläßliche Voraussetzung für den Erfolg eines jeden Menschen ist. Je höher ein Mensch die geistigen Gesetze bewertet, desto mehr wird er bestrebt sein, seinen materiellen Reichtum weise, sinnvoll und konstruktiv einzusetzen.

Ein spirituell gesonnener Mensch sollte komfortabel wohnen, elegant gekleidet sein und sich erlesener Speisen erfreuen können. In anderen Worten: Er sollte sich immer im klaren sein, daß alle Dinge zu seinem Gebrauch und zu seiner Freude da sind ... *Gott, der uns alles reichlich darbietet zum Genuß* (1. Tim. 6:17).

Es ist wahr, daß im absoluten Sinn niemand etwas besitzt. Allein Gott besitzt alles, aber wir haben Zugang zu all seinen Schätzen zu Lande, zu Wasser und in der Luft. Ein spirituell gesonnener Mensch sollte über alle Geldmittel verfügen können, um sich alles das leisten zu können, was er haben möchte und alles das tun zu können, was er tun will, wann immer er es will. Geld ist lediglich ein Tauschmittel, es hat im Verlauf der Zeitalter die verschiedensten Formen angenommen. Es ist Gottes Mittel zur Aufrechterhaltung finanzieller Gesundheit.

Erfolg bei spiritueller Arbeit

Sie müssen sich im klaren sein, daß spirituelles Wirken oder eine spirituelle Organisation nicht erfolgreich ist und es gar nicht sein kann, wenn dabei unentwegt um mehr Geld gebettelt wird. Eine solche Praktik – leider nur allzu oft anzutreffen –, ist der schlagende Beweis für völliges Versagen. Man könnte so etwas als eine verfälschte Spiritualität bezeichnen. Wenn das spirituelle Handhaben des Lebens erfolgreich ist, dann wird es von der Welt gebraucht und selbstverständlich auch von ihr gefördert.

Ein erfolgreicher Mann sollte nicht mehr oder weniger als Partisan angesehen werden, sondern als ein wirklicher Wahrheitssucher. Der spirituell gesonnene Mensch ist kein Proselyt, sondern ein Mitarbeiter auf dem Weg. Das Geheimnis des Wahrheitssuchers ist seine Treue zu den inneren Eingebungen seines höheren Selbstes. Die unendliche Gegenwart in jedem von uns gewährt uns die Möglichkeiten des Erfolgs.

Er war der Präsident einer großen Gesellschaft

Vor kurzem hatte ich Gelegenheit, dem Präsidenten eines Großunternehmens spirituellen Rat zu erteilen. Er war ein im Geschäftsleben sehr erfolgreicher Mann, hatte alles Geld, das er brauchte, lebte in einer Millionenvilla und erfreute sich eines komfortablen, luxuriösen Lebens. Und das ist selbstverständlich auch völlig in Ordnung. Er war seinerzeit ohne jeden Pfennig nach Amerika gekommen und hatte es auf seinem Gebiet zu etwas gebracht. Alles das ist selbstverständlich gut.

In der Kunst rechten Lebens jedoch war er durchaus nicht erfolgreich. Sein Blutdruck war extrem hoch, und er litt unter Migräneanfällen und Kolitis. Er war, wie er mir sagte, nur noch ein Nervenbündel, nahm haufenweise Tranquillizer, Sedativa und Antispasmodika, aber nichts von alldem half. Ich machte ihm klar, daß alles, was er in Wirklichkeit brauchte, sein Gemütsfrieden war. Den jedoch konnte ihm niemand geben außer er selbst. Ich wies ihm die Richtung – ich empfahl ihm, über die Bedeutung des 23. Psalms[1] zu meditieren, nach Möglichkeit zwei- oder dreimal täglich. Des weiteren sollte er häufig bejahen: »Gottes Frieden erfüllt meine Seele.« Konstruktives Denken und Kontemplation der ewigen Wahrheiten des 23. Psalms würden ihm physische Besserung und inneren Frieden bringen.

Verzweifelt wie er war, fand er sich bereit, alles zu versuchen. Ich gab ihm mein Buch »Das Superbewußtsein«[2], in dem ich die innere Bedeutung des 23. Psalms erläuterte. Da er aufgeschlossen war und meine Argumentation vernünftig fand, begann er sofort, über den Psalm und über andere Kapitel dieses Buches zu meditieren. Damit fand er die ersehnte innere Ruhe. Durch Hinwendung an die Gottesgegenwart im Innern, durch Einswerden mit göttlicher Liebe und göttlichem Frieden wurde seine Seele wiederhergestellt.

[1] Dr. Joseph Murphy: *Finde Dein höheres Selbst – Lebe Dein wahres ICH*, Verlag PETER ERD.
[2] *Das Superbewußtsein – Wie Sie Unmögliches möglich machen*, Verlag PETER ERD.

Das verschlossene und das offene Gemüt

Ein bis an den Rand gefüllter Becher kann nichts mehr fassen. Es gibt Gemüter, die dermaßen mit Falschglauben, Lehrmeinungen, Dogmen und eigenartigen Gotteskonzepten angefüllt sind, daß es einfach unmöglich ist, bei ihnen noch irgend etwas Neues, Vitales und Konstruktives unterzubringen. Kürzlich sagte ich einem Alkoholiker: »Gestehen Sie sich ein, daß Sie Alkoholiker sind. Öffnen Sie Ihr Gemüt neuen Ideen. Ein verschlossenes Gemüt kann keine Interpretation des Lebens aufnehmen, ebensowenig wie Ihre verschlossene Hand ein Buch von mir als Geschenk annehmen kann.«

Sein übermäßiger Alkoholgenuß war seiner Meinung nach auf Druck und Anspannungen an seinem Arbeitsplatz zurückzuführen. Er verdiente recht gut, das meiste davon wanderte jedoch unverzüglich in die Taschen der Barbesitzer. Ihn hungerte und dürstete nach Heilung. Zum Zeitpunkt unserer Unterredung hatte er sich zu dem festen Entschluß durchgerungen, geheilt werden zu wollen, und das allein ist bereits 75 % der Heilung.

Ich erklärte ihm, daß sein Unterbewußtsein seine ernsthafte Überzeugung akzeptiert und daß dabei absolute Aufrichtigkeit die unabdingbare Voraussetzung sei. Abends, vor dem Einschlafen bejahte er wissend, fühlend und liebevoll: »Gott gibt mir Freiheit, Nüchternheit und Gemütsfrieden. Danke, Vater.« Das war sein Gebet, etwa fünf oder sechs Minuten lang, jeden Abend. Mittels seines wachbewußten Verstandes schrieb er Freiheit, Frieden und Nüchternheit in sein Unterbewußtsein. In weniger als einer Woche hatte er sein Unterbewußtsein erfolgreich imprägniert und jedes Verlangen nach Alkohol verloren. Das Gesetz hatte ihn zur Freiheit gezwungen, so wie es ihn vorher gezwungen hatte, ein notorischer Trinker zu sein. Jedes Gesetz läßt sich auf zweierlei Art anwenden. Dieser Mann hatte sich zur richtigen Anwendung durchgerungen.

Die Quelle aller Segnungen

Die Bibel sagt: *Kommet her zu mir alle, die ihr mühselig und beladen seid, ich will euch erquicken* (Matth. 11:28). Die Bibel ist ein psychologisches und spirituelles Textbuch und bezieht sich daher auch nicht auf einen besonderen Menschen. Die Charaktere der Bibel sind vielmehr Personifizierungen der Wahrheit. Um Ruhe, Sicherheit oder Frieden zu erlangen, wendet man sich nicht an eine bestimmte Person. Man wendet sich an den Gott in seinem Innern und bejaht kühn: »Gottes Strom des Friedens, der Liebe und der Freude durchfließt mich jetzt und vitalisiert, heilt und erneuert meine Seele.«

Die göttliche Gegenwart befindet sich in Ihrem Innern. Sobald Sie Gottes Liebe, Licht, Wahrheit und Schönheit in Ihrem Herzen kontemplieren, werden sie befreit und erhoben, denn Sie haben dann Gott in Ihrem Herzen gefunden. Das göttliche Zentrum ist in Ihrem Innern.

Der Psalmist sagt:[1] »*Sei stille im Herrn und harre auf ihn*« (Psalm 37:7). Der Begriff »Herr« steht für die herrliche Macht Gottes; »im Herrn ruhen« bedeutet, sich in vollem Vertrauen dem unendlichen Geist in Ihrem Innern anheimzugeben, der Sie erschaffen hat, der während Ihres Schlafes alle Körperfunktionen kontrolliert und auch alles Äußere beherrscht. In anderen Worten: Ihr höheres Selbst.

Feudalherrscher früherer Zeiten besaßen die Macht über Leben und Tod ihrer Untertanen. Heute dagegen repräsentieren die englischen Lords nur noch eine Klasse von Adelstitelträgern, die über keine solche Macht mehr verfügen. Sehen wir es einmal so: Der Herr (engl. »Lord«) in Ihrem Innern ist in Wirklichkeit Ihre dominierende Überzeugung – Ihr Meistergedanke, der alle minderen Gedanken, Ideen, Meinungen, Aktionen und Reaktionen

---

[1] Dr. Joseph Murphy: *Finde Dein höheres Selbst – Lebe Dein wahres ICH*, Verlag PETER ERD.

beherrscht und kontrolliert. Ihr Herr könnte beispielsweise Furcht sein, sofern Sie von Furchtgefühlen beherrscht werden. Sofern die Furcht vorherrscht, bedeutet das, daß sie Ihr ganzes Denken und Fühlen, alle Ihre Aktionen und Reaktionen beherrscht.

Ein wunderbarer Herr Ihres Gemüts wäre ein Gott der Liebe, der Sie in jeder Hinsicht beherrscht, führt und leitet. Eine solche dominierende Überzeugung würde Wunder bewirken in Ihrem Leben – Ihre ganze Welt würde auf geradezu magische Weise zum Abbild dieser Ihrer dominierenden Überzeugung werden. Wenn göttliche Liebe und göttliches rechtes Handeln in Ihnen vorherrschen, dann regiert der wahre Herr in Ihrem Innern, und Sie werden Frieden haben. Sie werden erfolgreich sein in Ihrer Arbeit und in Ihren zwischenmenschlichen Beziehungen. Sie werden sich einer guten Gesundheit erfreuen und frei sein von Verzweiflung und Melancholie.

Ihre dominierende Überzeugung beherrscht Ihre Welt und bestimmt Ihre Zukunft, Ihre Erfahrungswelt, ob gut oder schlecht.

Quimby sagte 1847: »Der Mensch ist zum Ausdruck gebrachter Glaube.« Sie werden mit unfehlbarer Sicherheit Erfolg haben, zu wahrem Selbstausdruck gelangen und harmonische Beziehungen zu anderen herstellen, wenn Sie es sich zur Gewohnheit machen, sich auf das göttliche Zentrum in Ihrem Innern einzustimmen und die göttliche Gegenwart in sich als Ihren Führer, Berater, Wegweiser und als die alleinige – die einzige – Quelle Ihrer Förderung und Ihres Wohlergehens ansehen. Dann werden all die kleinen, nichtigen, furchterfüllten und lästigen Sorge-, Neid- und Eifersuchtsgefühle abfallen. Denn in Ihrem Gemüt ist für sie kein Platz mehr.

Wir alle leiden so lange, bis wir einsichtig genug sind, nach innen zu blicken. Die Bibel sagt: ... *in Umkehr und Ruhe liegt euer Heil; in Stillehalten und Vertrauen besteht eure Stärke* (Jes. 30:15).

Erfolgreich leben

Ich kenne einen alten Herrn von mehr als 90 Jahren, der gelegentlich meine sonntäglichen Vorträge besucht. Kürzlich erzählte er mir, daß er noch vor 30 Jahren das gleiche Gotteskonzept hatte wie in seiner Kindheit. Ihm war beigebracht worden, sich einen zornigen, rachsüchtigen Gott – eine Art orientalischen Sultan – vorzustellen, der tyrannisch regiert. Er lebte in der Furcht und Einbildung, der Wille Gottes für ihn sei, daß er leiden solle. Er wurde so krank, daß sein Arzt ihm bedeutete, er habe nur noch zwei Monate zu leben. Er sagte: »Bringen Sie Ihre Angelegenheiten in Ordnung.«

Eine junge Frau, die einen anderen Patienten in seinem Zimmer besuchte, gab ihm damals ein Pamphlet über die geistige Heilkraft und ihre Anwendung, das er begierig las. Plötzlich überkam ihn ein unbändiger Lebenshunger. Er erhob sich aus seinem Bett, bestand darauf, entlassen zu werden und lud alle seine Freunde und Bekannten in ein Restaurant ein. »Ich feiere meine Auferstehung«, meinte er. Sein Glaube, sein neuer Einblick in die Wirkungsweise der unendlichen heilenden Gegenwart in seinem Innern hatte entsprechend reagiert, und diese spirituelle Transfusion veränderte sein ganzes Leben.

Er hatte, wie er mir sagte, in den letzten 30 Jahren weitaus mehr zustande gebracht, als in den ganzen 60 Jahren davor. Er war aus den alten, mottenzerfressenen Denkmustern, den ausgefahrenen Gleisen und falschen Konzepten ausgebrochen und in ein neues Leben eingetreten, das ihm Gelegenheit gab, zum Erfolg und Wohlergehen aller beizutragen, denen er Anleitung und Freundschaft geben konnte.

Achten Sie auf Ihre Worte

Ihr Unterbewußtsein nimmt Sie immer beim Wort. Ich kenne einen etwa 55 Jahre alten Bauunternehmer. Dessen

Frau beklagte sich bei mir, daß er unentwegt vom Altwerden redete. Bei jeder Gelegenheit sagte er: »Ich werde alt. Ich bin nicht mehr so kräftig, wie ich einmal war. Mein Gedächtnis läßt nach. Ich schaffe es einfach nicht mehr!« Dieser Mann bietet in der Tat das Bild eines 80jährigen, aber eines kranken 80jährigen, der seine Lebensfreude und seine Vitalität verloren hat und nur noch Verfallserscheinungen aufweist. Sie hatte ihn auf die Wirkungsweise seines Unterbewußtseins hingewiesen, aber er hatte nur Spott und Hohn dafür übrig. Er meinte, so etwas wie ein Unterbewußtsein gäbe es überhaupt nicht. Sein Gemüt ist verschlossen, und seine Verbohrtheit – dem Unterbewußtsein aufgeprägt – findet ihren Ausdruck in seinem Zustand.

Das Leben altert niemals. Das Alter ist nicht die Flucht der Jahre, sondern die Dämmerung der Weisheit. Liebe, Glauben, Vertrauen, Freude, Wohlwollen, Lachen und Inspiration werden niemals alt. Das Leben sucht sich immer durch Sie auf höheren Ebenen auszudrücken, ganz gleich, ob Sie 90 oder neun Jahre alt sind. Lernen Sie es, auf die Impulse Ihres Innern zu lauschen. Das sind die Fingerzeige des Geistes oder Gottes in Ihrem Innern, der Ihnen bedeutet: »Komm höher, ich brauche dich.« Heißen Sie die sanfte Stimme des unsichtbaren Gastes in Ihrem Innern willkommen.

Ich bin gekommen, damit sie Leben und reiche Fülle haben (Joh. 10:10). Das ist der Ruf des Lebensprinzips in Ihrem Innern. Es ist die unendliche Gegenwart, die Sie veranlaßt, sich der Einflüsterungen, der Inspirationen und der Träume bewußt zu werden, die Sie vorwärts, aufwärts und gottwärts führen.

Triumph der Prinzipien

Emerson sagte: »Nichts anderes wird dir Frieden geben als der Triumph der Prinzipien.« Sie würden sich zweifellos nicht daranmachen, Ihr Haus zu verkabeln, wenn Sie von den Prinzipien der Elektrizität nichts verstünden. Sie würden auch keine Chemikalien herstellen wollen, wenn Sie von den Prinzipien der Chemie keine Ahnung hätten. Wenn Sie ein Haus bauen wollen, dann müssen Sie in die Prinzipien der Konstruktion eingeweiht sein. Wenn Sie ein Instrumentalvirtuose werden wollen, dann müssen Sie Musik studieren und üben. Mit der Zeit werden Sie dann ein klassisches Stück notfalls mit verbundenen Augen spielen können. Dann haben Sie nämlich das Äquivalent in Ihrem Unterbewußtsein etabliert, das Sie befähigt, ganz automatisch zu spielen.

Ihr Gemüt ist ein Prinzip. Denken Sie Gutes, und Gutes wird folgen; denken Sie hingegen an Mangel und Begrenzung, dann werden Sie Mangel und Begrenzung erfahren – in extremen Fällen sogar Verarmung. Sie sind das, was Sie den ganzen Tag lang denken. Erlernen Sie die Gesetze Ihres Gemüts und wenden Sie sie an. Jeder Gedanke, jede Idee, sofern sie emotionalisiert (mit Gefühl aufgeladen) ist, findet Eingang in Ihr Unterbewußtsein und verwirklicht sich. Dieser Tatsache eingedenk, werden Sie sehr darauf achten, was Sie Ihrem Unterbewußtsein aufprägen.

Weshalb sie nicht bezahlten

Eine spirituelle Heilungspraktikerin erwähnte einmal, daß sie jedem Hilfesuchenden viel Zeit und Energie widmet und darauf sieht, daß ihre Ratschläge auf fruchtbaren Boden fallen. Dennoch versäumen es viele der Ratsuchenden, sie angemessen zu bezahlen. Ich machte ihr klar, daß sie diesen Zustand überwinden könne, ganz einfach durch die Bejahung, daß alle Menschen, die sie aufsuchten, geheilt und wohlhabend seien und sie auch gern und gut bezahlten in göttlicher Ordnung.

Sie änderte ihre Haltung, und ihr Unterbewußtsein reagierte. Es gab einen triftigen Grund dafür, daß so viele ihrer Klienten sie für ihre Hilfe nicht bezahlt hatten: Tagsüber war sie nämlich als Sozialarbeiterin tätig, und ihr ganzes subjektives Denken kreiste um Menschen, die in bitterster Armut lebten. Nachdem sie eine neue Einsicht in die Wirkungsweise ihres Gemüts gewonnen hatte, wurde sie sehr erfolgreich.

Ein häufig anzutreffender Aberglaube

Manch einer gefällt sich in dem Ausspruch: »Wenn es Gottes Wille ist, dann will ich es haben.« Wenn Sie Ihrem Gebet ein »Wenn« voranstellen, dann wird auch Ihre Manifestation sehr »wennig« ausfallen. Höchstwahrscheinlich werden Sie sogar überhaupt nichts zustande bringen. Eine Frau, die sich nach einem Gefährten sehnte, sagte: »Ich bin zu alt, ich bin doch sehr hausbacken.« Sie pflegte alle Gründe aufzuzählen, weshalb sie nicht heiraten konnte, statt sich auf die zu konzentrieren, die für eine Heirat sprachen. Dieser Frau mit ihren Entsagungsideen bedeutete ich: »Der Mann, den Sie suchen, dieser Mann sucht auch Sie. Das letzte Mal heiratete er eine bildhübsche Frau, die nichts Eiligeres zu tun hatte, als mit allen Boys herumzuschlafen. Und das hat er nicht so gern, deshalb will er jetzt Sie!«

Des weiteren empfahl ich ihr, sich mal die Zeitungen daraufhin anzusehen, wie viele Menschen sich im Alter von 60, 70 oder 80 Jahren noch verheiraten. Der unendliche Geist wird Ihnen den richtigen Gefährten zuführen in göttlicher Ordnung. Sie müssen ihn jedoch verlangen – Sie müssen Ihren Anspruch geltend machen. Denken Sie an alle Ihre guten Eigenschaften und an all das, was Sie einem Mann bieten können. Senden Sie diese Gedanken aus, und das Gesetz der Wechselwirkung wird den richtigen Mann in Ihr Leben bringen. Ihre Aufrichtigkeit wird es wahr werden lassen.

Sie folgte diesen einfachen Anweisungen und erhielt nach einiger Zeit eine Antwort auf ihr Gebet.

Ein weiterer Aberglaube ist: »Wenn es Gottes Wille ist.« Das ist einfach zu absurd für Worte! Der Wille Gottes ist immer ein größeres Maß an Leben, Freiheit, Ausdruck und Wachstum. Jeder Wunsch nach Wachstum, Wohlstand, Erfolg oder Heilung *ist* der Wille Gottes für Sie! Bitte merken Sie sich das gut! Machen Sie sich ein klar umrissenes Bild von Ihrem Wunsch. Bringen Sie Ihren Verstand und Ihr Unterbewußtsein auf einen Punkt zusammen – dann werden Sie Ihren Wunsch erfüllt sehen.

Noch ein anderer Aberglaube ist: »Wenn es recht für mich ist.« Es ist recht – es ist absolut recht, es ist durch und durch recht – für Sie, sich vollkommener Gesundheit zu erfreuen, eines Lebens in Frieden, Harmonie, Freude, Fülle und Sicherheit, eines Lebens am rechten Platz, angefüllt mit allen Segnungen, die es nur bieten kann. Gott gab Ihnen alles reichlich zum Genuß.

Das Gesetz des Geistes ist unpersönlich

Betrachten wir einmal einen Webstuhl. Alle für den Webvorgang erforderlichen Garne sind auf ihm vorhanden – schwarze, braune, gelbe etc. Der Webstuhl nimmt alle Fäden auf, es kümmert ihn nicht weiter. Nehmen wir jetzt einmal an, Sie blicken auf einen Teppich und finden ihn scheußlich, eine Beleidigung für die Augen. Dann bedarf es nur anderer Fäden oder Garne. Alles andere besorgt der Webstuhl, er reagiert ganz mechanisch. Ihr wachbewußter Verstand ist der Weber; Ihr Unterbewußtsein der Webstuhl.

Ein Mann kann beispielsweise ein Bordell eröffnen und eine Menge Geld damit verdienen. Dem Unterbewußtsein ist das egal; es kann keine moralischen Bewertungen abgeben. Es drückt nur das aus, was ihm aufgedrückt wurde, sei es gut oder schlecht. Ein anderer mag eine Menge Geld geerbt haben. Vielleicht gibt er es mit vollen Händen aus. Vielleicht verliert er alles beim Glücksspiel. Vielleicht leidet er unter religiösen Zwangsvorstellungen und pflanzt Furchtgedanken in die Gemüter der Menschen.

Denken Sie daran: Das Gesetz ist unpersönlich. Wenn Sie dieses Gesetz übertreten – wenn Sie es falsch anwenden, indem Sie anderen Schaden zufügen oder sie in irgendeiner Weise benachteiligen, dann reagiert es auf seine ureigenste Weise ... *Die Rache ist mein, ich will vergelten, spricht der Herr* (Röm. 12:19). Leben Sie Ihren höchsten Idealen gemäß.

Ich wurde einmal gefragt, wie es käme, daß sexuell pervertierte und rauschgiftsüchtige Menschen gute Dichtung, Musik und großartige Bühnenstücke schrieben. Die Antwort ist einfach: Gott oder die unendliche Intelligenz sieht die Person nicht an, sondern reagiert auf den Altruisten oder den Perversen gleichermaßen, vorausgesetzt, dieser glaubt; und ihm geschieht nach seinem Glauben.

Ein anderer weitverbreiteter Aberglaube ist die Meinung, von Gott auf die Probe gestellt zu werden. Diese Einstellung offenbart eine Art von messianischem Komplex. Solche Menschen glauben allen Ernstes, daß ein Gott irgendwo da droben in den Wolken eine große Herausforderung auf sie herniederfallen läßt, nur um zu sehen, wie sie damit zurechtkommen. Gott straft oder erprobt niemanden! Der Mensch straft sich selbst durch seine Unwissenheit und seinen Mißbrauch der geistigen Gesetze. Die einzige Sünde, die es überhaupt gibt, ist Unwissenheit, und alle Leiden dieser Welt sind die Konsequenz dieser Unwissenheit.

Sie werden gebraucht

Der Dichter sagt: »Wir alle sind Teil eines gewaltigen Ganzen, dessen Körper die Natur und dessen Seele Gott ist.« Wenn in früheren Zeiten ein Tisch oder ein Stuhl gezimmert oder eine Statue geschnitzt wurde, dann tat man das mit einem Lied im Herzen. Man war stolz auf sein Werk.

Der größere Teil eines Tisches oder eines Bauwerks braucht immer den kleineren. Erst alle Komponenten zusammen bilden die Einheit. Sie werden gebraucht. Es gibt nichts Überflüssiges im Universum. Jede einzelne Note ist erforderlich, damit eine Symphonie erklingen kann.

Es gibt niemanden auf der ganzen Welt, der Ihren Platz einnehmen kann, ja – der es Ihnen in irgendeiner Weise gleichtun kann, denn Sie sind auf Ihre Weise einzigartig. Nur Sie selbst sind auch Sie selbst. Sie sind einzigartig! Als Koch wären Sie beispielsweise dem kommandierenden General einer ganzen Armee unentbehrlich. Es gibt nichts Nutzloses außer Ihrer Überzeugung, nutzlos zu sein. Ihr Unterbewußtsein akzeptiert immer nur das, was Sie wirklich glauben, und Sie erfahren dann Entsprechendes.

Eine Meditation für den Erfolg

Wißt ihr nicht, daß ich sein muß in dem, was meines Vaters ist? »Ich weiß, daß mein Geschäft, mein Beruf oder meine Tätigkeit Gottes Angelegenheit – Gottes Geschäft ist. Gottes Geschäft ist immer erfolgreich. Täglich wachse ich an Verständnis. Ich weiß, ich glaube und ich akzeptiere die Tatsache, daß Gottes Gesetz der Fülle immer für mich, durch mich und überall um mich tätig ist.

Mein Geschäft oder meine berufliche Tätigkeit ist angefüllt mit rechtem Handeln und rechtem Ausdruck. Ideen, Geldmittel, Waren und die erforderlichen Kontakte sind jetzt und allezeit mein. Alles das wird von mir mit unwiderstehlicher Macht angezogen, dem Gesetz der universellen Anziehung gemäß. Gott ist das Leben meines Geschäfts; ich werde auf allen Wegen göttlich geführt und inspiriert. Jeder Tag präsentiert mir wunderbare Möglichkeiten des Wachstums, der Ausdehnung und des Fortschritts. Ich baue guten Willen auf. Ich bin ein großer Erfolg, weil ich mit anderen so verfahre, wie ich es umgekehrt auch von ihnen erwarte.«

4. KAPITEL

Die Macht des Geistes: vom Abgrund des Todes errettet

In München sprach ich mit einer Dame, die ihrer Geburtsurkunde zufolge 80 Jahre alt war. Wie sie mir erzählte, hatte es in ihrem Leben eine Zeit gegeben, da man ihren Gesundheitszustand als hoffnungslos und unheilbar bezeichnet hatte. Als alle materielle Hilfe versagt hatte, war sie auf spirituelle Weise buchstäblich dem Tod entrissen worden.

Sie war gerade noch zur rechten Zeit auf einen spirituellen Heiler aufmerksam gemacht worden, und der gab ihr weder Medikamente noch Drogen. Er wandte auch keine medizinischen Behandlungsweisen an. Auch stellte er keine Fragen bezüglich ihrer Symptome, Beschwerden oder Schmerzen, sondern saß ihr in meditativer Haltung gegenüber und sagte: »Lassen Sie uns über Gott und seine Wunder nachsinnen.« Dann bejahte er: »Gott ist ein liebender, führender Vater – ständig verfügbar, eine unmittelbare Heilkraft. Gott ist gegenwärtig als lebendiger Geist, und seine heilige Gegenwart strömt in sämtliche Teile Ihres Seins.«

Nachdem sie ihr Gemüt und Herz dem Einstrom des heiligen Geistes geöffnet hatte, vollzog sich eine bemerkenswerte Veränderung. Ihre Vergegenwärtigung der unendlichen heilenden Gegenwart und ihre Empfänglichkeit hatten eine Wiedererrichtung – eine Auferstehung – von Heilsein, Vitalität und Vollkommenheit zur Folge und eine wunderbare Heilung bewirkt. Das ist die Macht des Geistes oder Gottes. Der Wendepunkt trat ein, als sie sich bewußt wurde, daß ihr zu jeder Zeit unendliche Reserven an göttlicher Liebe und Weisheit an die Hand gegeben waren.

Eine einfache Wahrheit

Die Macht des Geistes (Gott) ist keine halbherzige Angelegenheit. Wir müssen das spirituelle Leben in jede Sphäre unserer natürlichen und gesellschaftlichen Interessen einbringen. Wir sind hier, um durch den Geist zu leben. Gott ist Geist, und dieser Geist hat sich manifestiert in dieser herrlichen Welt von Zeit und Raum. Der Geist in uns hat uns die Macht gegeben, siegreich zu sein. In uns befindet sich eine göttliche Gegenwart, die uns befähigt, unsere Probleme in himmlisches Licht zu erheben und sie von der Führung, die wir beanspruchen und die uns zuteil wird, umgestaltet zu sehen. Es gibt Führung aus jeder Not heraus; es gibt Liebe für jedes Herz. Liebe ist die größte Heilkraft – sie berührt das Unterbewußtsein, sie erquickt uns, stärkt uns und verwandelt uns in die strahlenden Zentren, die der Menschheit zum Segen gereichen.

Göttliche Liebe heilt

Nach einem Vortrag in London vor einigen Monaten hatte ich eine Unterredung mit einer Dame, die sich über plötzlich aufgetretene Drüsenschwellungen und damit einhergehende Entzündungen beklagte. Nachdem sie die ihr verschriebene Medizin eingenommen hatte, gingen die Entzündungen zurück, um jedoch nach einigen Wochen wiederzukehren.

Ich erkundigte mich daraufhin nach ihrem Gefühlsleben, da die Drüsen bekanntlich Hormone absondern, und das Wort Hormon von Harmonie abgeleitet ist. Daraufhin räumte die Dame ein, ihre Schwester zu hassen, die sie um eine größere Geldsumme betrogen hatte. Es waren also Haß und Feindseligkeit, welche diese Drüsenentzündungen und Organschwellungen hervorgerufen hatten. In anderen Worten: Sie hatte Gift erzeugt.

Ich machte ihr klar, daß sie göttliche Liebe absorbieren und ihrer Seele zuführen müsse, um damit Harmonie und

Heilsein wiederherzustellen. Alle Religionen lehren das Praktizieren von Liebe und Wohlwollen – sie alle fordern, daß wir einander lieben sollen. Die holistische Medizin unserer Tage bezeichnet Liebe, Wohlwollen und Vergebung als Voraussetzung für Gesundheit und Glück.

Demgemäß entschloß sie sich, ihre Schwester geistig loszulassen und sich damit zu heilen. Ich wies sie ganz besonders auf den Umstand hin, daß sie sich in keiner Weise zu zwingen brauchte, ihrer Schwester Gefühle der Liebe entgegenzubringen, denn Zwänge dieser Art würden nur das genaue Gegenteil der beabsichtigten Wirkung mit sich bringen. Alles, was sie zu tun hatte, war, ihre Seele oder ihr Unterbewußtsein mit göttlicher Liebe zu erfüllen.

Ihr Gebet lautete: »Die heilende Liebe Gottes erfüllt mein gesamtes Sein. Gott liebt mich und sorgt für mich. Gottes Strom des Friedens durchdringt mein ganzes Wesen.« Diese Wahrheit bejahte sie dreimal täglich jeweils etwa 20 Minuten lang. Jedesmal wenn ihr ein Gedanke an ihre Schwester in den Sinn kam, bejahte sie meinem Rat gemäß: »Gottes Liebe erfüllt meine Seele.«

Vor einer Woche erhielt ich einen netten Brief von ihr. Sie schrieb mir: »Ich bin im Frieden. Ich benötige keine Medikamente mehr. Jedesmal wenn meine Schwester mir in den Sinn kommt, bin ich im Frieden. Es ist kein Stachel zurückgeblieben. Ich wünsche ihr nur Gutes.« Das ist die Macht der Liebe. Sie löst alles ihr nicht gemäße auf. Wenn Sie im Frieden sind und Wohlwollen allem und jedem gegenüber empfinden, dann werden Sie in keinem Ihrer Organe Schmerzempfindungen verspüren. Sie werden dann auch keine Magenverstimmungen oder gar -geschwüre haben.

Eine neue Einsicht veränderte sein Leben

Während meiner Vortragsreise durch Europa vor einigen Jahren, wo ich in München, Frankfurt, Hannover, Zürich,

Wien und in London gesprochen hatte, traf ich viele interessante und außergewöhnliche Menschen aus Wissenschaft, Medizin, Politik und Wirtschaft. In München suchte mich ein höhergestelltes Regierungsmitglied in meinem Hotel auf. Der Politiker nahm seinen Besuch zum Anlaß, mich wissen zu lassen, daß er seinen Erfolg und seine Fortentwicklung dem Praktizieren der Techniken verdankte, die ich in meinem Buch *Die Macht Ihres Unterbewußtseins* gebe, einem im deutschsprachigen Raum seit Jahren im Handel befindlichen, vielgelesenen Buch.

Wie er mir sagte, hatte er zunächst nur eine recht niedere, schlecht bezahlte Position bekleidet. Nachdem er mein Buch studiert hatte, war es ihm klar geworden, daß er damals dazu neigte, andere, die ihm bei der Beförderung vorgezogen wurden, zu kritisieren, zu verurteilen und zu schmälern. Er wußte mit einem Mal, daß er sich damit selbst unten hielt. Daraufhin änderte er seine Einstellung seinen Mitarbeitern gegenüber. Er segnete sie alle, bemühte sich, sie zu verstehen, ihre Leistungen zu schätzen und mit jedem gut zusammenzuarbeiten. Er akzeptierte jeden einzelnen von ihnen, so wie er war. Dabei konnte er sehr bald feststellen, daß er sich im Grunde selbst segnete, wenn er sich über das berufliche Weiterkommen anderer freute. Wie er mir sagte, war es sein hauptsächlichstes Anliegen, mir dafür zu danken, daß ich dieses Buch geschrieben hatte.

Das war wirklich eine der nettesten Anerkennungen für meine Arbeit, die ich auf dieser Reise entgegennehmen durfte. Liebe ist die universelle Lösung. Wenn Sie sich fragen: »Würde ich mit dem, was ich von dem anderen denke und ihm wünsche, leben wollen«, und wenn die ehrliche Antwort darauf ein Ja ist, dann erschaffen Sie damit Gesundheit, Glück, Wohlstand und Erfolg – eingekörpert in Ihre Mentalität, und das geschieht aus einem einfachen Grund: Sie sind der einzige Denker in Ihrer Welt, und Ihr Denken ist schöpferisch. Alles, was Sie von einem anderen denken, das erschaffen Sie sich in Ihrem eigenen Erfahrungsbereich.

Die innere Bedeutung der Goldenen Regel ist wichtig

Die Goldene Regel ist so gut wie jedem bekannt. Wie viele aber haben ihre tatsächliche Bedeutung auch wirklich begriffen? Um es in eine einfache, alltägliche Sprache zu fassen: Alles, was Sie von einem anderen Menschen denken, das erschaffen Sie sich in Ihrem eigenen Leben, weil Ihr Denken schöpferisch ist. Dieser Wahrheit eingedenk, sollten Sie ausschließlich göttliche Gedanken über den anderen hegen. Jeder Gedanke neigt dazu, sich zu manifestieren.

Wie anders würde die Welt doch aussehen, wenn wir alle die Goldene Regel und das Gesetz der Liebe wirklich praktizierten. Wir würden den Himmel auf Erden erschaffen. Der Durchschnittsmensch mag wohl imstande sein, den Text der Goldenen Regel auswendig herzusagen, ihre innere Bedeutung jedoch hat er nicht wirklich begriffen. Und daher lebt er nicht ihren Forderungen gemäß.

Und wie ihr wollt, daß euch die Leute tun, ebenso sollt auch ihr ihnen tun (Luk. 6:31).

Das ist eine Direktive aus dem Innern Ihrer Seele, die allen, die danach handeln, ein Leben voller Harmonie, Gesundheit und Frieden beschert. Wenn alle Menschen nach der Goldenen Regel lebten, dann gäbe es keinen Krieg, keine Verbrechen, keine Grausamkeiten, kein Leid und keine Unmenschlichkeit. Es bestünde kein Bedarf für Streitkräfte oder Polizeitruppen, geschweige denn Atom- oder andere Nuklearwaffen. Wenn Ihr Denken richtig ist, wird auch Ihr Handeln richtig sein. Es ist unmöglich, aus negativem Denken heraus recht zu handeln, ebensowenig wie man aus einer nicht veredelten Saat einen Apfelbaum erzeugen kann.

Er sagte: »Ich habe es versucht, aber ich kann nicht«

Ein Alkoholiker prahlte einmal, er besäße die Willenskraft, nach dem Genuß von zwei Drinks aufzuhören. Das war selbstverständlich nichts als Angeberei, denn er stand unter dem unentrinnbaren Zwang, immer weiter zu trinken, bis er völlig betrunken war. Sein Unterbewußtsein sagte das eine, während sein wachbewußter Verstand etwas anderes wollte. Er war ganz einfach außerstande aufzuhören, weil er dem unterbewußten Zwang unterlag zu trinken. Er hatte die Kontrolle verloren. Er lebte unter dem Zwang seiner Gewohnheit und seiner Emotionen. Er wurde von innen her angetrieben.

Wie er mir sagte, brauchte er mehrere Drinks, um Mut und ein erhobenes Gefühl zu gewinnen. Damit hatte er jedoch jedesmal seine Göttlichkeit verleugnet – seine allmächtige und allweise Göttlichkeit. Statt dessen erlangte er seinen Pseudo-Mut und ein nicht lange währendes, vergängliches Gefühl des Erhobenseins. Da er alles daransetzte, sich diese Suggestionen der Schwäche, der Minderwertigkeit und der Unzulänglichkeiten wieder und wieder deutlich zu machen, wurden sie sehr schnell seinem Unterbewußtsein aufgeprägt. Alles dem Unterbewußtsein Aufgeprägte ist jedoch kompulsiv (zwanghaft). Nun war er Alkoholiker, ein Trunkenbold – ein kompulsiver Trinker.

Wie er sein Gemüt instand setzte

Dieser Mann begriff sehr bald, daß er entweder eine emotionelle Stütze für das Gefühl der Freiheit entwickeln oder versagen mußte. Er wünschte sehnlichst, von seiner verhängnisvollen Neigung befreit zu sein, deshalb bejahte er jeden Abend unmittelbar vor dem Einschlafen: »Freiheit und Gemütsfrieden.« Mit dieser fortgesetzten Bejahung von Freiheit und Gemütsfrieden würde er – davon war er überzeugt – sich eine neue Gewohnheit aneignen.

Nach einigen Wochen fühlte er sich zu ständiger Nüchternheit gezwungen und erfuhr den ersehnten Gemütsfrieden. Das gleiche Gesetz, das ihn zur Flasche greifen ließ, hatte ihm zur Freiheit und zu vollkommener Heilung verholfen.

Sie erfuhr das Geheimnis

Vor einigen Monaten hielt ich ein Seminar in Wien. Dort erzählte mir eine junge Dame, die außergewöhnlich gut Golf spielte, daß sie sich nach dem Erlernen sämtlicher Regeln und Techniken des Spiels jeden Abend suggerierte: »Ich bin entspannt, ich bin gleichmütig, ich bin heitergelassen und ganz ruhig vor jedem Spiel, und die allmächtige Kraft in mir übernimmt jetzt die Herrschaft. Ich spiele majestätisch und herrlich. Ich spiele für Ihn.«

Sie hatte das Golfspiel gründlich studiert, regelmäßig trainiert und Geist und Körper unter disziplinierter Kontrolle. Dessen ungeachtet war sie klug genug, ihrem höheren Selbst alles Weitere zu überlassen, als da sind: Schlagkraft, Richtung, Abstand etc. Sie wußte: Ihr höheres Selbst würde das alles auf seine überragende, unnachahmliche Weise vollbringen. Jeden Abend durchtränkte sie ihr Unterbewußtsein mit den richtigen Worten.

Nachdem sie eine ausreichende Anzahl dieser Repetitionen hinter sich gebracht hatte, war ihr Unterbewußtsein entsprechend imprägniert, und sie war buchstäblich gezwungen, eine derart außergewöhnliche Golfspielerin zu sein. Das Gesetz des Unterbewußtseins ist kompulsiv.

... daß ihr einander liebt ... (Joh. 13:34)

Das Innere beherrscht alles Äußere. Sie können andere nicht lieben, solange Sie keine liebenden und harmonischen Gedanken in Ihrem Gemüt hegen. Die Menschen, die in Ihrem Gemüt wohnen, sind Gedanken, Ideen, Meinungen, Überzeugungen und Ihre Reaktionen auf die Begebenheiten Ihres Alltags. Stellen Sie sicher, daß diese jederzeit mit allem übereinstimmen, was wahr, lieblich, edel und gottgleich ist.

Ihre Jünger sind – ebenso wie die Jünger in der Bibel – die disziplinierten Eigenschaften Ihres Gemüts. Disziplinieren Sie Ihre Vision? Ihre Vision ist das, worauf Sie Ihre Aufmerksamkeit richten, was Ihr Gemüt jeweils beschäftigt. Und Sie gehen dorthin, wo Ihre Vision ist. Ihr Glauben ist diszipliniert, wenn Sie sich auf die schöpferischen Kräfte Ihres Gemüts verlassen und allein auf die Güte Gottes im Land der Lebenden vertrauen. Sie sollten keinesfalls an Lehrmeinungen, Dogmen, Traditionen, andere Menschen oder irgendwelche Institutionen glauben, sondern allein an die ewig gültigen Prinzipien, die immer die gleichen sind – heute, morgen und in Ewigkeit.

Sie disziplinieren Ihre Imagination (Vorstellungskraft), wenn Sie sich ausschließlich Gutes und Schönes vorstellen. Diszipliniertes Urteil heißt, sich für einen wahren anstelle eines falschen Gedankens zu entscheiden. Unentwegt das Gute bejahen heißt ein »rechtes Gericht richten« und Harmonie und Frieden in Ihr Leben bringen. Alles, was Sie in Ihrem Denken zur Wirklichkeit machen, werden Sie auf dem Bildschirm des Raumes demonstrieren.

Bedenken Sie: Wenn Ihr Bewußtsein mit Furcht, Sorge, Groll, Vorurteilen, Zorn, Eifersucht und religiöser Unlogik angefüllt ist, dann können Sie nicht wirklich lieben, weil die genannten Bewohner Ihres Gemüts das genaue Gegenteil von Liebe repräsentieren. Diese Gemütshaltung projizieren Sie auf andere, halten diese jedoch verantwortlich für die Auswirkungen und kritisieren sie entsprechend.

Die Erklärung rettete sein Leben

Im August 1979 sprach ich in der Londoner Caxton Hall. Bei dieser Gelegenheit sagte ich einem verzweifelten

Mann: »Sie selbst müssen sich das Evangelium predigen. Die Geldwechsler und Diebe, von denen Sie reden, befinden sich in Ihrem eigenen Gemüt. Der ›Tempel‹ ist Ihr Bewußtseinstempel. Die Diebe und Geldwechsler, die Sie berauben, sind Furcht, Unwissenheit, Aberglaube, Selbstverurteilung, Selbstkritik und Übelwollen. Der spirituell gesonnene Mensch jagt alle diese Diebe und Räuber aus dem Tempel seines Gemüts, indem er sein Unterbewußtsein mit lebengebenden Denkmustern und den ewigen Wahrheiten Gottes anfüllt. Damit erfährt er Frieden und Harmonie in seinem Innern und bringt das auch im Äußeren zum Ausdruck – in seinem Geschäft und in seinen gesamten zwischenmenschlichen Beziehungen.«

Dieser Mann hatte in obigem Zusammenhang an einen Tempel gedacht, der vor 2000 Jahren existiert hatte und hatte natürlich auch die besagten Diebe und Räuber als wirkliche Menschen und nicht als Bewegungen seines Gemüts angesehen. Nachdem ihm klar geworden war, daß er selbst es war, der sich seines Friedens, seiner Vitalität, seiner Harmonie, seines Wohlstands und seines Erfolgs beraubte, hörte er selbstverständlich sofort damit auf. Ein Licht schien in sein Gemüt gedrungen zu sein, das den Nebel durchdrang. Die Erklärung brachte die Heilung.

Stimmen Sie sich auf das Unendliche ein

Kürzlich sprach ich mit einem Mann, der sich jedesmal schuldig fühlte, sobald er nicht irgendwie tätig war. Er fühlte sich unter einer Art Zwang, auch nach einem vollen Arbeitstag im Büro noch weiter zu arbeiten. Er war ein ausgemachtes Arbeitstier. Jeden Abend brachte er sich noch Arbeit mit nach Hause. Dann saß er noch bis weit nach Mitternacht über Zahlen, Plänen und Projekten. Er hatte bereits zwei Herzanfälle hinter sich und litt unter blutenden Magengeschwüren – alles aufgrund seiner schwärenden Gedanken und emotionellen Beschwernisse.

Er hatte völlig vergessen, daß Gott den Sabbat eingerichtet hatte – nicht als einen Tag in der Woche, sondern als einen Zeitpunkt des mentalen Ausruhens, als einen Tag zum Einstimmen auf das Unendliche, zum regelmäßigen Bejahen: »Unendlicher Geist führt und leitet mich auf allen meinen Wegen. Gottes Strom des Friedens durchdringt mein Herz und mein Gemüt.«

Ich empfahl ihm dringend, allabendlich einige Zeit für Gebet und Meditation zu reservieren und dabei jeweils abwechselnd über den 91., den 23., den 27., den 46. und den 42. Psalm nachzusinnen. Er sah ein, daß er regelmäßig zu seiner Kraftquelle zurückkehren – daß er in stillen Momenten Inspiration aus seiner Kontemplation der Liebe Gottes gewinnen mußte. Das würde Wunder in seinem Leben bewirken.

Er begann daraufhin jeden Morgen und während seiner Mittagspause über die großen Wahrheiten aus *Stille Momente mit Gott*[1] nachzudenken und entdeckte dabei, daß er von den streßerzeugenden Aktivitäten und Anspannungen des Tages völlig frei wurde. Vergessen Sie niemals, sich regelmäßig und systematisch an die Weisheit Gottes zu wenden, um Ihren Intellekt zu salben, und an die Kraft des Allmächtigen, um Sie zu stärken. Nehmen Sie sich täglich zwei- bis dreimal jeweils fünf oder zehn Minuten Zeit, um über die großen Wahrheiten Gottes nachzusinnen, dann praktizieren Sie den Sabbat – die Hingabe an Gott – und lassen Gemüt und Körper vom Einstrom des heiligen Geistes nähren und stärken.

Dieser Mann ließ von da an den unendlichen Geist in seinem Innern an allen seinen Unternehmungen teilhaben und konnte dabei zu seiner großen Freude feststellen, daß sein Seniorpartner – sein höheres Selbst – ihm bessere Möglichkeiten für alle seine Vorhaben offenlegte.

---

[1] Dr. Joseph Murphy: *Stille Momente mit Gott*, Verlag PETER ERD.

Ihr Wunsch muß Ihr Unterbewußtsein erreichen

Viele Menschen haben sich bei mir beklagt, daß überhaupt nichts geschehen sei, obgleich sie sich Wohlstand, Erfolg und alle guten Dinge des Lebens gewünscht und für ein ruhiges, entspanntes Leben gebetet hatten. Oft genug seien sie derart unruhig, furchtsam und gewohnheitsmäßig angespannt, daß ihr Routinedenken sie völlig beherrsche.

Der Weg, diesen Zustand zu überwinden, besteht darin, still über Ihren Wunsch nach Fortentwicklung, Ausdehnung, Wohlstand und Erfolg nachzudenken, in der Erkenntnis, daß dieser Wunsch von Gott kommt und die Kraft des Allmächtigen ihn auch erfüllt nach göttlichem Gesetz und in göttlicher Ordnung. Wenn Ihre Gedanken sich auf dieser Linie bewegen, werden Sie Ihren Wunsch erfolgreich in Ihr Unterbewußtsein integriert haben, und Ihr Unterbewußtsein wird ihn Wirklichkeit werden lassen.

Die meisten Menschen in ihrem Alltagsbereich – in Büros, Fabriken und Geschäften – reagieren mehr oder weniger mechanisch auf den Druck und die Suggestionen von außen. Sie laufen damit Gefahr, zu Automaten zu werden und sich von jedem Windstoß umpusten zu lassen. Viele repetieren genau das Falsche in ihrem Denken und Handeln. Seien Sie sicher, daß Sie nur die ewigen Wahrheiten repetieren. Repetition, Glauben und Erwartung werden Ihnen eine reiche Ernte bescheren.

Er hatte das falsche Selbst-Image

Bei der Beratung eines jungen Mannes, dessen Grundproblem chronisches Kranksein war, wurde offenkundig, daß er, kaum von der einen geheilt, bereits in die nächste Krankheit stolperte. In einem Zeitraum von sechs Jahren hatte er sechs Operationen durchgemacht. Er hatte ein recht festgefügtes Image von sich als beständig krank oder kränkelnd. Als Kind hatte man ihm eingeredet, daß er sehr zart, schwach und immer kränklich sein würde. Das hatte er akzeptiert und als Folge gelernt, unentwegt zu kränkeln. Seine Überzeugung, immer krank und schwächlich zu sein, hatte sich in seinem Unterbewußtsein festgesetzt, und ihm geschah nach seinem Glauben.

Nach meinen Anleitungen begann er jetzt mittels der Spiegel-Technik sein Image umzupolen. Jeden Morgen sah er fünf oder zehn Minuten lang auf sein Spiegelbild und bejahte: »ICH BIN totale Gesundheit. Gott ist meine Gesundheit.« Nach und nach fand die Idee der Vollkommenheit Eingang in sein Unterbewußtsein, und er ist jetzt frei von jeglichem Falschglauben. Er hatte die Technik, die ich ihm gegeben hatte, ausdauernd und vertrauensvoll praktiziert, bis sie sich als der erwünschte Zustand in seinem Leben manifestiert hatte.

Sie wurde von Furcht- und Schuldgefühlen geplagt

Eine junge Frau von 22 Jahren wurde von allen möglichen Ängsten verfolgt. Sie fürchtete sich vor Gott, vor der Zukunft, vor dem Jenseits, vor üblen Wesenheiten, vor einem Teufel und vor Voodoo-Zauber. Die Bibel sagt jedoch: *Gott hat uns nicht den Geist der Furcht gegeben, sondern den Geist der Kraft und der Liebe und der Besonnenheit* (2. Tim. 1:7).

Ich erklärte ihr, daß wir alle in jungen Jahren höchst beeindruck- und entsprechend formbar sind und daß ihr Gemüt von ihren Eltern, ihren Lehrern und der Umwelt mit falschen Konzepten von Gott, dem Leben und dem Universum ausgestattet und konditioniert worden war. Sie konnte einsehen, daß sie mit keinerlei Ängsten, Schuldkomplexen oder Gefühlen der Selbstverdammung auf die Welt gekommen war, daß ihr alles das vielmehr erst später aufgenötigt wurde. Sie hatte nämlich recht seltsame Vorstellungen von bösen Wesenheiten und Kobolden, von denen es in den Wäldern nur so wimmeln sollte. Für sie schienen überall Gefahren zu lauern.

Auf meinen Rat hin machte sie es sich zur Gewohnheit, abends und morgens den 27. Psalm zu lesen und über seine Bedeutung nachzudenken. Darüber hinaus bejahte sie während des Tages häufig: »Gott liebt mich und sorgt für mich. Ich bin eine Tochter Gottes und ein Kind der Ewigkeit.« Diese einfache Bejahung wandte sie vertrauensvoll und hartnäckig an und gewann damit eine neue Selbsteinschätzung – ein neues Muster ihrer gesamten Beschaffenheit. Mit dieser gesunden Vision von sich blüht und gedeiht sie jetzt in göttlicher Ordnung.

Das erste und das zweite Selbst

Richten Sie Ihr Denken nach folgendem Muster aus: Das erste Selbst ist das, was ich jetzt bin; das zweite Selbst ist das, was ich sein möchte. Deshalb muß ich – psychologisch gesehen – für das, was ich bin, sterben, damit ich für das, was ich sein will, leben kann. Das erwähnte Mädchen war für sein altes Selbst gestorben. Alle Unwahrheiten, die man dieser jungen Dame in ihrer Kindheit eingetrichtert hatte, waren nun ausgelöscht. Sie verwandte jetzt all die Energie, die sie in den alten Meinungen und Überzeugungen aufgespeichert und unter Verschluß gehalten hatte, für das neue Image von sich. Die für das alte Image von Begrenzung, Mangel und Furcht verschwendete Energie fand jetzt bessere Verwendung für das neue Image von Erfolg, Charme und Schönheit.

Der Weg zum Erfolg

In Wien erzählte mir ein junger Musiker von seinen Schwierigkeiten, in der Musikwelt an die Spitze zu kommen. Die Widerstände gegen sein Weiterkommen, seine Armut und seine fehlenden Verbindungen erwiesen sich anfangs als ein schweres Handikap. Er hatte jedoch einen Vortrag über die geistigen Gesetze gehört, und es war ihm klar geworden, daß die Herausforderungen, Schwierigkeiten, Hindernisse und Verzögerungen, mit denen er sich damals abmühen mußte, ihm im Endeffekt nur geholfen hatten, seine inneren Kräfte zu entdecken. Er hatte diese unsichtbare Kraft »Gott in mir« genannt.

Alle Anzeichen sprachen damals gegen seinen Aufstieg, er aber hatte an seiner Überzeugung festgehalten, daß die unendliche Intelligenz in seinem Innern ihm einen Weg eröffnen und daß sein Gefühl des Einsseins mit dem Unendlichen alle Behinderungen siegreich überwinden würde. Alle Herausforderungen und Rückschläge hatten sein mentales und spirituelles Werkzeug geschärft. Seine Mutter hatte ihm Chopins Biographie zu lesen gegeben. Sie wußte, daß ihm dieses Beispiel Mut und Ansporn geben würde, trotz allem weiterzumachen.

Chopin war bekanntlich sehr arm und krank gewesen, dennoch war er immer von dem Gedanken beseelt, daß es eine Kraft gab, die ihn befähigte, die Träume und Wünsche seines Herzens zu verwirklichen. Er komponierte 54 Mazurkas, eine große Anzahl Polonaisen und viele polnische Lieder. Der unendliche Geist in seinem Innern eröffnete ihm den Weg dazu. Obgleich schon im Begriff, in die nächste Dimension des Lebens hinüberzugleiten, konnte er dennoch seinen Herzenswunsch erfüllen.

Der alte Aphorismus gilt nach wie vor: »Die Dinge werden durch Bewegung lebendig, und im Vorwärtsgehen gewinnt man Stärke.« Paulus sagt: ... *wenn ich schwach bin, dann bin ich stark* (2. Kor. 12:10). Geben Sie sich Gott voll und ganz hin, dann kann nichts und niemand seine Macht daran hindern, sich durch Sie in Vollkommenheit auszudrücken. Dann sind Sie stark. *Der Herr aber stand mir bei und gab mir Kraft* (2. Tim. 4:17).

5. KAPITEL

Lehre uns beten

Eine alte Weisheit besagt: »Wahres Beten ist kein Laut, von lärmenden Lippen repetiert, sondern die tiefe Stille, welche die Füße Jehovas berührt.« Der Glaube findet seine angemessene und natürliche Manifestation im Gebet. Es gibt das Gebet der Form und des Rituals und das Gebet des Glaubens und der Liebe.

Beide sind essentiell verschieden in ihrer Natur und Wirkungsweise.

Millionen Menschen auf der ganzen Welt beten, weil das Gebet ein wesentlicher Bestandteil ihres religiösen Lebens ist, dem sie Ausdruck zu geben bestrebt sind, oder weil sie es für ihre Pflicht erachten – als eine ihnen auferlegte Verpflichtung oder Aufgabe. Das Gebet des Glaubens und der Liebe hingegen wird nicht mehr als verordnete Pflichtübung empfunden, sondern als spirituelles Erfordernis für Wachstum, Ausdehnung und vollkommenen Ausdruck von Gesundheit und Glück. Man könnte das Gebet als ein Hinwenden an den Ort der Gnade im Innern ansehen, ausgelöst durch unwiderstehliche göttliche Anziehung. Gebet ist Zwiesprache mit dem innewohnenden Gott – dem lebendigen allmächtigen Geist –, der wahren Beschaffenheit eines jeden Menschen.

Als Jesus betete, geschah der Überlieferung nach einmal folgendes: ... *Und während er betete, veränderte sich das Aussehen seines Angesichtes, und sein Gewand wurde weiß und strahlend* (Luk. 9:29). In einem anderen Evangelium heißt es parallel dazu: ... *und sein Angesicht leuchtete wie die Sonne, seine Kleider aber wurden weiß wie das Licht* (Matth. 17:2).

Spirituelle Transformationen dieser Art haben schon viele Menschen auf der Welt erfahren können.

Wie ihr Erleuchtung zuteil wurde

Einige Minuten bevor ich dieses Kapitel schrieb, beriet ich eine Krankenschwester, die in der Psychiatrie tätig war. Sie berichtete mir von einem Erlebnis, das sie hatte, als sie gemeinsam mit einem Patienten den 23. Psalm las. Plötzlich – mitten in ihrer Betrachtung – fühlte sie sich von einem strahlenden weißen Licht überflutet und verspürte eine spirituelle Ekstase. Dieses Erlebnis veränderte ihr ganzes bisheriges Leben. Jetzt studiert sie für das Lehramt der Divine Science, um die Gesetze des Gemüts und die Wege des Geistes zu lehren. Der Patient wiederum spürte die göttliche Transfusion und wurde von seiner Psychose völlig geheilt.

Eine mentale und spirituelle Kommunion mit Gott hat vielen anderen ähnliche Erfahrungen zuteil werden lassen. Gott ist unendliches Leben, und eine derart intime Verbindung mit der ursprünglichen Quelle unseres Seins hinterläßt ihren Einfluß und überschüttet unser ganzes Wesen mit Ganzheit, Schönheit und Vollkommenheit.

Der Heiligste der Heiligen

Sie können jederzeit Kontakt mit dem Unendlichen herstellen, mittels Ihres Denkens. Sie können sich still hinsetzen und sich Gott vergegenwärtigen als schrankenlose Liebe, unendliche Intelligenz, absolute Harmonie, unbeschreibliche Schönheit und vollkommene Freude. Denken Sie über diese Eigenheiten und Qualitäten Gottes nach, und Sie werden eine Transfusion der Gnade Gottes und einen Abglanz von Licht und Liebe erfahren. Auf diese Weise berühren Sie den Heiligsten der Heiligen – die Gegenwart Gottes in Ihrem Innern, denn Sie werden zu dem, was Sie kontemplieren. Alle Lehrmeinungen, Liturgien und auch alle zwischengeschalteten Vermittler sind beseitigt, und Sie erleben Ihre ganz persönliche Verbundenheit mit Gott.

Das Gebet des Glaubens

Die Bibel sagt: ... *Und das Gebet des Glaubens wird den Kranken retten, und der Herr wird ihn aufstehen lassen* (Jak. 5:15). Zeit oder Raum existieren nicht im geistigen Bereich. Das wahre Gebet für einen Kranken oder Leidenden besteht weder aus demütigem Flehen oder blumigen Worten, an eine ferne Gottheit gerichtet, noch aus einer Reihe wohlgesetzter salbungsvoller Erklärungen in Richtung auf den Thron Gottes, die dennoch jedesmal ihr Ziel verfehlen. Das wahre Gebet für einen Leidenden besteht darin, ernsthaft und fühlend zu behaupten resp. festzustellen, daß die aufrichtende, heilende, stärkende Macht der unendlichen Heilungsgegenwart den Patienten durchströmt und ihm Heilung und Vollkommenheit bringt. Wissen und fühlen Sie, daß die Harmonie, die Schönheit und das Leben Gottes sich in ihm oder ihr als Frieden, Vitalität, Ganzheit und Vollkommenheit manifestieren. Machen Sie sich davon ein klares Bild, und der kranke Zustand löst sich auf in der Liebe Gottes.

Paulus sagt: ... *Verherrlicht Gott mit eurem Leibe* ... (1. Kor. 6:20). Achten Sie peinlichst genau darauf, daß Ihr Gedankenbild mit Ihrer Bejahung übereinstimmt. Mit Ihrem geistigen Auge dürfen Sie den Patienten nicht im Krankenbett sehen. Sie müssen sich ihn in seiner gewohnten Umgebung als strahlend gesunde, glückliche, fröhliche Persönlichkeit vorstellen – überschäumend vor Lebensfreude und Liebe. Das ist das wahre Gebet. Wahres Beten besteht darin, alles von Gott Wahre auch dem Patienten zuzuerkennen. Was für Gott zutrifft, das trifft auch für den Menschen zu, dem Sie helfen.

Es gibt eine Gebetsart, die nicht »in Worte gefaßt« werden kann, denn oftmals ist das Gebet um so wirksamer, je verinnerlichter es ist. Es ist ein einfaches Sichhinwenden an die innere Gottesgegenwart –, wir öffnen unser Herz dem Einstrom ihrer heilenden Kraft und göttlichen Liebe.

Das wahre Gebet strahlt Liebe und spirituelles Leben aus. Sehen Sie das wahre Gebet als mit dem göttlichen Aroma seiner Gegenwart in Ihrem Innern ausgestattet, dessen lebenspendende Kraft von der kranken Person gespürt wird. Das Unterbewußtsein des Patienten wird dadurch stimuliert und gestärkt, und es beeilt sich, Gottes allmächtige Liebe wiederzuerrichten. Daraufhin setzt die Heilung ein.

... *Das Gebet des Gerechten vermag viel* (Jak. 5:16). Den unveränderlichen und unbeugsamen spirituellen Gesetzen gemäß beeinflußt das aufrichtige, ernsthafte Gebet den Kranken und hilft bei der Wiederherstellung vollkommener Gesundheit. Ein Sicherheben und Wandeln oder ein Erwachen zu neuem Leben als Antwort auf ein Gebet wäre keineswegs ein Wunder und erst recht keine Übertretung der geistigen Gesetze.

Wie sie für ihren Schwager betete

Eine alte Freundin von mir in Pasadena, Kalifornien, betete für ihren Schwager, der sich bei einem schweren Sturz die Hüfte gebrochen hatte. Die Ärzte im Hospital waren sich einig, daß für ihn aufgrund seines fortgeschrittenen Alters nicht viel getan werden könne. Daraufhin erklärte sie fühlend und mit Gewißheit: »Gott lebt, geht und spricht in meinem Schwager. Gottes heilende Liebe durchströmt ihn.« Sie stellte sich vor, wie er daheim vor ihr stand und ihr von dem Heilungswunder berichtete, das sich zugetragen hatte. Sie sah ihn vor sich, lächelnd und strahlend. Diesen Akt der schöpferischen Imagination vollzog sie mehrmals am Tag, wieder und wieder.

Bereits nach kurzer Zeit war es ihrem Schwager möglich, aufzustehen und im Hospital umherzugehen. Nicht lange darauf wurde er nach Hause entlassen und lieferte damit den objektiven Beweis für ihre subjektiv in der Stille ihres Gemüts für wahr erklärte Imagination. Das war das wahre Gebet.

Die Verheißungen Gottes

Die Verheißungen Gottes könnten auch als die Gesetze Gottes bezeichnet werden. Diese Gesetze sind die gleichen, gestern, heute und in Ewigkeit. Diese Verheißungen gehören nicht einer toten Vergangenheit, sondern der lebendigen Gegenwart. Die Existenz Gottes ist ein ewiges Jetzt. Vergangenheit, Gegenwart und Zukunft sind alle eins im göttlichen Gemüt. Jedwede Existenz ist im göttlichen Moment eingeschlossen – dem ewigen Jetzt.

Da es also in Gott keinerlei Zukunft gibt, sind die Verheißungen Gottes auch keine Versprechungen, uns eines fernen Tages etwas zuteil werden zu lassen; sie basieren auf der Annahme unseres Guten zum gegenwärtigen Zeitpunkt – jetzt, in diesem Augenblick.

Sehen wir uns einmal die alltäglichen Geldtransaktionen an. Sie akzeptieren einen Scheck oder Wechsel an Geldes Statt. Es handelt sich nicht um Geld, sondern lediglich um ein Stück Papier mit der Verpflichtung, auf Verlangen eine bestimmte Summe zu zahlen. Ebenso finden wir in der Verheißung Gottes – dem göttlichen Versprechen – das Gute, nach dem wir verlangen. Warren Evans, ein großer Heiler und Schüler von Phineas Parkhurst Quimby, sagte: »Alles was wir erhoffen, durch Glauben haben wir es – Zukunft und Vergangenheit bestehen jetzt.«

Die Bibel sagt: ... *In ihm leben wir, in ihm bewegen wir uns, und in ihm haben wir unser Sein* ... (Apg. 17:28). Gott ist das Lebensprinzip in uns und die Quelle unserer Gesundheit, unseres Friedens und aller Segnungen des Lebens. Hier ist die treffende und inspirierte Bekundung von Charles Wesley:

Quelle des Lebens bist Du uns
Voll Freude die schwellende Flut;
Angehaucht von Dir kehren wir
Willigen Herzens zu Dir zurück.

Sie sind ein Mittler

Es gibt viele Behandlungspraktiker, Ärzte, Geistliche und andere, deren bloße Gegenwart eine mentale und physische Heilung auslöst. Sie sind mit einer Kraft von oben her erfüllt, und ihre Heilungsatmosphäre ist wahrhaft anstekkend. Den Schwachen und Gebrechlichen erweisen sie sich als Säulen der Kraft und Stärke. Heilungsuchende von nah und fern spüren ihren Einfluß.

Die wahre Aufgabe des Arztes ist die eines Heilers und Lehrers. Im wahrsten Sinn ist er »einer, der leidende Gemüter betreut«. In der Frühzeit unseres Landes hat es Männer gegeben, die wie Dr. Quimby, Warren Evans und andere nach den Ursachen von Krankheiten und deren versteckten Schlupfwinkeln im Mentalbereich des Patienten geforscht hatten. Heutzutage würden wir sie als Hellseher bezeichnen, da sie imstande waren, verborgene Ursachen des Leidens aufzudecken, noch bevor der Patient ein Wort darüber gesagt hatte. Oft genug brachte die Erklärung zugleich die Heilung.

Sie werden von Engeln bewacht

Von vielen Menschen wurde ich schon nach der Bedeutung der Engel gefragt. Das Wort Engel (Angelus) steht für den Blickwinkel, von dem aus Sie Gott betrachten. Es beinhaltet zugleich eine Gemütshaltung, eine Inspiration oder eine Botschaft von Ihrem höheren Selbst. Die Bibel sagt: *Es erschien ihm aber ein Engel vom Himmel und stärkte ihn* (Luk. 22:43) ... *Engel traten herzu und dienten ihm* (Matth. 4:11).

In gewisser Weise sind wir alle Engel Gottes. Zu dieser Erkenntnis bedarf es nur der richtigen Perspektive. Auch nach unserem Übergang in die nächste Dimension sind wir noch immer Engel oder Ausdruck Gottes. Wir operieren lediglich auf einer anderen Schwingungsfrequenz in einem wesentlich verfeinerten Körper. Deshalb sind auch Ihre

Lieben, die diesen Erdenbereich inzwischen verlassen haben, nach wie vor bei Ihnen – sie sind lediglich in der Frequenz von Ihnen getrennt. Im 91. Psalm heißt es unzweideutig: *Es wird dir kein Unheil begegnen, keine Plage deiner Hütte sich nahen. Denn seine Engel wird er für dich entbieten, dich zu behüten auf all deinen Wegen* (Psalm 91:10–11).

Die unendliche Gegenwart reagiert auf jeden Menschen dem Gesetz des reziproken (wechselwirksamen) Verhältnisses entsprechend. Im höchsten Sinne des Wortes ist das Gebet der Kontakt mit der innewohnenden Gottesgegenwart, deren Natur Responsivität (entsprechendes Antworten) ist. Viele Menschen auf der ganzen Welt beten zu Heiligen und Engeln. In ihrer Stunde der Verzweiflung rufen sie in der Sprache Hamlets: »Engel und Boten, steht uns bei!«

Die Heiligen repräsentieren einen jeden Mann und eine jede Frau, die sich den Wahrheiten Gottes verschrieben haben und seine Gegenwart praktizieren. Es ist damit – um es anders auszudrücken – ein jeder Mensch gemeint, der gottgleiche Gedanken unterhält und auf den Pfaden der Gerechtigkeit wandelt. Die Anrufung von Heiligen und Engeln wurde von jeher von Millionen Menschen auf der Welt praktiziert. Diese Heiligen waren – um es nochmals klarzumachen – Männer und Frauen, die ein gottgleiches Leben geführt hatten.

In Indien sagte mir einmal ein Mann, er spräche mit den Heiligen in der nächsten Dimension wie mit lebenden Wesen, die sich in einem höheren Geistesbereich, der vierten Dimension, befinden. Er bittet sie um ihre Hilfe, ihre Gebete und um ihre Fürsprache bei Gott. Und aufgrund seines Glaubens und Vertrauens erzielt er die entsprechenden Resultate. Sie werden immer Resultate bekommen, ganz gleich ob das Objekt Ihres Glaubens richtig oder falsch ist, denn Ihnen geschieht nach Ihrem Glauben. Ihr Unterbewußtsein reagiert auf Ihren blinden Glauben.

Sein Glauben, sein Vertrauen und seine Überzeugung, daß die Heiligen ihm antworten würden, wurde von seinem Unterbewußtsein akzeptiert, und somit wurden auch seine Gebete beantwortet.

Menschen auf der ganzen Welt haben bemerkenswerte Heilungserfolge durch Anrufen von längst dahingegangenen Heiligen oder Engeln zu verzeichnen gehabt. Bei genauerer Betrachtung kommen wir jedoch zu der Erkenntnis, daß diese Heiligen oder Engel keineswegs irgendwo hingegangen sind. Sie sind noch immer überall um Sie herum und wirken vierdimensional, wie auch Ihre Angehörigen, die weitergegangen sind.

Alles Gute muß aber von Gott kommen – der ursprünglichen Quelle aller Segnungen. Millionen hängen dem Glauben an, daß es völlig in Ordnung sei, in Zeiten der Bedrängnis Hilfe bei hingebungsvollen Seelen in der nächsten Dimension zu suchen. Wenn es gegen die Inanspruchnahme eines spirituellen Heilers oder aufopfernden Arztes keine Einwände gibt und auch Gott gewiß nichts von der ihm zukommenden Ehre nimmt, weshalb sollte es dann nicht rechtens sein, einen Menschen im höheren Bereich des Bewußtseins um Hilfe anzugehen, nachdem er in eine höhere Welt aufgestiegen ist? Alle diese Gebetsformen erzielen Resultate, denn ... *Wenn du glauben kannst, alles ist möglich dem, der glaubt* (Mark. 9:23).

Sind Sie allgegenwärtig?

Ein Yogi von der Forest University, einem Ashram in Rishikesh am Fuß des Himalaja, erzählte mir, daß er von vielen Menschen gefragt wurde, ob es möglich sei, von den in der nächsten Dimension Befindlichen gehört zu werden, wenn man sie um Hilfe ersuche, oder ob sie sich in anderen Ländern befänden und der Begriff Allgegenwart allein für Gott zuträfe. Daraufhin habe er ihnen jeweils erklärt, daß eine Gegenwart an 15000 Orten zu gleicher Zeit noch lange keine Allgegenwart darstellt. Geist (Gott) befindet sich außerhalb der Begrenzungen von Zeit und Raum. Wenn er in Indien zu Tausenden von Menschen spricht, dann ist er allen seinen Zuhörern gegenwärtig durch Sehen und Hören. Ein Buchautor ist Millionen seiner Leser durch das gedruckte Wort gegenwärtig. Somit ist es einleuchtend, daß auch die Heiligen in der nächsten Dimension mittels ihrer Gedanken und ihrer Liebe, die ihr essentielles Leben darstellen, vielen Menschen an verschiedenen Orten zugleich gegenwärtig sind. Das ist spirituelles Gesetz.

Der alte Aphorismus besagt: »Die Heiligen der Erde und alle Toten bilden doch eine Gemeinschaft.« Es gibt in Wahrheit keine Trennung, denn subjektiv sind wir alle eins. Das Wort *Humanität* bedeutet »der Eine als Vielheit«.

Näher zu dir

Es ist Gott, der ... *selbst allen Leben und Atem und alles gibt* (Apg. 17:25). Je näher Sie der unendlichen Gegenwart in Ihrem Innern kommen, desto mehr Leben, mehr Liebe und mehr von allen guten Dingen werden Sie haben. Sie ziehen jede benötigte spirituelle Nahrung direkt aus dem Herzen des unendlichen Lebens und der unendlichen Liebe.

Ist es weise?

Es ist klugerweise vielfach darauf hingewiesen worden, daß die Anrufung von Heiligen und Engeln in der nächsten Dimension mit dem sprichwörtlichen Staubkorn im Auge vergleichbar ist, das die Sicht beeinträchtigt und uns die Sonne am Himmel verdunkelt. Es ist durchaus nicht der Weisheit letzter Schluß, daß Heiligen und Engeln mehr Aufmerksamkeit zuteil wird als Gott selbst, der Quelle aller Segnungen.

Dessen ungeachtet werte ich solche Verfahrensweisen als gut, sind sie doch Ausdruck bestimmter Bewußtseinsstufen. Auf ihre Weise wenden sie sich dem Licht zu.

Der Schutzheilige

Viele Städte verfügen über ihren eigenen Schutzheiligen, das zweifellos prominenteste Objekt der Verehrung und Huldigung. Unerleuchtete Menschen widmen solchen Heiligen und Engeln mehr Aufmerksamkeit als Gott, dem Vater aller. Die antiken Götter der Griechen und Römer waren lediglich vergöttlichte Menschen, wie Cicero in seinen Schriften ausdrücklich betont. Diese Götter repräsentierten eine Leiter, die so manchen zur Erkenntnis des höchsten Gottes erhob. Auf jeden Fall handelt es sich hierbei immer wieder um Menschen, die sich an etwas wenden, das für sie eine höhere Macht darstellt.

Die Bibel sagt: *Bittet, so wird euch gegeben werden; suchet, so werdet ihr finden; klopfet an, so wird euch aufgetan werden! Denn jeder, der bittet, empfängt; und wer sucht, der findet; und wer anklopft, dem wird aufgetan werden* (Matth. 7:7–8). Das Gebet sollte Teil eines jeden Heilungsprozesses sein ... *Betet füreinander, damit ihr gesund werdet* ... (Jak. 5:16).

Es muß jedoch ein Gebet sein, das in seiner allumfassenden Gemütshaltung des Glaubens und der Liebe ein Resultat bewirkt – das die Gottesgegenwart veranlaßt, als Vitalität, Heilsein und Vollkommenheit zu reagieren. Zeit und Raum schwinden vor der Macht des Geistes. Alle Individuen sind von der einen großen Einheit des Geistes (Gott) erfaßt und zusammengeschlossen, denn Gott ist alles in allem.

Sie können sich eine herrliche Zukunft bauen

Der Prophet Hosea drückte es wunderbar aus: »Wende deine Gedanken Gott zu.« Das ist eine sehr einfache und praktische Weisung. Wenn wir sie gewohnheitsmäßig befolgen, verändern wir unser Leben. Mit allem wiederholt Gedachten formen wir Rillen oder Eindrücke in unser tieferes Bewußtsein. Der Geist oder das Lebensprinzip reagiert entsprechend und bereitet uns Erfahrungen, die den im Unterbewußtsein gelegten Schienenwegen gemäß sind. Gott ist für uns das, was er nach unserer Auffassung für uns ist.

Einem Unternehmer, der sich bei mir über geschäftliche Flauten und gesundheitliche Probleme beklagte, sagte ich, er solle schnellstens damit aufhören, sich einen Kerker in seinem Gemüt zu bauen. Er behauptete, über keinerlei Vorstellungskraft zu verfügen. Ich erklärte ihm, daß die Imagination die allererste Befähigung des Menschen sei und daher auch jedem Menschen gleichermaßen verfügbar. Jeder Mensch gebraucht seine Imagination unentwegt, zum Guten oder Schlechten. Was er sich vorstellt, zu dem wird er oder danach handelt er.

Dieser Mann hatte sich ein mentales Gefängnis gebaut, indem er anderen die Schuld an seinen Schwierigkeiten zuschrieb – der Regierung, seinen Verwandten und seinen Geschäftsfreunden. Nunmehr begann er einzusehen, daß er der Erzeuger seiner Probleme war. Er begann sofort, selbst wieder die Verantwortung für sein Leben zu übernehmen und entschloß sich, seine Gedanken dem Gott in seinem Innern zuzuwenden. Er bejahte ständig: »Mein Geschäft ist Gottes Geschäft, und Gott gibt mir jetzt Wohlstand. Gott führt und leitet mich. Gottes Frieden erfüllt meine Seele. Gott ist mein Boß und mein Führer, und seine heilende Liebe durchdringt mein ganzes Wesen.«

Diese Wahrheiten wiederholte er mehrere Male während des Tages und konnte damit allmählich die widerstreitenden Plagen in seinem Gemüt auslöschen. Wie er es ausdrückte, schaffte er sich die Welt mit ihren Nachrichten und Verbrechen von den Schultern, und er hegt auch keinen Haß, keinen Groll und keine Verurteilung für die

Menschen seiner Umgebung mehr. Er baut sich jetzt eine herrliche Zukunft, indem er seine Gedanken Gott zuwendet, wie es Hosea vor Tausenden von Jahren empfahl.

Sie sind der Kapitän auf der Brücke

Der Kapitän führt das Schiff. Dabei fühlt er sich durchaus nicht als ein Opfer des Meeres oder hilflos der Gnade oder Ungnade der Wogen ausgeliefert. Da er mit dem Prinzip der Navigation vertraut ist, strebt er ungerührt seinem Zielhafen zu. Er macht sich in keiner Weise irgendwelche Gedanken oder Sorgen über Zufall, Schicksal oder Ungemach. Sein ganzes Streben ist beständig auf Sieg ausgerichtet.

Auch Sie sind auf dieser Welt, um zu siegen, zu triumphieren, zu überwinden. Verweilen Sie daher niemals gedanklich bei Fehlschlägen, Verlusten, Mangel oder Begrenzung irgendwelcher Art. Das hieße, sich im Gemüt ein Gefängnis zu errichten und ein mittelmäßiges, begrenztes Leben zu führen, eine elende Existenz. Sie wurden hierhin gestellt, um vorwärts zu gehen und nicht, um Rückzüge anzutreten.

Napoleon sagte: »Imagination regiert die Welt.« Er wurde ein berühmter Feldherr und großartiger Stratege. Er stellte sich den Sieg vor und heftete seine Gedanken einzig und allein auf das triumphierende Ende und wurde damit zum Beherrscher Europas.

Historiker informieren uns, daß er vor der Schlacht von Waterloo einen Rückzug einplante, für den Fall, daß sich das Kriegsglück gegen ihn wenden sollte. Diesen Rückzug mußte er dann allerdings auch antreten. Er hatte ihn in seiner Imagination als eine bereits vollendete Tatsache gesehen, und was er gefürchtet hatte, war über ihn gekommen, wie es bereits Hiob vor Tausenden von Jahren aufgezeigt hatte.

Noch ein weiterer interessanter Aspekt im Leben Napoleons ist der Umstand, daß er eine Vorliebe für Männer mit langen Nasen hatte. Er hielt eine große Nase für das Zeichen eines starken Charakters. Selbstverständlich war das purer Aberglaube. Aller Wahrscheinlichkeit nach geht diese Annahme auf seine Kindheit zurück, als man ihm eingeredet hatte, daß große Nasen ein sicheres Anzeichen für supermenschliche Eigenheiten seien, mit denen nur Menschen mit göttlichen Gaben und außergewöhnlichen Erkenntnissen und Weisheit ausgezeichnet seien. In anderen Worten: Er übertrug die Macht in seinem Innern auf Männer mit großen Nasen. Wir alle wissen, was dann geschah. Das Gesetz sandte ihm Wellington, und Wellington zerstörte ihn. Er plante den Fehlschlag in seinem Gemüt und mußte ihn hinnehmen, denn Wellington hatte die größte Nase in der englischen Geschichte.

... *Es gibt keine Macht, außer von Gott; die Macht aber ist von Gott eingesetzt* (Röm. 13:1).

Das Alter ist nicht die Flucht der Jahre

Es gibt hier in Leisure World, Laguna Hills, eine Menge Menschen, die sich um die Zahl ihrer Jahre nicht kümmern. Viele von ihnen sind auch mit 90 Jahren und darüber noch sehr aktiv. Sie widmen sich nicht nur den verschiedensten Freizeitbeschäftigungen, sondern sind zum Teil recht aktiv auf ihrem beruflichen Gebiet und leisten damit einen beträchtlichen Beitrag zum Wohlergehen und dem kulturellen Geschehen in der Umgebung. Sie haben sich nicht die Überzeugung zu eigen gemacht, daß fortgeschrittenes Alter zwangsläufig Schwerhörigkeit, nachlassende Sehkraft und körperlichen Verfall mit sich bringt. Sie sind sich der Tatsache bewußt, daß Geist niemals altert und niemals stirbt.

Statistiken, die üblicherweise von Versicherungsgesellschaften herausgegeben werden, beziehen sich auf kein Gesetz des Lebens. Sie gründen sich vielmehr auf die allgemein verbreitete Überzeugung des Massengemüts. Und dieser Überzeugung gemäß hatte man bestimmte Regeln aufgestellt und meint, daß gewisse Ausnahmen im Grunde nur diese Regeln bestätigen. Eine von Menschen aufgestellte Regel ist jedoch kein Lebensgesetz. Wenn 90- oder 95jährige autofahren und keine Brillen oder Hörgeräte tragen, dann beweist das nur, daß der transzendente Mensch in uns allen wohnt.

Ein medizinisches Wunder

Der folgende Artikel erschien am 31. Juli 1979 im *National Enquirer:*

Ein medizinisches Wunder
160jähriger Mann arbeitet noch immer und
raucht täglich bis zu 100 Zigaretten

Mit einem Alter von 160 Jahren kann Manoel de Moura, ein Brasilianer, wohl zu Recht als der älteste Mensch der Welt bezeichnet werden.

Während viele angebliche Fälle eines sagenhaft hohen Alters in den letzten Jahren als Falschbehauptungen entlarvt werden konnten, besitzt Manoel nicht nur eine Geburtsurkunde, sondern kann sich zudem auf die Bekundungen anderer Menschen stützen, die ihrerseits recht alt sind, ihn jedoch bereits in ihrer Kindheit als einen alten Mann gekannt hatten.

»Als ich noch ein Junge war, da war Manoel bereits ein alter Mann, der auf die 100 zuging«, erinnert sich Teodoro Boskow, der frühere Bürgermeister der Stadt Cerrito Alegre, jetzt in seinen Achtzigern. »Er sieht noch immer so aus wie vor 70 Jahren, abgesehen davon, daß er etwas buckelig geworden ist.«

Modesta Lemos, 70, berichtete dem Enquirer: »Als wir gerade eingeschult wurden, war Manoel bereits ein sehr alter Mann mit dem gleichen weißen Haar und Bart.«

Das Mysterium dieses extrem hohen Alters erfährt noch eine Vertiefung durch die Tatsache, daß der dortige Arzt – der einzige Arzt, den Manoel jemals zu Gesicht bekommen hatte – auch nicht das geringste Anzeichen einer Krankheit entdecken konnte.

»Das ist das Unglaublichste, das ich jemals gesehen habe – nicht nur als Mediziner, sondern in meinem ganzen Leben«, erklärte der praktische Arzt Francisco Luz.

»Der Gesundheitszustand dieses 160jährigen ist einfach supernormal. Sein Blutdruck weist normale Werte auf, und auch sein Herzschlag ist der eines 20jährigen. Die medizinische Wissenschaft weiß keine Erklärung für diese Langlebigkeit ...«

Seiner Geburtsurkunde nach wurde Manoel am 25. März 1819 in einer brasilianischen Kleinstadt geboren. Das Dokument spricht für sich.

»Es besteht nicht der geringste Zweifel an Manoels Alter.« So Theofilo Salamao, Stadtverordneter von Pelotas. »Die Geburtsurkunde wurde seinerzeit vom Staat Rio Grande do Sul der Bundesrepublik Brasilien ausgestellt.«

Manoel, der den größten Teil seines Lebens als Landarbeiter verbracht hat, schreibt seinen bemerkenswerten Gesundheitszustand dem einfachen Leben zu.

»Der Schlüssel des Überlebens liegt auf dem Land«, sagte er dem Enquirer. »Mein ganzes Leben lang habe ich auf dem Land gearbeitet und dafür gesorgt, daß die Dinge wachsen. Ein Kino habe ich nur ein einziges Mal besucht und auch nur einmal das Fernsehen angeschaut. Beide Male hatte ich nicht begriffen, um was es ging. Ich habe keinen Besitz, und ich mache mir um nichts Sorgen.«

Das Rätsel um Manoels strotzende Gesundheit wird noch verstärkt durch die Tatsache, daß er Kettenraucher ist.

»Ich könnte den ganzen Tag lang rauchen, wenn ich genügend Zigaretten hätte«, meinte er. »Normalerweise rauche ich so zwischen 80 und 100 Zigaretten am Tag.«

Manoel's Arbeitgeber, Ary Lemos, gewährt dem alten Mann Unterkunft und Verpflegung als Gegenleistung für seine Arbeit.

»Manoel ist der beste Arbeiter, den ich je hatte. Die meisten der Jugendlichen hier sind faul, aber Manoel ist unermüdlich.

Er schlägt Holz, bewässert den Boden, pflanzt und jätet Unkraut. Sein Sehvermögen ist perfekt – er kann auf Anhieb Nähgarn einfädeln.«

Die brasilianische Regierung hat sich im letzten Monat endlich dazu durchgerungen, Manoel eine lebenslange Pension von 25 Dollar monatlich zu gewähren.

Geld kann den alten Mann, der keine lebenden Angehörigen mehr hat und nie verheiratet war, jedoch nicht beeindrucken.

»Was mir am meisten Freude im Leben macht«, grinste er, »ist eine Tasse heißer Kaffee und eine Zigarette.«

Bericht von Michael J. Hoy

Ihre Religion war ihr Problem

Eine junge Frau von etwa 22 Jahren kam zu mir in die Sprechstunde. Sie hielt sich für sehr religiös, weil sie weder tanzen ging noch Karten spielte, Wein trank, ins Kino ging oder sich mit Männern verabredete. Jeden Morgen in aller Frühe ging sie zur Kirche und befolgte alle Regeln und Vorschriften ihrer Religion auf das genaueste.

Ihr Arzt hatte ihr bedeutet, daß sie unter einer beträchtlichen Anspannungsneurose zu leiden habe und ihr als Heilmittel Beruhigungstabletten und blutdrucksenkende Mittel verschrieben. Sie grollte ihrem Gott, weil er alles dies zugelassen hatte.

Ich erklärte ihr, daß die wahre Religion eine Sache des Herzens und nicht des Lippenbekenntnisses sei und die Ursache ihrer Schwierigkeiten in ihrem falschen Gotteskonzept zu suchen sei. Obgleich sie nämlich konventionell

»gut« war, indem sie alle Regeln, Vorschriften, Rituale und Zeremonien ihrer sektiererischen Kirche befolgte, hatte sich bei ihr dennoch die Überzeugung festgesetzt, daß Gott sie strafe, und darin lag die Ursache für all ihre mentalen und emotionalen Probleme.

Sie begann schließlich einzusehen, daß sie ihr eigener Ankläger und Peiniger war. Ein alter Aphorismus besagt: »Wer sich selbst entdeckt, der schafft sich sein Elend vom Hals.« Sie entdeckte, daß ihr negatives Denken die Ursache aller ihrer Probleme war, und diese Erkenntnis brachte die Heilung. Sie entschloß sich nunmehr zu gewohnheitsmäßigem rechten Denken, Fühlen und Handeln, den universellen Prinzipien und ewigen Wahrheiten gemäß.

Gedenket nicht mehr der früheren Dinge, und des Vergangenen achtet nicht (Jes. 43:18) ... *Siehe, ich mache alles neu* ... (Offb. 21:5).

6. KAPITEL

Die spirituelle Gesinnung

Viele Menschen haben nur eine recht vage Idee vom Spirituellen oder davon, was es heißt, spirituell zu sein. Die meisten verwechseln spirituelles Denken mit Spiritismus oder wenn nicht damit, so doch zumindest mit dem Befolgen bestimmter Regeln, Rituale und Zeremonien. Was heißt das, spirituell werden? Wie kann ich es werden? Das sind recht wesentliche Fragen – wichtig für einen jeden Menschen.

Sie kommen zu einer spirituellen Gesinnung, wenn Sie sich entschließen, positive »himmlische« Gedanken zu denken, den ewigen Wahrheiten und Prinzipien des Lebens gemäß. Diese Wahrheiten und Prinzipien sind die gleichen, gestern, heute und in Ewigkeit. Ihr Unterbewußtsein ist der Sitz der Gewohnheit, wenn Sie also dazu übergegangen sind, fortgesetzt gottgleichen Gedanken nachzuhängen, dann formen Sie eine gute Gewohnheit. Dann werden Wunder geschehen in Ihrem Leben.

Die Bibel sagt: *Richtet nicht nach den Erscheinungen, sondern richtet ein rechtes Gericht* (Joh. 7:24). Richten bedeutet, das Falsche vom Wahren zu trennen. In anderen Worten: Sie treffen eine Entscheidung darüber, ob ein Gedanke wahr oder falsch ist. Das Gute und Wahre bejahen heißt ein rechtes Gericht richten und hat Harmonie und Frieden in Ihrem Leben zur Folge.

Wenn Sie sich einem kranken oder verkrüppelten Menschen gegenübersehen, dann verneinen Sie durchaus nicht den Beweis der Sinne, sondern wenden sich an die unendliche heilende Gegenwart in Ihrem Innern und bejahen Gesundheit, Vitalität und Vollkommenheit für ihn. Sehen diesen Menschen so, wie er sein sollte: glücklich, froh und frei. Ihre Interpretation dessen, was Ihre fünf Sinne

Ihnen mitteilen, mag falsch sein. Kontrollieren Sie immer, wie Sie die Mitteilung Ihrer fünf Sinne interpretieren.

Viele Menschen sind der Meinung, daß sie, um spirituell gesinnt zu sein, sich irgendwelchen asketischen Praktiken oder Kasteiungen unterziehen müßten – Praktiken, die in Wirklichkeit keinen Wert haben. Um sich wirklich spirituell zu entwickeln, müssen Sie vom Innern heraus anfangen und nicht von außen. Sobald Sie Ihr Gedankenleben spiritualisieren, wird Ihr Körper sich auf magische Weise in das Image und Abbild Ihrer Kontemplation verwandeln.

Sie können sich erheben

Und wenn ich von der Erde erhöht bin, werde ich alle zu mir ziehen (Joh. 12:32). Erhöhen Sie Ihr Konzept von Gott und erkennen Sie, daß der Heiligste der Heiligen sich in Ihrem Innern befindet. Wenn Sie über die Attribute und Vorzüge des Gottes in Ihrem Innern nachsinnen, verstärken sich Ihre spirituelle Macht und psychologische Kraft. In dem Maße wie wir Gott kennen, werden wir mehr gottgleich und können göttliche Werke entsprechenden Ausmaßes vollbringen.

Bejahen Sie häufig: »Ich erhöhe den Gott in meiner Mitte, mächtig zu heilen und wiederherzustellen. Ich bin von oben her erleuchtet.« Machen Sie sich das zur Gewohnheit, und Sie werden sich erhoben und inspiriert finden, große Dinge zu vollbringen. Aber achten Sie darauf, das Bejahte nicht später wieder zu verneinen.

Fangen Sie an zu glauben

Glauben (engl. believe) und Leben (engl. life) haben etymologisch die gleiche Wurzel. Glauben heißt leben. Glauben ist eine Bewegung unseres inneren Lebens der Erfüllung unseres Begehrens entgegen. In anderen Worten: Geben Sie eine Ladung Leben und Liebe in Ihr Ideal, Ziel oder Begehren. Leben Sie in dem Zustand, das Erwünschte zu sein oder zu haben. Durchleben Sie diese Rolle wie ein Schauspieler oder eine Schauspielerin. Erfüllen Sie Ihr Begehren mit Leben! Kontemplieren Sie seine Erfüllung, und sehen Sie mit Ihrem inneren Auge das glückliche Ende, den glücklichen Ausgang.

Die Überzeugung, geheilt oder wohlhabend zu sein, lenkt die Strömung des universellen Lebens genau in diese Richtung. Verlassen Sie sich auf die Wahrheiten des Geistes und nicht auf die trügerischen Beweise Ihrer fünf Sinne. Das ist Erlösung in des Wortes wahrster Bedeutung.

Das Blut des Lammes

Die Mystiker der Antike bewahrten die höchsten Wahrheiten in der Verkleidung durch angemessene Symbole. Im Tierkreis, der den Kreis oder Zyklus des Lebens darstellt, erscheint als erstes Zeichen der Widder – das Lamm. Die Sonne überquert den Äquator am 21. März, dem Eintritt des Widders. Letzterer vergießt sein Blut (aktinische Strahlen und Hitze) bei dieser Überquerung. Die im Boden gefrorene Saat erfährt eine Wiederauferstehung, und wir sind dem Hunger entronnen. Darauf folgt eine Regeneration allen Lebens in den nördlichen Breiten.

Wenn Ihre Mutter krank ist, dann können Sie, symbolisch ausgedrückt, Ihr Blut für sie vergießen, indem Sie Leben und Liebe in die Idee der Ganzheit, Vitalität und Vollkommenheit für sie einfließen lassen und sie sich als gesund, vital und gekräftigt vorstellen. Sie geben ihr die lebendige Wahrheit des Geistes, und das ist in Symbolsprache ein Vergießen Ihres Blutes. Blut bedeutet Leben. In diesem Blut, das fortwährend für kranke Menschen auf der ganzen Welt vergossen wird, waschen wir unsere Gewänder und machen sie weiß.

Sie können für einen Alkoholiker oder für einen unter einer anderen Krankheit Leidenden beten, und der Patient wird gesund werden; Sie müssen ihm aber zugleich die Ursache seiner Beschwerden aufzeigen und ihm richtiges Beten beibringen. Andernfalls könnte er einen Rückfall erleiden. Ein solches Versäumnis wäre wie das Verhalten eines Feuerwehrmannes, der einen eingeschlossenen Mann aus einem brennenden Gebäude befreien will, aber nur dessen Kleidung ins Freie trägt und den Mann dort läßt.

Die höchste Aufgabe eines Heilers ist es, als Arzt oder Lehrer zu dienen. In der Antike war der Arzt ein Lehrer, der anderen die Göttlichkeit in ihrem Innern nahebrachte, die sie befähigt, sich über ihre Leidenschaften und Begierden zu erheben, vorwärts, aufwärts und gottwärts.

Die alten Mystiker sagten: »Wenn du das, was du suchst, nicht in dir findest, im Äußeren wird es niemals zu finden sein.« Wenn Sie für einen Leidenden beten, dann sind Sie geistig eingestimmt auf die unendliche heilende Gegenwart in Ihrem Innern. Da Zeit und Raum im unendlichen Geist nicht existieren, können Sie den Heilungsprozeß damit in Gang setzen.

Der Preis, den Sie zahlen

Der Preis, den Sie für spirituelles Wachstum zu entrichten haben, ist Aufmerksamkeit, Anerkennung und Hingabe an die ewigen Wahrheiten des Lebens. Sie zahlen in mentaler und spiritueller Münze. Es gibt da keine »freie Mahlzeit«, und Aufmerksamkeit ist der Schlüssel zum Leben. Ihr Vermögen, mehr und mehr Weisheit, Wahrheit und Schönheit zu absorbieren und geistig zu verarbeiten, befähigt Sie, die heilende Botschaft auch anderen zuteil werden zu lassen.

Sie können jedoch nicht etwas geben, das Sie nicht haben, deshalb ... *trachtet zuerst nach dem Reich Gottes und seiner Gerechtigkeit* (rechtem Denken), *so werden euch alle diese Dinge hinzugegeben werden* (Matth. 6:33). Gold und Silber in der Bibel sind Symbole für himmlisches Gutes und himmlische Wahrheit. Sobald Sie sich an die Quelle aller Segnungen wenden, werden Sie sich Ihres immerwährenden Erbteils bewußt, und es wird Ihnen niemals mehr an irgendwelchem Guten mangeln. Dr. Warren Evans schrieb 1884:

> *Denke wahrhaft, und deine Gedanken*
> *Werden den Hunger der Welt stillen;*
> *Sprich wahrhaft, und jedes deiner Worte*
> *Ist eine fruchtbare Saat;*
> *Lebe wahrhaft, und dein Leben*
> *Ist ein großes, edles Bekenntnis.*

Weshalb er enttäuscht war

Kürzlich sprach ich mit einem Mann, der sich einem akuten Geschäftsproblem gegenübersah. Er benötigte dringend einen Bankkredit, um für einige Monate über die Runden zu kommen, wurde jedoch aufgrund neuerlich erlassener Restriktionen abschlägig beschieden. Verständlicherweise war er jetzt frustriert und angespannt. Dabei war ihm durchaus bewußt, daß diese negativen Emotionen das genaue Gegenteil dessen bewirken würden, was er eigentlich bejahte.

Ich empfahl ihm, sich an die Quelle aller Segnungen – den unendlichen Geist im Mittelpunkt seines Wesens – zu wenden und die großen ewigen Wahrheiten zu bejahen. Damit würde er in einen Zustand der Ruhe und des Friedens gelangen. Ich riet ihm, seine Gedanken von dem Problem abzuwenden und eine Haltung göttlichen Gleichmuts anzunehmen. Mit einer solchen Haltung kann man unmöglich fehlgehen. Das Gebet ist dann immer wirksam. Die unendliche Intelligenz kennt nichts anderes als die richtige Antwort.

Außerdem riet ich ihm, die folgenden uralten Wahrheiten zu repetieren, in dem Wissen, daß die Antwort unfehlbar kommen würde, sobald er seinen Gemütsfrieden verwirklicht hatte. Demgemäß meditierte er über die folgenden Verse aus den Schriften mehrmals während des Tages und des Abends vor dem Einschlafen. Jedesmal wenn sich ein Furchtgedanke einschleichen wollte, rief er sich einen dieser Bibelverse ins Gedächtnis:

- *Mein Gott aber wird euer Bedürfnis nach seinem Reichtum in Herrlichkeit erfüllen* ... (Phil. 4:19).
- *In Stillehalten und Vertrauen besteht eure Stärke* ... (Jes. 30:15).
- *... Gott, der uns alles reichlich darbietet zum Genuß* (1. Tim. 6:17).
- *... bei Gott aber sind alle Dinge möglich* (Matth. 19:26).
- *... Ehe sie rufen, werde ich antworten; und während sie noch reden, werde ich sie erhören* (Jes. 65:24).
- *... Euch geschehe nach eurem Glauben* (Matth. 9:29).
- *... Wenn du glauben kannst, alles ist möglich dem, der glaubt* (Mark. 9:23).
- *Er ruft mich an, und ich erhöre ihn; ich bin bei ihm in der Not, reiße ihn heraus und bringe ihn zu Ehren* (Psalm 91:15).
- <u>*Alle Dinge sind bereit, wenn das Gemüt es ebenfalls ist*</u> (Shakespeare).
- *Der Herr ist mein Licht und mein Heil, vor wem sollte ich mich fürchten?* (Psalm 27:1)
- *Ich hebe meine Augen auf zu den Bergen, von wo mir Hilfe kommt* (Psalm 121:1).

An diesen Wahrheiten hielt er fest. Kurze Zeit darauf suchte ihn plötzlich ein Kunde auf, dem er zuvor seine Schwierigkeiten geschildert hatte, und bot ihm einen großzügigen Geldbetrag an. Es handelte sich um einen bei weitem höheren Kredit, als er benötigt hatte. Damit war sein Problem gelöst. Sobald er sich zu einem göttlichen Gleichmut den Resultaten gegenüber durchgerungen hatte, zeigte sich die Antwort. Häufiges Kontemplieren dieser Lebensgesetze brachte seinem Gemüt einen Zustand des Friedens und der Gelassenheit.

Der Psalmist drückte es folgendermaßen aus: ... *sondern seine Lust hat am Gesetz des Herrn und über sein Gesetz sinnt Tag und Nacht* (Psalm 1:2). Wenn Sie die großen Wahrheiten reflektieren, werden Sie in einen ruhigen, empfänglichen Gemütszustand versetzt, und die Lösung erscheint wesentlich schneller.

Wie er seine Verzagtheit überwand

Ein junger College-Student suchte mich auf, um sich Rat zu holen. Seine Verlobte war kurz vor ihrer Hochzeit bei einer Flugzeugkatastrophe ums Leben gekommen, und für ihn war seine Welt zusammengebrochen. Er hatte in seinen Leistungen merklich nachgelassen und war deprimiert, niedergeschlagen und melancholisch. Er hatte zu Beruhigungstabletten Zuflucht genommen; wenn deren Wirkung jedoch nachließ, befand er sich wieder genau da, wo er angefangen hatte.

Ich wies ihn darauf hin, daß diese negativen Emotionen auf keinen Fall in seinem Unterbewußtsein Wurzeln schlagen dürften, das würde einen sehr negativen unterbewußten Komplex zur Folge haben, mit zerstörerischen Resultaten. Als anschauliches Beispiel schilderte ich ihm eine Begebenheit, die sich erst vor kurzem hier in Leisure World, Laguna Hills, zugetragen hatte: Ein an sich erstklassiger Autofahrer hatte einen schweren Zusammenstoß, bei dem er aber nicht ernstlich verletzt wurde. Unmittelbar nachdem der Abschleppdienst erschienen war, nahm er sich ein Taxi und fuhr damit eine Stunde lang durch die Gegend, damit dieses Erlebnis gar nicht erst ein negatives Denkmuster in seinem Unterbewußtsein hinterlassen konnte. Er wollte sich keinen Furchtkomplex zulegen – ihn sich gar nicht erst entwickeln lassen.

Aufgrund unserer Unterredung kam dem jungen Mann die Erkenntnis, daß jeder von uns eines Tages in die nächste Dimension hinüberwechselt und daß seine Trauer und Verzagtheit seiner Liebsten dort keineswegs hilft, sondern sie im Gegenteil zurückhält. Er entschloß sich daraufhin, sie loszulassen und jedesmal, wenn er an sie dachte, zu bejahen: »Gott gibt dir Frieden und Harmonie.«

Sodann wandte er seine Aufmerksamkeit wieder seinen Studien zu und lernte es, sich auf die unendliche Gegenwart und Macht einzustimmen. Er konzentrierte sich auf die göttliche Führung, göttlichen Frieden und göttliche Harmonie. Dadurch wurden seine negativen Emotionen aufgelöst – im Licht göttlicher Liebe.

Der Fürst dieser Welt

Der Fürst dieser Welt kommt, und er hat nichts an mir (Joh. 14:30). Eine junge Studentin von einer nahegelegenen Universität, die mehrere meiner Bücher – einschl. *Songs of God* – gelesen hatte, berichtete mir, daß sie Mitglied einer gewissen Sekte gewesen war, nunmehr jedoch ihren Austritt erklärt hatte, nachdem sie einsehen mußte, daß alles dort Gelehrte und Getriebene purer Aberglaube und blanker Unsinn war. Daraufhin hatte man ihr bedeutet, daß man sie mit Flüchen und Verwünschungen belegt hatte und sie nun schwer zu leiden haben würde.

Sie wußte jedoch: der Fürst dieser Welt ist die Furcht. Die Absicht der Sektenmitglieder war es, ihrem Gemüt Furcht und Schrecken einzuflößen, eine Art hypnotischer Suggestion. Sie las die innere Bedeutung des 91. Psalms und wiederholte im Laufe des Tages viele Passagen daraus. Sobald ihr eine Erinnerung an diese Drohung in den Sinn kam, bejahte sie sofort: »Gott liebt mich und sorgt für mich.«

Sie wußte: wenn sie keinen Haß gibt, kann sie auch keinen empfangen. Alles, was sie tat, war, die anderen zu segnen und im übrigen ihres Weges zu gehen. Sie wußte recht gut, daß es sich hier lediglich um negative Suggestionen handelte und weigerte sich, sie anzunehmen. Selbstverständlich fielen die negativen Gedanken auf ihre früheren Freunde zurück. Alle drei Frauen, die sie verwünscht hatten, kamen bei einem Verkehrsunfall ums Leben.

Der Fürst dieser Welt (die Furcht) war zu ihr gekommen und hatte nichts in ihr gefunden, das dieser Furcht entsprach. Sie kannte das Gesetz des Lebens. Sie hatte bereits seit langem in ihrem Gemüt Frieden, Harmonie, rechtes Handeln und göttliche Liebe inthronisiert. Die Wahrheiten des 91. Psalms hatten ihr Unterbewußtsein durchsättigt, und sie ging mit Gott auf Wegen des Wohlgefallens und auf Pfaden des Friedens.

Wie die Furcht gehandhabt werden sollte

Es darf wohl in jedem Fall davon ausgegangen werden, daß jeder Mensch einmal von Furcht befallen wird, irgendwann, irgendwo und irgendwie. Ich erinnere mich an einen Flug über den Nordpol vor vielen Jahren. Wir waren auf dem Weg nach Norwegen und Schweden, als unsere Maschine in einen schweren Sturm geriet. Alle Passagiere waren schreckgelähmt. Einige von uns begannen daraufhin, den 91. Psalm laut hörbar zu rezitieren. Damit konnten wir sie einigermaßen beruhigen. Sie fürchteten sich vor Tod und Verderben. Das war die einzige Weise, um mit der Massenfurcht fertig zu werden, die uns alle zu erfassen drohte.

Furcht ist ansteckend. Ebenso ansteckend ist jedoch Liebe. Wir müssen begreifen, daß kein Einfluß, keine Suggestion der äußeren Welt uns etwas anhaben kann, sofern sie keine Entsprechung mit etwas in uns findet. Das zuvor erwähnte junge Mädchen, das von einem Voodoo-Fluch bedroht worden war, hatte diese Suggestion zurückgewiesen. Die junge Frau war sich im klaren darüber, daß diese

Verwünschung nicht den geringsten Einfluß auf sie ausüben konnte, solange sie diese nicht akzeptierte; und dann würde es sich einfach um eine Bewegung ihres eigenen Gemüts handeln. Die Suggestion hatte keine Unterkunft, keine Annahme gefunden, deshalb konnte sie nicht funktionieren, und ihre Macht und Kraft war an ihr abgeprallt.

Mit weiterem spirituellem Wachstum durch Absorbieren und Einverleiben der großen Wahrheiten des Lebens werden Sie zu der Überzeugung gelangen, daß die Worte des Psalmisten wahr sind: *Ob tausend fallen an deiner Seite, zehntausend zu deiner Rechten, dich trifft es nicht* (Psalm 91:7). In den Versen 9 und 10 des gleichen Psalms heißt es: *Denn deine Zuversicht ist der Herr, den Höchsten hast du zu deiner Zuflucht gemacht. Es wird dir kein Unheil begegnen, keine Plage deiner Hütte sich nahen.*

Das ist eine wunderschöne und eindeutige Verheißung. Sie besagt nicht weniger, als daß Sie immer beschützt, geführt und bewacht werden. Die Macht der Liebe Gottes behütet Sie. Häufiges Nachsinnen über die Tatsache, daß Gott Sie liebt und für Sie sorgt, Sie führt und leitet, macht den Höchsten zu Ihrem Wohnsitz. Wenn Sie sich wieder und wieder bewußt machen, daß die Liebe Gottes Sie umgibt, umfaßt und einhüllt, sind Sie immer in die heilige Allgegenwart eingetaucht, und kein Unheil kann Sie berühren.

Es gibt einen leichteren Weg

Nach einem meiner Sonntagmorgen-Vorträge sagte ein Geschäftsmann zu mir: »Ich habe meine jungen Jahre damit verbracht, mich zu schinden und abzurackern und den guten Dingen des Lebens nachzujagen. Ich hatte die größte Mühe, gerade so zurechtzukommen. Ich wollte mehr Geld, ein Haus, einen Wagen, eine schönere Umwelt – kurz, alles das, was man heutzutage mit ›Lebensqualität‹ umschreibt.«

Er hatte sich an eine geistige Beraterin gewandt, die ihn überzeugen konnte, daß er sich zu hart ins Zeug legte. Sie brachte ihm bei, sich direkt an die Quelle alles Guten – die Gottesgegenwart im Innern – zu wenden und Frieden, Harmonie, rechtes Handeln, Schönheit und Überfluß zu beanspruchen. Sie machte ihm klar, daß Gott ihn durchströmt und alle leeren Gefäße seines Lebens füllt.

Von da an blieb er auf dem spirituellen Pfad, und all die Dinge, denen er vorher nachgejagt war, wurden ihm jetzt buchstäblich hinzugegeben. Sein Glauben und Vertrauen in die unendliche Gegenwart in seinem Innern verwandelten sich in Gesundheit, Wohlergehen, wahren Selbstausdruck und überfließende Versorgung mit Geldmitteln. Er mühte sich jetzt nicht mehr ab, und vor allem bettelte und flehte er nicht mehr um die Gaben des Lebens, die ja uns allen verheißen sind, von Anbeginn aller Zeiten.

Shakespeare sagte: »Alle Dinge sind bereit, wenn das Gemüt es ebenfalls ist.«

Öffnen Sie Ihr Bewußtsein zum Empfang; werden Sie ein guter Empfänger! Gott hat Ihnen sich selbst und die ganze Welt gegeben. Deshalb ist es töricht und dumm, das Unendliche anzuflehen, etwas für uns zu tun, denn es steht geschrieben:

... *Ehe sie rufen, werde ich antworten; und während sie noch reden, werde ich sie erhören* (Jes. 65:24).

Ganz gleich, wie Ihr Problem aussieht, die Antwort ist bereits vorhanden, noch bevor Sie bitten.

Die beste spirituelle Medizin heutzutage ist, sich mit dem innewohnenden Geist zu befreunden und sein Gutes zu beanspruchen.

Erwarten Sie Frieden, Harmonie und göttliche Ordnung in Ihrem Leben. Sinnen Sie über das göttliche Gesetz nach, das da lautet: »ICH BIN das, was ich kontempliere.« Kontemplieren Sie alles, was wahr, lieblich, edel und gottgleich ist, und lassen Sie Wunder geschehen in Ihrem Leben.

Die Geheimnisse des Lebens

Neulich abends hörte ich den Vortrag einer Psychologin. Neben anderen Dingen erwähnte sie, daß der Laserstrahl inzwischen zu derartiger Vollkommenheit entwickelt worden ist, daß man mit seiner Hilfe Raketen im Weltraum zerstören kann. Des weiteren zeigte sie Möglichkeiten seiner Verwendung in der Medizin, der Luftfahrt und der Kriegsführung auf. Wie sie weiter ausführte, hätten wir das Atom gespalten und den DNS-Code, der unsere Erbanlagen wie Hautfarbe, Augen und Physiognomie bestimmt, durchbrochen. Ebenso hätte man die meisten Hormone isoliert, die normalerweise von unserem Drüsensystem ausgeschieden werden und die unsere Körper im Gleichgewicht halten.

Dessen ungeachtet – so schloß sie – hätten wir eines nicht gelernt: in Frieden und Harmonie zu leben. Die Antwort darauf ist recht einfach. Sie wurde bereits von einem Mystiker des Altertums gegeben, als er sagte: »Wenn der Mensch sich selbst entdeckt, verliert er sein Elend.« Ihr Selbst ist Gott. Die Bibel sagt: *Befreunde dich doch mit ihm und halte Frieden* ... (Hiob 22:21).

Die Antwort auf Trübsals- und Untergangsprophezeiungen

Heutzutage gibt es eine Menge Propheten, die alle möglichen Katastrophen vorhersagen und damit Millionen Menschen den Gemütsfrieden rauben und ihnen Furchtgefühle und Unsicherheiten einflößen. In meiner Sprechstunde bekomme ich es oft genug mit vergrämten, morbiden, düsteren und humorlosen Menschen zu tun. Sie fürchten sich vor dem Alter, dem Atomkrieg, der Zukunft und dem Tod.

Die Bibel sagt: ... *Gott hat uns nicht einen Geist der Verzagtheit gegeben, sondern der Kraft und der Liebe und der Besonnenheit* (2. Tim. 1:7). Es ist zweifellos wahr, daß wir alle in der einen oder anderen Weise einmal Furchtgefühlen ausgesetzt sein können. Hören wir beispielsweise bei einem Spaziergang unmittelbar hinter uns ein Hupsignal, dann springen wir zur Seite, und ein momentanes Furchtgefühl hat sich in einen starken Lebenswillen verwandelt, und damit sind wir frei.

Viele hören sich die Nachrichtensendungen an, lesen Zeitungen und Illustrierte, in denen von einem kommenden Atomkrieg die Rede ist, von Flutkatastrophen, Erdbeben etc. Der Gedanke an diese Voraussagen bewirkt bei ihnen geradezu lähmende Furchtgefühle.

Diesen Menschen rate ich im allgemeinen, ihre Ängste und Befürchtungen in das Licht der Vernunft zu erheben und zu überprüfen. Dann werden sie nämlich erkennen, daß die meisten dieser Prophezeiungen niemals eintreffen werden, sondern lediglich Ausgeburt eines kranken Gehirns – dem des Untergangspropheten – sind. Paulus erklärt im Korintherbrief: ... *Seien es aber prophetische Reden, sie werden abgetan werden* ... (1. Kor. 13:8).

Im Grunde sind alle diese abnormen Ängste auf das fundamentale Unsicherheitsgefühl des Menschen zurückzuführen – auf sein Unvermögen, sich mit der unendlichen Gegenwart und Macht gleichzuschalten. Wenn er sich mit dieser Quelle vereinigt – dem Lebensprinzip, das allmächtig und allweise ist, das keine Behinderungen kennt –, entdeckt er eine Reflexhandlung, und seine abnormen Befürchtungen lösen sich allmählich auf.

Sie nannten ihn »den Felsen von Gibraltar«

Eine Sekretärin erzählte mir einmal von ihrem Filialleiter, der eine herrschsüchtige, arrogante und prahlerische Persönlichkeit war und seine Mitarbeiter im Büro ausgesprochen schäbig behandelte. Sein Denken und Handeln war umständlich – bar jeder Simplizität –, seine Redeweise geschwollen und von unerbittlicher Strenge.

Eines Tages hatte der Generaldirektor das Büro besucht und dabei einiges bemängelt. Er hatte dem Filialleiter eigentlich nur eine milde Rüge erteilt, aber dieser Mann, der so gefestigt, unbewegt und selbstsicher schien, war zusammengebrochen und hatte »geweint wie ein Baby«. Der Arzt mußte ihm ein Beruhigungsmittel verschreiben. In der Tat war das äußere Gehabe und die zur Schau getragene Selbstsicherheit dieses Mannes nur eine Fassade, mit der er ein tiefsitzendes Gefühl der Unsicherheit, der Unzulänglichkeit und einen handfesten Minderwertigkeitskomplex zu verdecken suchte.

Ein Mensch mit gesundem Selbstwertgefühl und Vertrauen in die Macht des Unendlichen läßt sich von milder Kritik nicht aus der Fassung bringen. Im Gegenteil, er nimmt sie als Stimulator seines Selbstvertrauens. Sie werden zu einer wirklichen Führungspersönlichkeit, wenn Sie das Kommando über die buntscheckige Schar Ihrer Gedanken übernehmen und nur über Dinge nachsinnen, die wahr, aufrichtig, lieblich, edel und gottgleich sind.

Dieser Filialleiter hatte eine völlig falsche Einschätzung von sich und meinte, sie durch Bluff und großsprecherisches Gehabe verdecken zu können. Den Tyrannen zu spielen mit Schreien und Toben ist immer ein sicheres Anzeichen für ein tiefsitzendes Minderwertigkeitsgefühl. Prahlerei ist immer ein leeres Gerede.

Wie wir wissen, brachte die Prahlerei eines Mussolini und der Größenwahn eines Hitler ihren schließlichen Sturz mit sich.

Vergleichen Sie sich nicht mit anderen

Gott wiederholt sich niemals. Sie sind einzigartig. Es gibt niemanden auf der ganzen weiten Welt, der Ihnen gleicht. Viele Männer und Frauen, von Natur aus schüchtern, ängstlich und zurückhaltend, haben bei mir Rat gesucht, und ich habe sie jedesmal auf das gewaltige Potential in

ihrem Innern hingewiesen, das nur darauf wartet, er
und angewandt zu werden. Ich machte ihnen klar, da
bei jedem Furchtgedanken, der sich in ihr Gemüt einschleicht, sofort die göttlichen Reserven mobilisieren sollten, um damit die Angst zu überwinden.

Wenn Sie sich darin üben, die Gottesgegenwart zu beanspruchen, damit Ihnen Führung, Kraft und Weisheit zuteil wird, dann erheben Sie sich über das Gefühl des Unvermögens und machen weiter, wo andere aufgeben. Ein Mann, der in ärmlichsten Verhältnissen zur Welt gekommen war, berichtete mir, der Grund dafür, daß er in seiner Firma an die Spitze gekommen und Präsident des Unternehmens geworden sei, wäre einzig und allein seinem unerhörten Drive zuzuschreiben, die Armut zu überwinden und seinen wahren Platz im Leben zu erreichen. Sein Mangel hatte ihn vorwärtsgetrieben und sich als machtvolle Motivation erwiesen, die Erfolgsleiter zu erklimmen.

Viele Frauen, die früher unter einem Minderwertigkeitskomplex zu leiden hatten, berichteten mir, daß es dieses Gefühl der Unsicherheit, der Unzulänglichkeit und der Minderwertigkeit war, das als die hauptsächliche Triebkraft für ihr Fortkommen angesehen werden muß. Die folgende Formel hatte ich vielen von ihnen in diesem Zusammenhang empfohlen: Stellen Sie sich jeden Morgen etwa fünf oder zehn Minuten lang vor einen Spiegel und bejahen Sie laut: »ICH BIN eine Tochter des Unendlichen. ICH BIN ein Kind der Ewigkeit. Mein Vater ist Gott, und Gott liebt mich.«

Eine regelmäßige Anwendung dieses Gebets jeden Morgen ließ es in einem Prozeß mentaler und spiritueller Osmose in ihr Unterbewußtsein sinken. Diese Imprägnierung wiederum brachte das neue Konzept auf der Wirkungsebene zum Vorschein und veränderte damit ihr Leben.

Das Gesetz ist: Was dem Unterbewußtsein aufgeprägt wird, das wird von ihm zum Ausdruck gebracht.

Er wollte Geistlicher werden

Vor zwei Jahren fragte mich ein Hörer meines Rundfunkprogramms nach den Möglichkeiten, Geistlicher und Lehrbeauftragter der Divine Science zu werden. Ich empfahl ihm, sich an Dr. Margaret Stevens von der Santa Anita Church in Arcadia zu wenden. Sie leitet eine großartige Ministerial School – ein Ausbildungszentrum für Lehrbeauftragte – und hat bereits vielen Männern und Frauen das notwendige Rüstzeug vermittelt. Unter den Lehrern befinden sich Prof. Jack Holland, Prof. Marcus Bach, Dr. Margaret Stevens und viele andere hervorragende Dozenten der Metaphysik.

Am letzten Sonntag traf ich diesen jungen Mann wieder einmal, und noch immer spricht er davon, Geistlicher werden zu wollen, es sei das einzige, was er wirklich sein wolle. Getan hat er jedoch absolut nichts in dieser Richtung. Er hat weder die Schule besucht noch überhaupt Erkundigungen eingezogen. In anderen Worten: Er hat nichts für die Verwirklichung seines Herzenswunsches unternommen. Auch nicht den geringsten Schritt.

Viele Menschen tun es ihm gleich. Sie sagen: »Ich muß einen Sprachkurs absolvieren, das ist sehr wichtig für mein berufliches Fortkommen.« Sie hatten auch ausreichende Möglichkeiten, Sprachen zu lernen, hatten jedoch nichts unternommen. Es war reines Tagträumen.

Ich kenne einen Mann, der seit mehr als zehn Jahren davon spricht, ein Buch über seine Kriegserlebnisse schreiben zu wollen. Mehr als einmal hatte ich ihm schon geraten, sich hinzusetzen und mit dem Schreiben anzufangen und nicht darauf zu warten, daß Gott für ihn schreiben würde. Wenn er anfinge, so sagte ich ihm, würde auch Gott anfangen.

Sie sind hier, um ein herrliches Leben zu führen, hören Sie daher mit den Tagträumereien auf. Sie sind hier, um der Welt von Ihren Talenten zu geben und sie damit lebenswerter zu machen. Dieser Möchtegern-Schriftsteller scheut die Anstrengung, sich auf wundervolle Weise auszudrücken. Wir sollten die Mahnung des griechischen Philosophen beherzigen: »Das eigentliche Studium des Menschen ist der Mensch.«

Das Gesetz von Ursache und Wirkung

Sie sind zum Ausdruck gebrachter Glaube. Das ist eine andere Art, das Gesetz von Ursache und Wirkung zu erklären. Alles, was Ihr wachbewußter Verstand wirklich glaubt, das wird von Ihrem Unterbewußtsein hervorgebracht.

Kürzlich hatte ich in einem Geschäftsunternehmen zu tun und erfuhr von einem der Angestellten, daß die Firma vor dem Bankrott stand. Als Grund mußte das sogenannte Doppelleben des Inhabers herhalten. Er hielt sich eine Geliebte, lebte in Scheidung und war im Umgang mit seinen Mitarbeitern sehr schwierig. Daher war ein ständiger Wechsel an Personal zu verzeichnen. Niemand wollte sich diese Behandlung gefallen lassen.

Wie Emerson feststellte, ist jede Institution – jeder Wirkungskreis – ein Schatten des Menschen. Der geschäftliche Niedergang war im Grunde ein völliges Versagen in der Kunst eines erfolgreichen und harmonischen Lebens. Die heimlichen Schuldgefühle des Firmenchefs, seine Ängste und inneren Konflikte und die Ressentiments seiner Ehefrau und anderen gegenüber waren die Ursache, nicht das Geschäft. Erfolg hängt einzig und allein von Ihrem Denken und Fühlen ab. Das Innere beherrscht das Äußere. Wie innen, so außen.

Eine bessere Zukunft

... *Gott hat uns nicht einen Geist der Verzagtheit gegeben, sondern der Kraft und der Liebe und der Besonnenheit* (2. Tim. 1:7).

Jeder Tag ist ein Tag der Erneuerung, des Wiederaufstiegs und der Wiedergeburt. Die gesamte Natur proklamiert die Herrlichkeit eines neuen Tages. Das sollte uns Mahnung sein, zu dem Gott in uns zu erwachen und uns aus unserem langen Winterschlaf der Begrenzung zu erheben und frohen Herzens in den Morgen eines neuen Tages und neuen Lebens zu gehen. Furcht, Unwissenheit und Aberglaube müssen in uns absterben, und an ihrer Stelle müssen wir Glauben, Vertrauen, Liebe und guten Willen auferstehen lassen.

Nehmen Sie jetzt die folgende Transfusion von Gottes Gnade und Liebe entgegen: »Ich bin erfüllt vom frei strömenden, reinigenden, heilenden, harmonisierenden, vitalisierenden Leben des Heiligen Geistes. Mein Körper ist der Tempel des lebendigen Gottes und ist rein, heil und vollkommen in allen seinen Teilen. Jede Tätigkeit meines Gemüts und Körpers wird von göttlicher Weisheit und göttlicher Ordnung beherrscht und kontrolliert.

Ich sehe jetzt einer herrlichen Zukunft entgegen. Ich lebe in freudiger Erwartung des Besten. All die wundervollen gottgleichen Gedanken, die ich jetzt denke, sinken tief in mein Unterbewußtsein wie in eine Gruft. Ich weiß, daß sie, wenn ihre Zeit gekommen ist, zum Vorschein kommen werden als Harmonie, Gesundheit, Frieden, Zustände, Erfahrungen und Begebenheiten.

Ich vertausche Furcht und Mangel mit der Freiheit in Gott und dem Leben im Überfluß. Der Gott-Mensch in mir ist auferstanden. Siehe, ich mache alles neu!«

7. KAPITEL

Denkmodelle sind schöpferisch

Die Imagination – das Vorstellungsvermögen – ist eine Befähigung, die von den Massen der Weltbevölkerung und sogar von vermeintlich hochgebildeten Menschen bei weitem unterschätzt wird. Viele räumen der Imagination einen weitaus niedrigeren Stellenwert ein als ihren intellektuellen Kräften. Mehr und mehr erweist sich jedoch, daß diese Wertungen grundfalsch sind. Seien wir uns daher bewußt, daß die Imagination in Wahrheit eine der höchsten und wichtigsten Kräfte ist, über die wir verfügen.

Imagination ist die formative Macht Ihres Gemüts. Sie besitzt schöpferische Kraft. Gott hat das Universum und die Galaxien geschaffen. Er schuf sie nach seinem Bilde, und er wurde zu dem, was er sich vorstellte. Gott stellte sich den Menschen vor, um ihn in die Erscheinung zu rufen.

Denken wir doch nur einmal an einen Romanschriftsteller und an den Umstand, daß alle von ihm erdachten Figuren und Szenen Produkte einer lebhaften Imagination sind. Fiktion ist im etymologischen Sinne etwas von der Imagination Erschaffenes. Dichtung ist eine mentale Schöpfung. Imagination ist die Befähigung, Ideen zu formen, die auf den Bildschirm des Raumes projiziert werden.

Die Imagination ist die bedeutendste Befähigung des Menschen. Sie ist eine spirituelle Macht und verfügt über schöpferische Kraft. Die bloße Tatsache, daß ein Mensch sich als leidend vorstellt, ist der Beweis, daß er es auch ist, denn das Leiden ist nur die Auswirkung eines Mißbrauchs – einer abnormen Handhabung – dieser schöpferischen Kraft. Wenn wir die Entstehungsgeschichte einer jeden Krankheit zurückverfolgen, dann stoßen wir letztendlich immer wieder auf die Macht einer fehlgeleiteten Imagination.

Jede Kraft läßt sich auf zwei Arten anwenden. Vergewissern Sie sich daher immer, daß Sie disziplinierte, kontrollierte und zielgerichtete Vorstellungen anwenden – Imaginationen, die auf universellen Prinzipien und ewige Wahrheiten gegründet sind. Stellen Sie sich nur Dinge vor, die lieblich, edel, erhaben und gottgleich sind. Imagination, mit Glauben gekoppelt, wirkt Wunder bei der Heilung von Krankheiten aller Art. Mit diesen beiden spirituellen Kräften – Imagination und Glauben – verfügen wir über die wichtigsten aller schöpferischen Anlagen.

Glaube und Vorstellungskraft heilten sie

Dr. Carrick Cook, der viele Jahre lang Mitarbeiter von Ernest Holmes, dem Begründer der Science of Mind und Geistlicher in San Francisco, war, erzählte mir einmal von einer schwarzen Frau, die eine bemerkenswerte Heilerin war. Offenbar hatte ihr jemand eine Knochenreliquie verkauft und behauptet, daß es sich um Gebeine eines Heiligen handele. Sie war von der Heilkraft dieses Knochens restlos überzeugt, sie glaubte, daß ein Heilungsuchender diese Reliquie nur zu berühren brauchte, um von seinem Leiden geheilt zu sein.

Und in der Tat wurden viele geheilt. Die wunderwirkende Reliquie erwies sich jedoch – wie Carrick Cook erzählte – als der Knochen eines Hundes. Die Patienten glaubten das, was die Frau ihnen erzählte, ihr Vertrauen und ihre Imagination taten das übrige. Später hatte ein Arzt die Reliquie untersucht und erklärt, daß es sich um den Knochen eines Hundes handele.

Das ist ein Beweis für die Macht des Glaubens und der Imagination, mittels derer die innere Heilkraft der Patienten erweckt wurde, die alles akzeptierten, was die Heilerin ihnen gesagt hatte. Es war selbstverständlich blinder Glaube, denn sie hatten keine Ahnung, warum und auf welche Weise sie geheilt wurden. Wahrer Glaube ist die Vereinigung Ihres wachbewußten Verstandes mit Ihrem Unterbewußtsein, wissenschaftlich angeleitet.

Die gewaltigsten Kräfte in der Natur wirken in der Stille, völlig geräuschlos. Ihre Gedanken haben Macht über Ihren Körper. Ihre Gedanken können sowohl morbide – krankmachend – sein als auch heilsam und konstruktiv und damit Gesundheit bewirkend. Ihr Gedanken- und Gefühlsleben ist die Ursache ihrer körperlichen Beschaffenheit.

Gedanken und Ideen repräsentieren die zugrunde liegenden Realitäten aller äußeren, sichtbaren Objekte. Wenn Sie die äußere Welt betrachten: Alles, was Sie sehen – den gestirnten Himmel, die Berge, das Meer, die Seen, Bäume etc. – ist ein Gedanke Gottes. Durch Betrachtung der Natur halten wir Zwiesprache mit dem Unendlichen. Das gleiche tun wir mit den Gedanken eines Autors, wenn wir sein Buch lesen.

Die Macht der Gedanken

Alles, was vom Menschen bewußt kreiert oder erfunden wird, ist jedesmal zuerst ein Gedanke, eine klar umrissene Idee in seinem Gemüt, bevor es im Äußeren Form annehmen kann. Das Haus, in dem Sie leben, das Auto, das Sie fahren, oder das Flugzeug, mit dem Sie fliegen – alles das war zunächst ein Gedanke im Bewußtsein des Menschen. Das Gemälde ist zunächst im Gemüt des Malers, und die herrliche Statue, die Sie bewundern, war erst einmal eine Idee des Bildhauers.

Plato lehrte, daß alles zunächst als Idee oder Gedankenform besteht, ehe es äußere Wirklichkeit werden kann. Es gibt falsche und wahre Ideen, eine richtige und eine falsche Denkweise. Eine falsche oder fehlerhafte Idee kann sich im Körper als Krankheit niederschlagen. Fultons Idee manifestierte sich als das Dampfschiff, und Morses als der Telegraf. Eine Fabrik oder ein Kaufhaus ist der Gedanke des Unternehmers, in objektive Manifestation kondensiert.

Die Menschen beginnen allmählich den Einfluß zu erkennen, den Ideen, Vorstellungen, Glauben und Fühlen auf körperliche Zustände und alle physiologischen Funktionen unseres Wesens ausüben.

Wo sind die Feinde?

Gelegentlich bekomme ich Briefe von Menschen, die mich fragen: »Wie kann man denen vergeben, die vergewaltigen, morden, stehlen, plündern, rauben, ihre Kinder mißhandeln und in einigen Fällen sogar umbringen?« Und dann erwähnen sie auch die Iraner, die Amerikaner als Geiseln genommen und so grausam behandelt haben.

In der Bibel heißt es: ... *Liebet eure Feinde; tut Gutes denen, die euch hassen; segnet die, welche euch fluchen; bittet für die, welche euch beleidigen* (Luk. 6:27, 28). Die wahre Bedeutung der Forderung »Liebet eure Feinde« ist von vielen Menschen mißinterpretiert und mißverstanden worden. Es wird uns nämlich auch gesagt, daß die Feinde sich in unserem eigenen Haushalt (Gemüt) befinden. Wenn die Gedanken in Ihrem Gemüt haß- oder grollerfüllt sind, voller Zorn und Bitterkeit, dann sind Sie emotionell gestört. Dann leidet Ihre Gesundheit – Sie könnten über Magengeschwüre oder hohen Blutdruck zu klagen haben –, dann leidet auch Ihr Geschäfts- oder Berufsleben oder Ihre zwischenmenschlichen Beziehungen.

Weshalb er nicht vorwärtskam

Ein brillanter Geschäftsmann, der auf seinem Gebiet bisher außerordentlich erfolgreich war, beklagte sich bei mir, daß der Umsatz merklich nachließ, seine Angestellten ihn bestahlen und viele seiner Kunden zur Konkurrenz gegangen seien.

Der Grund war in seinen schweren Eheproblemen zu suchen. Er war mit einem heftig angefochtenen Scheidungsverfahren befaßt, haßte seine Frau und hatte sein Gemüt mit Ärger, unterdrückten Zorngefühlen und Furcht angefüllt und verschmutzt. Die Feinde waren seine eigene Schöpfung.

Ich machte ihm klar, daß er der einzige Denker in seiner Welt ist und daher auch verantwortlich für die Gedanken über seine Frau. Er konnte daraufhin klar erkennen, daß nicht das, was ihm widerfährt, wesentlich ist, sondern seine Reaktion darauf – seine Gedanken darüber. Nur das ist ausschlaggebend für den Erfolg oder Mißerfolg, für Gesundheit oder Krankheit.

Meinem Rat gemäß begann er nunmehr, das Gesetz der Substitution anzuwenden. Er ersetzte seine negativen Gedanken durch konstruktive und bejahte, daß es für seinen Scheidungsprozeß eine göttliche, harmonische Lösung gab und göttliche Gerechtigkeit vorherrschte.

Er entdeckte, daß die wahren Feinde in seinem Denken zu suchen waren – von ihm selbst erschaffen; daraufhin übte er sich in rechtem Denken, rechtem Fühlen und rechtem Handeln. Sein einfaches Gebet war: »Gott denkt, redet und handelt durch mich. Gott liebt mich und sorgt für mich.« Jedesmal wenn ihm Furcht- oder Grollgedanken in den Sinn kamen, bejahte er sofort: »Gottes Liebe erfüllt meine Seele.« Damit heilte er sich, und auch sein Geschäft florierte wieder.

Psychosomatische Medizin

Der Begriff *Psychosomatik* setzt sich aus zwei griechischen Wörtern zusammen: Psyche = Gemüt und Soma = Körper. Das ist ein Hinweis darauf, daß dem Körper nichts widerfahren kann ohne das dazugehörige mentale Äquivalent. Dr. Frank Varese aus Laguna Hills ist ein hervorragender Arzt, der gelegentlich Referate über die Wechselbeziehung von Gemüt und Körper bei Krankheiten hält. Wie auch andere Praktiker holistischer Medizin weist er immer wieder auf die Zusammenhänge zwischen körperlichen Störungen und Krankheiten und destruktiven Emotionen der Patienten hin.

Krebsspezialisten haben schon mehrfach darauf hingewiesen, daß sie bei ihren Patienten zumeist tiefsitzende Grollgefühle, Feindseligkeit und Frustrationen, gekoppelt mit Selbstverurteilung und Schuldgefühlen festgestellt hatten. Dazu kam eine geradezu verbohrte Unversöhnlichkeit. Sie waren nicht bereit zu vergeben. Das Leiden ist somit die Auswirkung der vorherrschenden Denkmuster des Patienten. Dr. Varese richtet daher sein hauptsächlichstes Augenmerk auf die Wiederherstellung einer harmonischen Gemütsverfassung.

Es ist daher leicht einzusehen, daß es ausgesprochen weise ist, seine Feinde zu lieben, da diese Feinde von uns selbst erschaffen worden sind. Sie bestehen in der Tat nur in unserem Denken, sie sind eine Bewegung unseres Gemüts. Wenn Sie daher gottgleiche Gedanken an die Stelle der negativen setzen, die auf ewigen Wahrheiten gegründet sind, dann verwandelt sich das negative Denken in konstruktive Energie, die Ihnen Heilung und Segen bringt.

Die zwei Schwestern

Zwei Zwillingsschwestern hatten zu gleicher Zeit geheiratet und waren offensichtlich auch sehr in ihre Ehepartner verliebt. Nach einigen Jahren jedoch wurden sie plötzlich von ihren Ehemännern verlassen. Beide setzten sich ins Ausland ab und ließen nichts mehr von sich hören. Sie trafen auch keinerlei Vorkehrungen für die Versorgung ihrer Familien und die künftige Schulbildung ihrer Kinder.

Die eine der beiden Schwestern, eine Wahrheitssucherin und Studentin der Science of Mind, nahm ihren alten

Beruf als Krankenschwester wieder auf. Sie bewahrte Haltung, blieb besonnen und erhielt sich damit ihr inneres Gleichgewicht. Sie ließ sich weiterhin kosmetisch behandeln, ging schwimmen und Golfspielen und achtete darauf, sich ihren Gemütsfrieden zu erhalten. Sie sann auch weiterhin über die großen Wahrheiten nach, die in meinem Buch *Songs of God*[1)] enthalten sind. Niemals verlor sie die Fassung. Wie Joseph hielt sie an der Überzeugung fest, daß ihr ausschließlich Gutes aus dieser Erfahrung erwachsen könne. Schon bald konnte sie die Scheidung erwirken und bekam sofort einen Heiratsantrag von dem Kinderarzt, der ihre kleine Tochter betreut hatte. Sie sind jetzt glücklich verheiratet.

Die andere Schwester hingegen schwelgte in Haßgefühlen ihrem Ex-Ehemann gegenüber, sie wünschte ihm die Pest an den Hals. Sie kochte vor Wut und Feindseligkeit und zog sich dadurch eine schwere Arthritis zu, die sie für lange Zeit an das Krankenbett fesselte.

Beide Schwestern hatten die gleiche Erfahrung; nicht das Geschehnis an sich, sondern ihre jeweilige Reaktion darauf war es, die den Unterschied ausmachte.

Sie wissen, wo der Feind zu suchen ist. Haß, Feindseligkeit, Ressentiments oder emotionaler Streß sind Gefühle, die Sie sich einfach nicht leisten können! Sie berauben Sie Ihrer Vitalität, Ihres Gemütsfriedens, Ihrer Gesundheit und jeglicher Einsicht! Sie machen Sie zu einem physischen und mentalen Wrack! Es macht sich wahrhaftig bezahlt, seine Feinde zu lieben.

Die Herrschaft des Gemüts

Es gibt keinen Teil des Körpers, der nicht der Herrschaft des Gemüts unterliegt und der nicht von einer intelligenten absichtlichen Handlung beeinflußt werden könnte. Ich

---

[1)] *Finde Dein höheres Selbst – Lebe Dein wahres ICH,* Verlag PETER ERD kenne einen Inder, der imstande ist, seinen Pulsschlag nach Belieben aussetzen zu lassen. Eine solche Fähigkeit ist heute in einschlägigen Forscherkreisen wohlbekannt.

Es gab noch andere Lehrer in diesem Ashram, die bewußt Schweißausbrüche verursachen konnten. Andere wiederum konnten ihre Pupillen nach Belieben verengen oder erweitern. Sie brauchten dabei – wie sie mir sagten – nur an einen sehr dunklen Ort zu denken, und die Pupillen würden sich erweitern. Der Gedanke an gleißendes Licht würde eine Verengung zur Folge haben. Solche Fähigkeiten lassen sich durchaus trainieren. Denken Sie nur einmal an etwas Saures, etwa an Zitronensaft. Das hat sofort einen Einfluß auf Ihre Speicheldrüsen und läßt Ihnen das Wasser im Mund zusammenlaufen.

Somit kann sich eine Idee, ein Gedanke, eine Vorstellung als Medizin oder auch als Gift erweisen. *Denn wie er in seinem Herzen denkt, so ist er ...* (Spr. 23:7). Das ist einer der weisesten Aussprüche, die Salomon je getätigt hat. In Ihrem Unterbewußtsein residieren alle aktiven, vitalen Kräfte. Einem bestimmten Mentalzustand folgt die entsprechende körperliche Beschaffenheit mit der unfehlbaren Sicherheit des Gesetzes von Ursache und Wirkung. Die Macht der Gedanken wirkt auf alle Organe unseres Körpers ein, eine Tatsache, die nicht bewußt ist.

Wahrhaft leben heißt wahrhaft denken und die Wahrheit auszumachen. Es ist von alleräußerster Wichtigkeit, sich immer der Tatsache bewußt zu bleiben, daß die Imagination ein Denkvorgang ist und daß jede Idee im Gemüt ihrem innewohnenden Wesen nach zu einer Auswirkung im körperlichen Bereich neigt. Die einzige lebendige Macht des Körpers ist das Gemüt.

Prägen Sie sich eine einfache Wahrheit ein: Ihr Denken – der von Ihnen erschaffene Gedanke – ist der wahre Feind. Treffen Sie eine Entscheidung über diese Feinde in Ihrem Gemüt, und werfen Sie sie kurzerhand hinaus. Sorgen Sie dafür, daß sie vom Feuer der göttlichen Liebe aufgezehrt werden. Es wäre selbstverständlich töricht, eine Feindesliebe dahingehend zu interpretieren, daß man Verbrecher, Mörder und Rauschgiftsüchtige in seine Wohnung einlädt und ihnen eine Party gibt, daß man den Arm um sie legt und ihnen sagt, wie sehr man sie liebe.

Schließlich kennen Sie die zugrunde liegenden Ursachen für das Verhalten solcher Menschen. Sie handeln unter dem Zwang negativer, destruktiver und irrationaler Emotionen. Sie sind voller Haß auf sich selbst und projizieren diesen Eigenhaß auf andere. Wenn Sie nun ein gewisses Maß an Verständnis und Toleranz dafür aufbringen, dann sanktionieren Sie damit ja beileibe nicht ihre Verbrechen, sondern Sie sind sich lediglich im klaren über die zerstörerischen Kräfte, die in ihren Gemütern am Werk sind. Darüber hinaus sehen Sie ein, daß Rechtsprechung und verdiente Bestrafung die Oberherrschaft behalten werden.

Mörder, Sittlichkeitsverbrecher etc. sollten hinter Schloß und Riegel bleiben, damit die Gesellschaft vor ihnen sicher sein kann. Einige Weltverbesserer mit wenig oder gar keinem Verständnis und auch nicht gerade von Weisheit beglänzt, haben in ihrer Eigenschaft als Gnadenausschußmitglieder solche hartgesottenen Kriminellen wieder auf die Menschheit losgelassen, nur damit sie sich à Tempo wieder an ihr vergehen konnten. Einer von ihnen hat mir gegenüber einmal freimütig eingestanden, daß er sich streng religiös gegeben und als bekehrter Sünder aufgeführt hätte und daraufhin begnadigt worden war. Eine solche Gefühlsduselei ist nicht Liebe. Es gibt keine Liebe ohne Weisheit und keine Weisheit ohne Liebe.

Machen Sie sich mit den mentalen und spirituellen Gesetzen des Lebens vertraut

Es ist für Sie viel wichtiger, zu wissen: unsere Feinde lieben, heißt allen selbsterzeugten Haß, alle selbsterzeugten

Ängste, alle selbsterzeugte Eifersucht, allen Zorn und Groll, die gleichfalls selbsterzeugt sind, aus unserem Gemüt zu entfernen, denn das sind unsere wahren Feinde. Sofern diese negativen Emotionen in Ihrem Gemüt vorherrschen und Kontrolle ausüben, können Sie absolut sicher sein, daß Sie deren Auswirkungen zu spüren bekommen – in Ihrem Körper, Ihrem häuslichen Leben, Ihrem Geschäft oder Beruf und in Ihren zwischenmenschlichen Beziehungen. Es ist ganz einfach das mentale und spirituelle Gesetz, das in jedem Menschen am Werk ist, ohne Rücksicht auf seine religiösen Bindungen und sein Glaubensbekenntnis. Jeder Großwildjäger kann bestätigen, daß ein Tier eventuelle Furchtschwingungen durch Witterung aufnimmt und sofort angriffslustig wird.

Während ich dieses Kapitel schrieb, suchte mich eine Dame auf, um sich Rat zu holen. Wie sie freimütig bekannte, lebte sie in ständiger Furcht, eines Tages ihre Wohnung ausgeraubt vorzufinden. Eines Sonntags, als sie gerade in der Kirche weilte, war es dann soweit. Die Einbrecher fuhren am hellen Tag mit einem Lastwagen direkt vor ihr Haus. Mit einer beispiellosen Dreistigkeit luden sie ihre kostbaren Möbel auf und fuhren auf Nimmerwiedersehen davon. Man hatte sie restlos ausgeraubt.

Ihre beständige Furcht – morgens, mittags und abends – war natürlich der wahre Dieb, und ihr Unterbewußtsein hatte es Wirklichkeit werden lassen. Das Gesetz ist völlig unpersönlich – es sieht, wie es in der Bibel heißt, die Person nicht an. Dieb und Bestohlener kommen zwangsläufig zusammen aufgrund ihrer mentalen Beschaffenheit. Wenn Sie in Furcht vor Einbruch und Diebstahl leben, dann nützen Ihnen auch die besten Alarmanlagen der Welt nichts. Jetzt wendet sie regelmäßig den großen Psalm des Schutzes – den 91. Psalm[1] – an und baut sich damit eine absolute Immunität gegen jegliches Ungemach auf.

---

[1] *Finde Dein höheres Selbst – Lebe Dein wahres ICH,* Verlag PETER ERD

Sorgen Sie dafür, daß alle Gedanken, die Sie in Ihrem Gemüt beherbergen, harmonisch, friedvoll, liebevoll und auf Gott gegründet sind. Vertrauen Sie auf Gott. Bedenken Sie, daß Sie nur von ihm abhängig sind, der eigentlichen Quelle aller Segnungen. Sobald Ihre Gedanken Gottes Gedanken sind, haben Sie die gesamte Macht Gottes auf Ihrer Seite.

»Von der Seele der Körper die Form sich nimmt, denn die Seele ist Form, die den Körper bestimmt.«

Die Macht der Heilungssuggestion

Dr. Warren Evans, der um das Jahr 1850 ein Schüler von Phineas Parkhurst Quimby war, berichtete in einem Artikel von einem interessanten historischen Ereignis: Bei der Belagerung von Buda im Jahre 1625, als die Garnison infolge einer erschreckend hohen Zahl von Skorbuterkrankungen bereits im Begriff stand zu kapitulieren, veranlaßte der Prinz von Oranien, daß einige Flaschen einer Scheinmedizin den Kranken als neues Wundermittel zur sicheren Heilung beschrieben wurden. Es wurde den Kranken sodann tropfenweise verabreicht und brachte die erstaunlichsten Ergebnisse.

Viele, die seit Monaten ihre Glieder nicht bewegen konnten, liefen plötzlich in den Straßen herum, aufrecht und gerade; und viele, denen es nach der Einnahme von anderer Medizin nur noch schlechter gegangen war, erholten sich innerhalb weniger Tage. Es war, wie Sie inzwischen wissen, nicht die Wirkung der verabreichten Medizin, die nicht den geringsten therapeutischen Wert besaß, sondern der Glaube und das Vertrauen der Betroffenen, die dieses erstaunliche Resultat zustande brachten.

Es wäre einfach wunderbar, wenn alle Menschen sich der unendlichen heilenden Gegenwart in ihrem Innern bewußt würden. Wenn sie einsehen könnten, daß ihr Vertrauen in diese heilende Gegenwart seinen Widerhall findet, dann würde das Wunder bewirken in ihrem Leben. Sie könnten dann ihre Imagination wissentlich einsetzen. Wenn sie sich dabei mit ihrem geistigen Auge alles das tun sehen würden, was sie mit einem gesunden Körper alles tun möchten, dann würde ihr Unterbewußtsein entsprechend reagieren. Das wäre dann der Ausdruck eines aufrichtigen Glaubens an Gott – eine Bewegung des Gemüts und des Herzens auf die unendliche Heilungsgegenwart zu, die uns erschaffen hat, und damit die belebende Verbindung mit der göttlichen Gegenwart, die uns allen innewohnt. Es würden buchstäblich Wunder geschehen, wenn wir wissend und liebevoll beteten.

Sie sind hier, um zu wachsen und sich zu entfalten

Lesen Sie den ersten Psalm. Sein Handlungsablauf ist eine großartige Beschreibung der Geschehnisse, die dem Menschen widerfahren, wenn er sich um sein spirituelles Wachstum bemüht. Hier wird uns aufgezeigt, wie der Mensch die ihm innewohnende Göttlichkeit freisetzen und sich auf höchster Ebene ausdrücken kann. *Der ist wie ein Baum, gepflanzt an Wasserbächen, der seine Frucht bringt zu seiner Zeit und dessen Blätter nicht verwelken, und alles, was er tut, gerät ihm wohl* (Psalm 1:3).

Die Analogie ist klar ersichtlich. Der Baum hat seine Wurzeln im fruchtbaren Boden, die subjektive Weisheit innerhalb des Baumes läßt seine Wurzeln alle zu seinem Gedeihen notwendigen Chemikalien aus dem Erdreich ziehen. Die Wurzeln reichen tief in den Boden hinein und gewinnen von ihm das Wasser des Lebens für den Baum.

Gleichermaßen sind auch Sie im Lebensprinzip verwurzelt, und wenn Sie sich an den unendlichen Geist in Ihrem Innern wenden und sich mental und spirituell mit dem lebendigen Geist verbinden, dann werden Sie erfrischt, revitalisiert, regeneriert und von oben her inspiriert. Der Baum des Lebens befindet sich in Ihrem Innern, und die

Früchte dieses Baumes sind Liebe, Freude, Frieden, Harmonie, Führung, rechtes Handeln und Erleuchtung. Aus Ihren inneren Tiefen können Sie alles ziehen, was Sie zu einem vollkommenen und glücklichen Leben brauchen.

Das Wort ward Fleisch

Im Anfang war das Wort, und das Wort war bei Gott, und das Wort war Gott (Joh. 1:1). Das Wort in der Bibel ist ein zum Ausdruck gebrachter Gedanke und besitzt Schöpferkraft. Es ist die einzige stofflose Macht, die wir kennen. Ihr Gedanke ist Gott insoweit, wie er eine schöpferische Macht auf der Ebene des individuellen Bewußtseins darstellt. Er ist nicht Gott im Sinne von universellem Gemüt und unendlichem Geist.

Das Wort Gottes, von dem die Rede ist, repräsentiert die Wahrheit Gottes, welcher der gleiche ist – gestern, heute und in Ewigkeit. Die Bibel sagt: ... *Sprich nur ein Wort, so wird mein Knecht geheilt werden* (Luk. 7:7).

Wenn Sie für einen anderen Menschen beten und Heilung bejahen, dann behaupten Sie, daß alles, was von Gott wahr ist, auch für den Kranken zutrifft. Sie wenden sich damit an die innewohnende Gegenwart und Macht (Gott) und verweilen gedanklich bei Gefühlen des Friedens, der absoluten Harmonie, vollkommener Schönheit, schrankenloser Liebe und unbegrenzter Macht. Denken Sie keinesfalls an Symptome, Organe oder irgendeinen Körperteil. Machen Sie sich bewußt und fühlen Sie, daß es nur eine heilende Gegenwart und Macht gibt; bejahen Sie still und liebevoll die erhebende, heilende, stärkende Kraft der unendlichen heilenden Gegenwart, die den Patienten durchströmt und ihn heilt und vollkommen macht. Wissen und fühlen Sie, daß Harmonie, Schönheit, Vollkommenheit und Liebe Gottes sich im anderen manifestieren. Schaffen Sie sich eine glasklare Realisation davon – dann senden Sie das Wort aus, das heilt.

Entfernen Sie die mentalen Blockierungen

Während meiner Tätigkeit als Lebensberater habe ich schon mit vielen jungen Menschen gesprochen. Die meisten davon waren charmant, intelligent, gut erzogen und hatten Sinn für Humor. An einem fehlte es ihnen jedoch: Sie besaßen keinerlei Selbstvertrauen. Sie erniedrigten sich selbst, um es einmal so auszudrücken. Es erwies sich dabei jedesmal, daß man ihnen in frühester Kindheit einen Minderwertigkeitskomplex eingeredet hatte. Man hatte sie dumm, zurückgeblieben und ungeschickt gescholten, und mit diesen vorgefaßten Meinungen von Schwäche und Unvermögen hatten sie nun zu leben. Sie schienen in einer negativen Illusion zu leben, die keineswegs zutraf.

Den jungen Männern empfehle ich, des Morgens in den Spiegel zu blicken und etwa fünf Minuten lang hörbar und gefühlvoll zu bejahen: »ICH BIN ein Sohn des lebendigen Gottes. Ich erhöhe Gott in meiner Mitte. Ich vermag alles durch die Gotteskraft, die mich mächtig macht.« Ich lege ihnen nahe, das regelmäßig zu praktizieren, und jedesmal, wenn sie die Versuchung ankommt, sich selbst zu kritisieren oder herabzusetzen, auf der Stelle zu bejahen: »Ich erhöhe Gott in meiner Mitte.« Das neutralisiert den negativen Gedanken und verwandelt ihn in konstruktive Energie.

Auch den jungen Frauen empfehle ich die Spiegel-Behandlung mit der Bejahung: »ICH BIN eine Tochter des Unendlichen. ICH BIN ein Kind der Ewigkeit. Gott ist mein Vater, der mich liebt und für mich sorgt.« Sobald sich eine Neigung zur Selbstkritik oder Selbsterniedrigung einstellt, bejahen sie sofort: »Gott liebt mich und sorgt für mich.«

Nach und nach verschwinden so alle in der Kindheit eingepflanzten negativen Denkmuster, bis sie schließlich völlig ausgelöscht sind. Ihre Gemüter waren diesen negativen Suggestionen im Kindesalter hilflos ausgesetzt – in einem

Alter, da ihre Gemüter noch beeindruck- und formbar waren. Zu der Zeit verfügten sie noch nicht über die erforderliche Weisheit und ein entsprechendes Unterscheidungsvermögen, um sie zurückweisen zu können.

Aus reiner Gedankenlosigkeit oder vielleicht auch Unwissenheit der Eltern wird ein Kind so manches Mal zu einem Lügner gestempelt oder als dumm und zurückgeblieben bezeichnet; man ist auf dem besten Weg, es dazu zu machen, wenn man eine solche Suggestion oft genug wiederholt. Das Kind beginnt die Suggestion zu akzeptieren, und sein Unterbewußtsein, als Sitz der Gewohnheit und seinem Wesen nach kompulsiv (zwanghaft), bringt diese Überzeugung zum Ausdruck.

Eine Vorstandssekretärin in einem größeren Betrieb beklagte sich einmal bei mir, daß ihre Bürokolleginnen alle möglichen Lügen über sie verbreiteten. So beschuldigte man sie sexueller Abirrungen der verschiedensten Art, um ihren Ruf zu ruinieren, und erzeugte damit viel Feindseligkeit und Übelwollen im Betrieb.

Ich riet ihr dringend, diesen Lügen nicht die geringste Beachtung zu schenken. Dieser übelwollende Klatsch hatte aus sich heraus keinerlei Macht und schöpferische Kraft. Sie hingegen verfügte durchaus über die Macht, diese üblen Suggestionen zurückzuweisen und sie zu ignorieren. Sie begann über die innere Bedeutung des 91. Psalms nachzusinnen und bejahte diese großen Wahrheiten Tag für Tag. Sie besaß den Mut und die Charakterstärke, sich voll und ganz auf die unendliche Gegenwart in ihrem Innern zu verlassen. Die übelwollenden Kolleginnen mußten sehr bald einsehen, daß ihre negativen Einflüsterungen nicht die geringste Wirkung zeitigten.

Die Folgeerscheinung war recht interessant: Diejenigen, welche diese Gerüchte in Umlauf gesetzt hatten, wurden versetzt, und die Chefsekretärin gab den anderen ihre Verlobung mit dem Präsidenten der Gesellschaft bekannt.

Das folgende Gebet wandte sie häufig an:

»*Gott ist alles, was ist. Einer mit Gott stellt eine Mehrheit dar. Wenn Gott für mich ist, wer mag wider mich sein?* (Röm. 8:31)

Ich weiß und ich glaube, daß Gott der lebendige allmächtige Geist ist – der ewige Eine, der allweise Eine – und daß es keine Macht gibt, die Gott herausfordern kann. Ich weiß – und das akzeptiere ich vollkommen –, daß, sobald meine Gedanken Gottes Gedanken sind, die gesamte Macht Gottes mit mir und meinen Gedanken des Guten ist. Ich weiß: ich kann nichts empfangen, was ich nicht gebe, und ich gebe Gedanken voller Liebe, Frieden, Licht und Wohlwollen an meine Umwelt und an alle Menschen. Ich bin immunisiert und Gott-durchtränkt und immer umgeben vom heiligen Kreis der Liebe Gottes. Die gesamte Rüstung Gottes umgibt und umhüllt mich. Ich werde göttlich geführt und geleitet, und ich erfreue mich meines Lebens. *In deiner Gegenwart ist Freude die Fülle und Wonnen zu deiner Rechten ewiglich* (Psalm 16:11).[1]

---

[1] *Finde Dein höheres Selbst – Lebe Dein wahres ICH*, Verlag PETER ERD

8. KAPITEL

Erfüllen Sie sich Ihre Wünsche

Gott ist immer bestrebt, sich durch Sie auszudrücken. Gott spricht zum Menschen, indem er ein Begehren schafft. Wenn Sie krank sind, begehren Sie Gesundheit; sind Sie arm, dann begehren Sie Wohlstand; sind Sie gefangen, dann begehren Sie Freiheit; haben Sie sich im Dschungel verirrt, dann begehren Sie einen Ausweg und Sicherheit.

Die Verwirklichung Ihres Begehrens ist Ihr Erlöser. Ein jeder Mensch ist sein eigener Erlöser, und jeder Mensch beantwortet sein Gebet selbst, weil sich alles, was er wirklich glaubt, auch verwirklicht. Sie haben das Begehren zu wachsen, sich auszudehnen, sich zu entfalten und Ihren Herzenswunsch zu erfüllen. Sie begehren, morgen größer zu sein als heute.

Sind Sie Musiker, dann wollen Sie kein mittelmäßiger Musiker sein; Sie wollen zur Spitzenklasse gehören, damit Sie mit Ihrer Musik die Seelen der Menschen anrühren. Wissenschaftler begehren mehr über den genetischen Kodex zu erfahren; andere Wissenschaftler vertiefen sich in die Geheimnisse des Atoms. Ihr Begehren oder ihr Hunger nach mehr Wissen über die kosmischen Gesetze oder die Geheimnisse des Universums gereichen der Menschheit auf vielfältige Weise zum Segen. Der Drang, sich auszudrücken besteht in allem, überall.

Ihr inständigstes Begehren

Ihr wirklich inständigstes Begehren ist es, Ihren wahren Selbstausdruck im Leben zu finden und somit das zu tun, was Sie tun möchten. Göttlich glücklich und göttlich gedeihlich. Sie mögen über viele Talente und Begabungen verfügen – vielleicht sind es sechs Dinge, sechs Fähigkeiten, in denen Sie ganz ausgezeichnet sind. Es gibt jedoch eines, das Sie mit Sicherheit besser vollbringen als die übrigen sechs, und das ist dann Ihr wahrer Platz oder Ihr wahrer Selbstausdruck.

Ihr höheres Selbst kennt alle Ihre Talente und wird Ihnen die Antwort offenbaren. Bejahen Sie: »Die unendliche Intelligenz in meinem Innern zeigt mir meinen wahren Platz im Leben. Ich folge dem Hinweis, der klar und deutlich in meinen wachbewußten Verstand gelangt.« Dieser Hinweis wird mit Sicherheit kommen. Folgen Sie ihm. Sie haben den Wunsch nach Selbstausdruck auf höchster Ebene, Sie wollen Ihre Befähigungen im höchsten Grade zur Geltung bringen, und Sie wünschen sich die angemessene Kompensation in Form eines schönen, wohlverdienten Einkommens.

Begehren ist naturgemäß und gottgegeben

Vor einigen Jahren zählte eine junge Spanierin zu meinem Bekanntenkreis, die damals als Verkäuferin in einem großen Kaufhaus arbeitete. Bei einer Beratung eröffnete sie mir, daß es ihr größter Wunsch im Leben sei, Sängerin zu werden. Sie hatte eine recht hübsche, ausgebildete Stimme, dennoch war es ihr nicht gelungen, einen Vertrag für Fernsehen, Rundfunk oder Nightclubs zu bekommen. Sie erhielt nichts als Ablehnungen. Verständlicherweise war sie darüber sehr frustriert und in denkbar schlechtester Gemütsverfassung.

Sie konnte begreifen, daß der unterdrückte Wunsch, Sängerin zu werden und sich damit einen völlig neuen Lebensbereich zu erschließen, ihr nur Magengeschwüre bringen konnte, solange er unterdrückt blieb. Deshalb änderte sie ihre Einstellung, und ihre veränderte Einstellung änderte auch alles andere. Sie wandte sich an ihr höheres Selbst und bejahte: »Der unendliche Geist gab mir dieses

Begehren, Sängerin werden zu wollen, ein. Er wird mir auch den Weg zu vollkommenem Ausdruck öffnen, nach göttlichem Gesetz und in göttlicher Ordnung.« Dabei achtete sie sehr genau darauf, das Bejahte nicht zwischenzeitlich wieder zu verneinen.

Kurz nachdem sie mit dieser Gebetstherapie begonnen hatte, wurde sie von einem spanischen Club zu einem Gastspiel eingeladen. Das war der Anfang einer neuen Karriere mit größerem Einkommen, größerem Prestige und vor allem der Möglichkeit, ihrem wahren Talent Ausdruck zu geben.

Selbsterhaltung

Selbsterhaltung ist das erste Gesetz des Lebens, was bedeutet, daß es das erste Begehren des Lebens ist, sich selbst zu erhalten und in allen Bereichen auszudehnen. Ihr Begehren zu sein, zu tun, zu haben und sich selbst auszudrücken, um das Leben voll und ganz auszuleben, ist ein machtvoller Trieb.

Das sexuelle Begehren ist Ihnen eingegeben zum Weiterbestehen der Menschheit. Sex ist eine Liebeshandlung und darf niemals dazu herhalten, einen anderen Menschen zu verletzen oder bei ihm Schuldgefühle hervorzurufen. Er sollte immer auf gegenseitiger Liebe, Freiheit und auf Respekt beruhen. Sie können einem jeden Ihrer Begehren einen gesunden Ausdruck geben.

Begehren ist das Geschenk Gottes

Begehren ist etwas Grundlegendes im Leben. Begehren ist! Es ist unmöglich, sich des Begehrens zu entledigen. Wenn Sie hungrig sind, begehren Sie Nahrung; sind Sie durstig, begehren Sie Wasser. Thomas Alva Edison wurde einmal gefragt, was Elektrizität eigentlich sei. Seine Antwort: »Elektrizität ist. Wenden Sie sie an.«

Die elektrische Kraft läßt sich auf vielfältige Weise zum Segen der Menschheit anwenden. Andererseits kann man sie aber auch negativ anwenden – man kann mit ihr einen Menschen töten. Jede Kraft läßt sich auf zweierlei Arten anwenden. Sie sollten daher niemals – unter keinen Umständen – etwas begehren, das einem anderen gehört, gleichgültig, um was es sich handelt – sein Job, seine Frau, sein Haus oder was auch immer. Neid und Habgier ziehen Verlust an! Wenn Sie einen anderen Menschen beneiden oder wenn es Sie nach seinem Eigentum gelüstet, dann ziehen Sie sich damit Verlust, Mangel und Begrenzung jeglicher Art zu. Sie erfahren Rückschläge auf der ganzen Linie. Denn immerhin sagen Sie sich doch: »Er kann sich alles das leisten, aber ich nicht.« Damit verleugnen Sie Ihren göttlichen Wesenskern – Sie wollen Ihre eigene Göttlichkeit nicht wahrhaben. Einen anderen im Geiste bestehlen, heißt sich selbst bestehlen.

Dieser Verlust kann auf vielfältige Weise zutage treten: Verlust von Gesundheit, Prestige, Förderung, Liebe oder Geld. Es gibt da keine Grenzen, der Möglichkeiten gibt es viele, die Wege und Zusammenhänge sind unergründlich. Übrigens: Sie begehren ja gar nicht die Position des anderen. Was Sie in Wirklichkeit wollen, ist eine gleichartige Position – mit den gleichen Privilegien und gleichen Verdienstmöglichkeiten.

Die unendliche Intelligenz kann Ihnen jederzeit neue Türen des Selbstausdrucks öffnen, sobald Sie sich an sie wenden. Sie werden eine Antwort erhalten.

Unterdrücktes Begehren

In einigen fernöstlichen Lehren werden die Schüler angewiesen, ihre Wünsche und Begehren bewußt zu unterdrücken. Das ist selbstverständlich sehr töricht und hat katastrophale Konsequenzen. In diesem Zusammenhang sagte mir einmal eine Frau allen Ernstes, sie strebe einen

Zustand absoluter Wunschlosigkeit an, denn dann wäre sie befreit. Diese Dame war jedoch der frustrierteste und neurotischste Mensch, der mir jemals in einem Ashram begegnet war.

Ich stellte ihr eine einfache Frage: »Wünschen Sie nicht eine Tasse Kaffee am Morgen? Wenn sie musikalisch sind, wünschen Sie dann nicht, andere mit ihrem Spiel froh zu stimmen? Würden Sie als Ärztin nicht wünschen, Schmerzen und Leiden zu lindern? Oder wenn Sie Farmer wären, würden Sie sich dann nicht eine gute Ernte und Nahrung für Ihre Kinder wünschen?«

Er wünschte sich eine College-Bildung

Ein junger Mann hatte seinem Arbeitgeber Geld entwendet, der Diebstahl konnte ihm nachgewiesen werden, daraufhin war er fristlos entlassen worden. Als Begründung für seine Tat machte er mir gegenüber geltend, daß er das Geld zur Finanzierung seiner College-Ausbildung benötigt hatte. Dieser junge Mann hatte sein Begehren fehlgeleitet. Der Wunsch, sich eine College-Bildung zu erwerben, ist keineswegs etwas Unrechtes. Ich machte ihm klar, daß Gott ihm diesen Wunsch – dieses Begehren – eingegeben und ihn daher auch nicht zum Narren gehalten hatte. Er verfügte vielmehr über die unbegrenzte Kapazität, sich an die innere Gottesgegenwart zu wenden und sein Gutes zu beanspruchen. Gott als Quelle und Ursprung allen Geschehens – so sagte ich ihm – würde ihm auf irgendeine Weise den Weg dazu eröffnen.

Ich gab ihm das folgende einfache Gebet: »Gott ist die Quelle meiner Versorgung, und Gottes Reichtümer zirkulieren frei und ungehindert in meinem Leben. Es ist immer ein göttlicher Überschuß vorhanden. Gott eröffnet mir den Weg zu einem College-Besuch. Alles geschieht in göttlicher Ordnung.«

Ich erklärte ihm, daß sein Begehren an und für sich gut

war, daß er es lediglich fehlgeleitet und damit das Gesetz des Geistes mißbraucht hatte. Um weiterzukommen, muß man einen anderen Menschen nicht bestehlen, berauben oder verletzen. Mit einer solchen Handlungsweise zieht man sich selbst alle Arten von Verlust und Begrenzung zu. Der bloße Gedanke, einem anderen etwas nehmen zu wollen, offenbart Mangelbewußtsein, das dann noch durch Schuldgefühle ergänzt wird. Alles das zieht destruktive Folgen nach sich.

Mit dem empfohlenen Gebet wandte er das Gesetz nunmehr auf konstruktive Weise an, und ein Weg tat sich vor ihm auf: Er gewann ein Stipendium und war sich nun der eigentlichen Quelle aller Segnungen bewußt.

Durchdenken Sie die Dinge

Wenn Sie überhaupt nichts begehren würden, dann könnten Sie auch keinerlei Auswahl treffen. Sie sind jedoch ein wählerisches, mit Willensfreiheit ausgestattetes Wesen. Hätten Sie keinen eigenen Ermessensspielraum, könnten Sie nicht auswählen, dann würden Sie nicht wachsen. Sie könnten dann überhaupt nichts tun. Genaugenommen würden Sie nicht existieren. Hätten Sie kein Begehren, dann gäbe es nichts, das Ihr Interesse erregen könnte. Sie wären dann tot und unempfindlich für Liebe, Frieden, Freude, Lachen und für jegliche Motivation. Sie würden welken – spirituell, emotional und physisch. Sie wären gewissermaßen keine lebendige Wesenheit.

Ein Begehren zu unterdrücken oder auszulöschen käme praktisch einem spirituellen Selbstmord gleich. Begrüßen Sie Ihre Wünsche! Heißen Sie jedes Begehren willkommen – jedes Begehren nach Gesundheit, Glück, Frieden, Freude und wahrem Selbstausdruck. Sie sind hier, um allen Qualitäten, Attributen und Kräften Gottes Ausdruck zu geben. Sie sind hier, um mit jedem Tag mehr von Ihrer eigenen Göttlichkeit zu offenbaren. Sie sind hier, um zum

Wohlergehen der Menschheit beizutragen und die Welt lebenswerter zu machen. Sie sind hier, um Gott zu verherrlichen und sich seiner Werke zu erfreuen immerdar.

Es gibt eine Antwort

Sie müssen bedenken, daß Begehren die motivierende Kraft hinter allem Fortschritt und jeglicher Entwicklung in Wissenschaft, Kunst, der Industrie und allen Lebensbereichen ist. Es ist das bewegende Prinzip hinter jeder Leistung, jeder Errungenschaft. Für jeden wirklichen Herzenswunsch gibt es auch eine Antwort. Es gibt einen rechten Weg, Ihr aufrichtiges Begehren zu erfüllen. Sie könnten überhaupt nichts begehren, wenn die Erfüllung für dieses Begehren nicht bereits existierte. Seien Sie sich im klaren, daß der unendliche Geist, der Ihnen Ihr Begehren eingab, Ihnen auch den Plan zu seiner Entfaltung offenbaren wird, nach göttlichem Gesetz und in göttlicher Ordnung.

Paulus sagte: *Denn Gott ist es, der in euch sowohl das Wollen als das Vollbringen wirkt um seines Wohlgefallens willen* (Phil. 2:13). Ihr Begehren ist es, an Weisheit zuzunehmen. Dieses Begehren stammt von Gott, dem Lebensprinzip in Ihrem Innern, das Sie antreibt, auf der Leiter des Lebens höher zu steigen und sich auf höheren Ebenen auszudrücken. Unterdrücken Sie niemals ein Begehren. Das würde einer Unterdrückung des Lebensprinzips selbst gleichkommen. Das wäre ebenso töricht wie eine Unterdrückung des Atmens oder des Durstgefühls. Würden Sie sich etwa weigern, zu atmen oder Wasser zu trinken? Ganz gewiß nicht, das hätte nämlich ein baldiges Ableben zur Folge.

Die Goldene Regel

Jede große Religion – durch alle Zeitalter – hat die Goldene Regel gelehrt. Diese Regel besagt schlicht und einfach, daß wir jedem Wesen Gesundheit, Glück, Frieden, Wohlergehen und alle Segnungen des Lebens wünschen sollen. Wir sind hier, um zu dienen und der Welt von unseren Talenten und Fähigkeiten zu geben. Die Freude liegt im Dienen. Anderen edel, großzügig und liebevoll zu dienen, läßt Ihr Gutes tausendfältig zu Ihnen zurückkehren; darüber hinaus wird Ihnen Anerkennung, Ehre und reichhaltige finanzielle Kompensation zuteil für eine wohlgetane Arbeit.

Halten Sie in Ihrem Lebensbereich nach einem Bedarf Ausschau, und sorgen Sie für Abhilfe. Die Welt wird Sie reich belohnen. Wo Sie auch sind, was Sie auch tun, Sie können immer anderen helfen, sich selbst zu helfen. Sie können immer Transfusionen des Glaubens und Vertrauens verabreichen, an alle, die es wünschen. Sie können immer Freude und Frohsinn schenken und die Göttlichkeit im anderen Menschen erhöhen, ganz gleich, um wen es sich handelt. Eine solche Gemütshaltung wird Ihnen hohe Dividenden einbringen.

Sie fand einen Bedarf

Bei einem Gastvortrag in der St. Louis Church of Religious Science erzählte mir eine junge Dame, die drei Jahre zuvor aus Peru gekommen war und eine Zeitlang als Übersetzerin in einem Büro gearbeitet hatte, daß viele Menschen es damals bedauert hatten, kein gutes spanisches Restaurant in der Nähe zu haben. Da sie in Lima bereits als Köchin gearbeitet hatte und auch mit der Leitung eines Restaurants vertraut war, ließ sie diese Leute wissen, daß sie sich durchaus in der Lage sähe, dem abzuhelfen. Daraufhin entschlossen sich zwei von ihnen, ihr den finanziellen Rückhalt zu geben, und seither ist sie sehr erfolgreich.

Mentale und spirituelle Nahrung ist ebenso notwendig wie physische. Nahrung für den Körper ist eine notwendige Voraussetzung, denn es dürfte recht schwierig sein, einem hungrigen Menschen die großen Wahrheiten des Lebens schmackhaft zu machen. Göttliche Gedanken und Inspirationen sind jedoch ebenso unverzichtbar wie Brot und Fleisch. Außerdem müssen Sie lieben und geliebt werden, um wirklich zu leben.

Sie werden gebraucht

Jeder Mensch möchte das Gefühl haben, erwünscht zu sein und gebraucht zu werden. Er möchte seinen wahren Platz im Leben einnehmen. Er möchte die Reichtümer des Lebens genießen und über die erforderlichen Geldmittel verfügen können, um alles das zu tun, was er gern tun möchte, wann immer er das möchte. Geld ist ein Symbol für Freiheit, Luxus, Verfeinerung, Überfluß und Sicherheit.

Blicken Sie auf die Quelle aller Segnungen, und bejahen Sie aus unendlicher Sicht: »Gottes Reichtum – spirituell, mental, materiell und finanziell – zirkuliert in meinem Leben, und es ist immer ein göttlicher Überschuß vorhanden.« Die unendliche Intelligenz in Ihrem Innern wird darauf reagieren, gemäß dem universellen Gesetz von Ursache und Wirkung.

Jeder Mensch ist auf seine Weise einzigartig und hat das Bedürfnis, sich auf seiner höchsten Ebene auszudrücken, zum Wohlergehen und zur Erfüllung der Hoffnungen anderer beizutragen. Dann wird er gedeihen. Eine alte Hindu-Maxime besagt: »Hilf dem Boot deines Bruders hinüber, und siehe, auch das deine hat das Ufer erreicht.« Der verdienstvollste und wahrhaft erfolgreiche Mensch ist derjenige, welcher unentwegt seinen Mitmenschen behilflich ist, ihre Herzenswünsche zu erfüllen.

Die zwei Brüder

Zwei Brüder, die zusammen ein Geschäftsunternehmen gegründet hatten, waren einige Jahre lang recht erfolgreich. Dann jedoch ließen sie sich auf gewagte Spekulationen ein und verloren ihr gesamtes Vermögen, einschließlich ihrer Firma und ihrer privaten Ersparnisse. Ihre Verbindlichkeiten überstiegen die Summe von 50.000 Dollar, und sie gingen in Konkurs.

Einer der beiden, mit dem ich längere Gespräche geführt hatte, bewies eine sehr gesunde Einstellung. Er meinte: »Ich habe Geld verloren. Dann werde ich es eben wieder verdienen und wieder eine Firma gründen. Ich habe eine gute Lektion gelernt, die sich im Endeffekt bezahlt machen wird. Immerhin habe ich nur Geld verloren, aber nicht meinen Glauben, mein Vertrauen oder meine Fähigkeit, mich zu erheben und zu wachsen. Ich habe viel zu bieten, und ich werde wieder ein gewaltiger Erfolg sein.«

Er nahm eine Vertreterposition bei einer Generalagentur an und hatte dank seiner glänzenden Verbindungen keinerlei Schwierigkeiten, seiner Firma neue Etats zu verschaffen.

Dann berichtete er mir von seinem Bruder, dessen Einstellung eine völlig entgegengesetzte war. Offensichtlich empfand dieser seinen Verlust als Demütigung und unerträgliche Schande. Jeder, der ihm begegnete, bekam seine Leidensgeschichte aufgetischt, allen anderen gab er die Schuld, seine eigenen Fehler und Irrtümer wollte er nicht einsehen. Seine Freunde und Bekannten begannen daraufhin, ihn zu meiden, und seine Gesundheit ließ merklich nach. Spirituelle Hilfe und Beratung lehnte er ab. Sein falscher Stolz ließ ihn schließlich zu einem Sozialfall werden.

Hier haben wir also zwei Brüder, die beide das gleiche Unglück erfahren hatten. Beide hatten den gleichen Verlust hinnehmen müssen. Während der eine jedoch in jeder Weise konstruktiv reagierte, war das Verhalten des anderen durch und durch negativ mit dem Gefühl absoluter Hoffnungslosigkeit. Nicht das, was uns jeweils widerfährt ist es, was zählt, sondern allein unsere Reaktion darauf. Und die kann entweder konstruktiv oder negativ sein. Der eine der beiden Brüder gebrauchte seinen Verstand und setzte seine Imagination sinnvoll ein. Er versah sein Gemüt mit neuen Denkmodellen, konnte Möglichkeiten für die Zukunft entdecken und baute sich ein besseres Leben auf den Flügeln des Glaubens und der Imagination. Er machte die Erfahrung, daß Erfolg und Wohlstand Bewußtseinszustände sind.

Schöpferische Imagination

Die schöpferische Imagination ist ein wunderbares spirituelles Wesensmerkmal. Alle großen Entdeckungen und jeder Erfindergeist entsprangen einer disziplinierten Imagination. Wenn alle Welt sagte: »Es geht nicht«, dann sagten Menschen mit einer schöpferischen Imagination: »Es ist getan.«

Der Höhlenmensch war zu seiner Zeit hilflos der Gnade oder Ungnade der Natur und wilder Tiere ausgeliefert, seine aufkeimende Imagination ließ ihn jedoch bestimmte Keulen, Steinschleudern oder andere Vorrichtungen fertigen, mittels derer er sich gegen Angriffe zur Wehr setzen konnte. Die unvorstellbaren Herausforderungen, denen sich der primitive Mensch ausgesetzt sah, zwangen ihn, alle Arten einfacher Waffen und Werkzeuge zu ersinnen, mit denen er sich schützen konnte. Er entzündete ein Feuer, um sich zu wärmen und sein Mahl zu bereiten, und er entdeckte schließlich das Rad, das in der Folge der Menschheit auf vielfältige Weise von Nutzen sein sollte. Der Bereich der schöpferischen Imagination ist in der Tat unermeßlich, grenzenlos und unendlich.

Sie wünschte sich ein Haus

Eine Witwe mit einem zehnjährigen Sohn wünschte sich ein Haus in der Nähe ihres Arbeitsplatzes in Newport. In ihrer schöpferischen Imagination sah sie sich die Möbel arrangieren und mit ihrem Jungen durch den Garten gehen. Sie hatte eine genaue Vorstellung von den Räumlichkeiten und sah sich oftmals ihre engeren Freunde durch das Haus führen. Ganz besonders wünschte sie sich einen Kamin. Sie spürte seine wohlige Wärme und gab sich ganz dem Gefühl der Behaglichkeit hin, mit dem sich der Gedanke an ein Kaminfeuer assoziiert. Kurz: Sie verhielt sich ganz so, als besäße sie ihr Traumhaus bereits. Sie wußte, daß ihre Bejahungen ihr dieses Haus bringen würden, so sicher, wie die Nacht auf den Tag folgt. Alles das gründete sich auf ihren Glauben, daß ... *Alles, um was ihr betet und bittet, glaubt nur, daß ihr es empfangen habt, und es wird euch zuteil werden* (Mark. 11:24).

Einige Monate vergingen, dann machte ihr ein junger Mann in ihrer Firma einen Heiratsantrag. Sie nahm an und konnte zu ihrer Freude feststellen, daß sein Haus ein genaues Abbild dessen war, was sie sich zwei Monate lang vorgestellt hatte. Es entsprach in allen Einzelheiten dem Haus, das sie in ihrer schöpferischen Imagination bereits bewohnt hatte. Ein Haus ist ein Denkmodell in Ihrem Gemüt.

Es gibt einen leichten Weg

Viele Menschen meinen, nur vorwärtskommen zu können, wenn sie andere beiseite stoßen, über sie hinwegsteigen, Ellenbogen gebrauchen und sie auf jede erdenkliche Weise austricksen. Alles das ist völlig falsch. Materialistisch betrachtet, können Sie auf eine solche Weise wohl eine Zeitlang erfolgreich sein, das Gesetz von Aktion und Reaktion wird Sie aber sehr bald eingeholt haben, und die Anspannungen, Konflikte und Schuldgefühle werden sich sehr rasch als Beschwernisse oder Verluste vielfältigster Art niederschlagen – in Ihrem Körper und Ihren Belangen.

Einen anderen verletzen heißt sich selbst verletzen.

Einem anderen Schaden zufügen heißt sich selbst Schaden zufügen. Damit zieht man Verlust, Mangel, Begrenzung und Verarmung an. Wenn Sie andere beneiden und versuchen sie zu »unterminieren«, dann werden Sie in dieser Mine kein Gold finden, sondern nur Unrat.

Entwickeln Sie eine lebhafte Imagination, gestützt auf den Glauben an Gott. Dann werden Sie sich vorwärts und aufwärts bewegen und Großes vollbringen. Mussolini, Stalin, Hitler und andere Diktatoren gebrauchten die Schöpferkraft der Imagination zur Zerstörung anderer. Damit führten sie letztlich ihre eigene Zerstörung herbei. Ihre Selbstzerstörung war, wenn man so will, ein voller Erfolg.

Das Licht in Ihrem Innern

Vor Jahren las ich eine Rede König Georgs von England, in der er das folgende Dichterwort zitierte: »Ich sprach zu dem Wächter am Tor des Jahres: ›Gib mir ein Licht, auf daß ich gesichert das Unbekannte betreten kann‹, und er erwiderte: ›Geh hinaus in die Dunkelheit und lege deine Hand in die Hand Gottes. Das wird besser sein als ein Licht und sicherer als ein wohlbekannter Weg.‹«

Mit dem Licht ist die höchste Intelligenz in Ihrem Innern gemeint, die alles weiß und alles sieht. Wenn Sie sich diesem inneren Licht zuwenden, dann wendet es sich auch Ihnen zu und führt Sie zu grünen Auen und stillen Wassern.

Sein geistiges Bild von seiner Tochter

Die Tochter eines Arztes war schwer erkrankt. In der Klinik wurde sie von erstklassigen Ärzten und Schwestern betreut. Dennoch schlug die Behandlung bei ihr nicht so an, wie sie es nach medizinischen Erkenntnissen eigentlich sollte.

Ich empfahl dem Vater, mehrmals am Tag sein Gemüt

zur Ruhe zu bringen und sich seine Tochter vorzustellen, wie sie mit einem liebevollen Glanz in den Augen sagte: »Daddy, ich bin vollkommen geheilt. Nimm mich mit heim.« Diesen Mentalfilm ließ er immer wieder in seinem Gemüt ablaufen. Kurz darauf rief ihn der Kollege, der sein Kind behandelte, an, um ihm mitzuteilen, daß eine bemerkenswerte Besserung eingetreten sei. Er meinte: »Die Temperatur ist heruntergegangen, und ihr Zustand hat sich auch sonst in jeder Weise normalisiert. Sie kann jetzt nach Hause entlassen werden.«

Dieser Vater erlebte alles das in Wirklichkeit, was er zuvor geistig gesehen und gehört hatte. Das war absolut konstruktive Anwendung der schöpferischen Imagination und der natürliche Widerhall des Lebens.

Sie sind immer imaginativ

Jeder Mensch verfügt über die Befähigung der Imagination – der bildhaften Vorstellungskraft. Sie ist die primäre Befähigung, die wir in uns haben. Stellen Sie sich nur das vor, was – wie Paulus sagte – liebenswert und wohllautend ist. Wenn Ihre Mutter beispielsweise im Krankenhaus darniederliegt, dann stellen Sie sich vor, sie gesund und munter daheim zu sehen, bei all den Tätigkeiten, denen sie sich in gesundem Zustand widmet. Hören Sie ihre Stimme, stellen Sie sich vor, wie sie Ihnen von ihrer wunderbaren Heilung berichtet. Gestalten Sie das Ganze so real und lebhaft wie möglich, und freuen Sie sich über den glücklichen Ausgang. Dann werden Sie Ihre Überzeugung voll und ganz bestätigt finden.

Mißbrauch der Imagination

Viele Menschen finden anscheinend großen Gefallen daran, Mordgeschichten zu lesen, sich Horrorfilme anzusehen und gedanklich bei nackter Gewalt, Bösartigkeit,

Mord und Totschlag und den Abartigkeiten von Mördern und Sittlichkeitsverbrechern zu verweilen. Oft genug leiden sie dann des Nachts unter den schlimmsten Alpträumen.

Wenn gebildete Menschen sich einer solchen Lektüre widmen oder sich solcherart morbide Filme ansehen, dann geschieht das zumeist, weil ihnen das eine Art Ersatz bietet. Innere Feindseligkeit und unterdrückter Zorn finden so einen Auslaß. Dieses Ersatzgemetzel in ihrem Gemüt bringt ihnen jedoch letztlich alle Arten von inneren Konflikten und physischen Störungen. Es sind also höchst destruktive Emotionen.

Es macht sich auf jeden Fall bezahlt, sein Gemüt von Morbiditäten und Grausamkeiten frei zu halten. Verschaffen Sie sich an ihrer Stelle Visionen von schönen Dingen – von allem, was lieblich, ehrbar und wohllautend ist.

Weshalb der Redner versagte

Ein junger Absolvent eines Lehrbeauftragten-Seminars wurde gebeten, für einen anderen Geistlichen einzuspringen und am Sonntagmorgen den Gottesdienst zu übernehmen. Wie er mir freimütig eingestand, hatte er ganz fürchterliches Lampenfieber. In seinem Gemüt unterhielt er Mentalbilder von Niederlagen, Fehlschlägen und Demütigungen. Mal stammelte er, mal war ihm die Zunge wie festgeklebt, dann wiederum hatte er heftige Schweißausbrüche und völlig vergessen, was er eigentlich sagen wollte. Diese Mentalbilder waren jedoch seine eigenen Geschöpfe. Die Zuhörer waren ihm keineswegs feindlich gesinnt – sie waren ganz im Gegenteil freundlich und erwartungsvoll.

Auf meinen Rat hin kehrte er die gesamte Prozedur um und machte sich bewußt, daß der Geist in ihm zum Geist in jedem einzelnen Gemeindemitglied sprach. Er stellte sich einen Kreis von Licht und Liebe vor, der die ganze Zuhörerschaft umhüllte. Er bejahte: »Gott denkt, redet und handelt durch mich, und ich strahle Liebe, Frieden und guten Willen auf alle Menschen aus.« Er stellte sie sich alle mit lächelnden, strahlenden Gesichtern vor. Er hörte viele von ihnen sagen: »Das war aber eine wundervolle Predigt.« Er stellte sich vor, wie ihm Mitglieder des Kirchenvorstands gratulierten. Diese Bejahung hielt er während der ganzen Woche aufrecht. Am darauffolgenden Sonntag wurde er von der Gemeinde freundlich empfangen und hielt einen ausgezeichneten Vortrag. Er hatte von seiner Imagination weisen Gebrauch gemacht.

Eine alte mystische Legende

Das Geschehen in der Bibel ist von ihren Verfassern in Gleichnissen, Fabeln, Mythen und Parabeln dargestellt worden, um die in ihr enthaltenen psychologischen und spirituellen Wahrheiten klar hervorzuheben. Die folgende Geschichte las ich einmal vor vielen Jahren – ich möchte sie jetzt in unserer Alltagssprache wiedergeben:

Der Legende nach hielten die Götter vor Millionen von Jahren eine Geheimversammlung ab. Sie wollten einen Beschluß fassen, auch den gewöhnlichen Menschen an der Wahrheit teilhaben zu lassen. Der Mensch sollte über die verborgene Weisheit aller Zeitalter verfügen können, damit er zum ersten Mal erkennen konnte, daß der allmächtige Gott, der alles erschaffen hat und allweise ist, sich in seinem Innern befindet und die eigentliche Realität des Menschen darstellt. Der erhabene Beschluß wurde gefaßt, das »Juwel der Wahrheit« sollte dem Menschen zuteil werden.

Einer der jüngeren Götter bestürmte die älteren, doch ihm die Gelegenheit zu geben, der Menschheit das kostbare Juwel zu überreichen, um sich verdient zu machen und des Segens der älteren Götter teilhaftig zu werden. Die Erlaubnis wurde erteilt, und überglücklich machte sich der junge Gott auf den Weg. Als er jedoch gerade im Begriff war, die Erde zu berühren, stolperte er, und das »Juwel der Wahrheit« fiel auf den Boden und zerbrach in Stücke. Tausende und Abertausende seiner Splitter wurden über die ganze Erde verstreut. Und das brachte dem Planeten Erde eine unbeschreibliche Verwirrung, denn von nun an glaubte jeder, der ein paar armselige Splitter gefunden hatte, er allein besäße die ganze Wahrheit.

Diese Story ist in etwa die Essenz der alten Legende. Heute haben wir auf der ganzen Welt unzählige Lehrmeinungen, Dogmen, Zeremonien und Rituale. Daneben dann noch alle Arten von Kirchen und Sekten. Sie alle behaupten, die Wahrheit zu besitzen. Ein Monopol auf die Wahrheit gibt es jedoch nicht. Niemand besitzt ein Monopol auf die Wahrheit. Gott ist Wahrheit – der gleiche, gestern, heute und in Ewigkeit. Man kann der Wahrheit kein Etikett aufdrücken.

Die alten Weisen sagten: »Wenn du es benennst, dann kannst du es nicht finden, und wenn du es findest, kannst du es nicht benennen.« Religio bedeutet »zurückbinden«. Das Wurzelwort von Religion ist demnach »binden«. Das, was Sie bindet, ist Ihre wahre Religion. Ihre vorherrschende Idee von Gott ist Ihre Religion. Millionen Menschen auf der Welt werden von der Furcht beherrscht; andere wiederum von purem Aberglauben.

Ihre dominierende Idee oder Überzeugung beherrscht alle geringeren Gedanken, Ideen und Meinungen. Wahre Religion bedeutet, an Gott zurückgebunden zu sein. Inthronisieren Sie einen Gott der Liebe in Ihrem Gemüt, und lassen Sie all Ihre Gedanken, Gefühle und Handlungen von der Liebe Gottes bestimmt sein. Machen Sie Gott zu Ihrem Führer, Berater, Störungsdienst und Wegweiser. Denken, reden und handeln Sie aus dem göttlichen Zentrum in Ihrem Innern heraus. Dann werden Sie feststellen, daß sein Name wunderbar ist. Mit Gott als Ihrem Boß und Führer werden alle Ihre Wege Freude und Ihre Pfade Frieden sein.

9. KAPITEL

In der Erklärung liegt die Heilung

Dr. Phineas Parkhurst Quimby, der durch seine spektakulären Heilungen von sich reden machte und seine Lehrtätigkeit im Jahr 1847 in Maine begann, pflegte oftmals zu betonen, daß die Heilung in der Erklärung liegt. Damit wollte Dr. Quimby zum Ausdruck bringen, daß seine Erklärung für die eigentliche Ursache des Leidens eine durchdringende Wahrheit war, die dem Patienten behilflich war, sein Denken zu ändern und geändert zu halten.

Die Heilung wurde durch seinen Einblick in diese Zusammenhänge bewirkt. Sobald der Patient diese Erklärung begriffen hatte, setzte die Heilung seines Gedankenlebens unmittelbar ein.

Als ich im letzten Jahr in England eine Klosterschule besuchte, sagte ich einem jungen Mädchen, das seine Stimme verloren hatte: »Sie fühlen sich schuldig. Sie möchten das am liebsten laut heraussprechen, aber Sie meinen, das sei nicht rechtens, und dementsprechend hat Ihr Unterbewußtsein reagiert.« Sie nickte und bestätigte mir damit, daß es sich in der Tat so verhielt. Sie entschloß sich zu einem klärenden Gespräch mit der Schwester Oberin des Konvents und gewann sofort ihre Stimme wieder. Die Erklärung brachte im gleichen Moment auch die Heilung.

Es gehörte zu Dr. Quimbys Gepflogenheiten, zuweilen völlig überraschend und für seine Patienten überzeugend das erlösende Wort zu sprechen. Das brachte weitreichende Resultate, die sich auf den Gesundheitszustand und die Lebensweise seiner Patienten auswirkten. Quimby war hellsichtig. Wie er oft bemerkte, besteht der wahre Test für einen Hellseher in der Fähigkeit, einen Brief in der Tasche eines anderen lesen zu können – ein Schriftstück, von dessen Inhalt der andere noch keine Kenntnis hat.

Schwärende Gedanken

Vor einiger Zeit erzählte mir ein Mann bei einer Konsultation, daß er auf Milchdiät gesetzt sei und Medikamente gegen seine Magengeschwüre einnehme. Daraufhin erwähnte ich so nebenher, daß Magengeschwüre im allgemeinen von Sorgegefühlen, Ängsten, Anspannungen, tiefsitzendem Groll, Streß und Belastungen herrühren. Er mußte einräumen, daß diese Feststellung in jeder Hinsicht zutraf.

Der nächste Schritt bestand darin, ihm klarzumachen, daß es sein gewohnheitsmäßiges Denken war, das seine Magengeschwüre verursacht hatte. Wenn der Grund für seine Magengeschwüre jedoch in seinen Denkgewohnheiten lag, dann brauchte er diese doch nur zu korrigieren durch bewußtes Denken an Frieden, Harmonie, rechtes Handeln, Liebe, Wohlwollen, Heilsein und Vitalität. Er brauchte sich also nur ein konstruktives spirituelles Denken zur Gewohnheit zu machen. Bis dahin war er der Meinung gewesen, seine Magengeschwüre seien auf Vererbung, Ernährungsgewohnheiten und andere Faktoren zurückzuführen.

Ich gab ihm die folgenden Gebetsmodelle, mit der Weisung, sie jeweils dreimal am Morgen, Nachmittag und Abend laut vor sich hin zu sprechen: »*Der Herr ist mein Licht und mein Heil, vor wem sollte ich mich fürchten? Der Herr ist meines Lebens Zuflucht, vor wem sollte ich erschrecken?* (Psalm 27:1) Ich habe eine neue starke Überzeugung von der Gegenwart Gottes, die mich verzaubert, entzückt und zugleich unbewegt läßt. Ich bin heiter, zuversichtlich und unerschrocken. Ich weiß, daß es nichts zu fürchten gibt – nichts, vor dem ich zurückschrecken müßte, denn Gott ist alles, was ist und überall gleichermaßen gegenwärtig. In ihm lebe ich, in ihm bewege ich mich, und in ihm habe ich mein Sein, deshalb bin ich nicht mehr ängstlich. Gottes Mantel der Liebe hüllt mich ein, und sein goldener Fluß des Friedens durchströmt mich. Alles ist gut. Ich fürchte mich nicht mehr – weder vor Menschen, Zuständen, Anlässen oder Begebenheiten, denn Gott ist bei mir. Gottvertrauen erfüllt meine Seele, und ich habe keine Angst. Ich verweile in der Gegenwart Gottes – jetzt und immerdar, und keine Furcht kann mich berühren. Ich habe auch keine Angst vor der Zukunft, denn Gott ist bei mir. Er ist meine Zuflucht, und ich bin von der ganzen Rüstung Gottes umgeben. Gott hat mich erschaffen, und er erhält mich. Gottes Weisheit führt und leitet mich, deshalb kann ich nicht irren. In meinem Herzen kenne ich die große Weisheit: ›Näher ist er als der Atem, näher als Hände und Füße.‹«

Dieses Gebetsverfahren wandte er regelmäßig an, und nach einer gewissen Zeit mußte ihn sein höchst überraschter Arzt für geheilt erklären. Die Erklärung brachte die Heilung. Die klärenden Worte der Wahrheit wirken Wunder, wenn sie vom Gemüt eines kranken oder verwirrten Menschen akzeptiert werden.

Er sah ein, daß er sich töricht verhalten hatte

Ein Geschäftsmann gab kürzlich mir gegenüber freimütig zu, daß er seinem Konkurrenten auf der anderen Straßenseite jede Menge Fehlschläge wünschte, weil er ihn ständig unterbot. Seine Preise für die gleiche Ware waren wesentlich niedriger angesetzt.

Ich erklärte ihm, daß eine solche Haltung sehr töricht sei, da er alles, was er einem anderen wünscht, in Wahrheit auch für sich selbst wünscht. Als der einzige Denker in seiner Welt zieht er sich somit Mangel, Verlust und Begrenzung zu.

Er begriff sofort, was ich damit meinte. Ganz offensichtlich war sein Konkurrent ein Erfolgsdenker. Er war von seinem Erfolg, seinem Wohlstand und seinem Weiterkommen überzeugt und deshalb nicht empfänglich für Mißerfolgswünsche irgendwelcher Art. Der törichte Geschäftsinhaber verstand voll und ganz, daß es dieses destruktive Denken war, das seinen Umsatzrückgang ausgelöst hatte. Er gab sein negatives Denken sofort auf und betete fortan für das Wohlergehen und den Erfolg seines Konkurrenten. Bald genug konnte er feststellen, daß auch sein Umsatz wieder zunahm.

Einen anderen segnen heißt sich selbst segnen. Das Gebet läßt immer gedeihen. Es gibt einen alten Ausspruch: »Das Schiff, das zu deinem Bruder heimkehrt, das kehrt auch zu dir heim.« Die Erklärung brachte die Heilung.

Sie löste das Verhältnis sofort

Eine junge Sekretärin erzählte mir, daß sie sich mit einem der Ingenieure in ihrem Betrieb eingelassen hätte und – wie sie meinte – »schrecklich verliebt in ihn sei.« Sie hätte um Führung und rechtes Handeln in allen ihren Vorhaben gebetet, indem sie den 91. Psalm anwandte, abends und morgens.

Eines Morgens kam ihr daraufhin der Gedankenblitz, sich einmal seine Personalakte anzusehen. Sie mußte feststellen, daß er bereits verheiratet war und zwei Kinder hatte. Seine Versprechungen von einer gemeinsamen Zukunft im trauten Heim hatte sie ernst genommen. Sie war sich ihrer unmöglichen Lage sofort bewußt, und die Affäre war auf der Stelle beendet. Nichts ist in seiner Wirkungsweise so zügig wie die Wahrheit. Ihr höheres Selbst hatte ihr die Antwort gegeben.

Spontane Heilung

Als ich vor einiger Zeit in Wien Vorträge hielt, hatte ich ein interessantes Gespräch mit einer Geschäftsfrau. Wie sie mir erzählte, war sie vor zehn Jahren bettlägerig, als ein Feuer ausbrach und keine Hilfe in der Nähe war. Dennoch erhob sie sich aus dem Bett und rannte vier Treppen hinunter, um sich in Sicherheit zu bringen. Sie war völlig geheilt und erlitt keinen Rückfall.

Alles, was sie betenderweise beim Ausbruch der Feuersbrunst sagte, war: »Gott, hilf mir!« Die Kraft reagierte sofort. Die unendliche heilende Gegenwart und Macht war zwar von jeher verfügbar, doch hatte sie bis dahin nie Gebrauch von ihr gemacht. Erst durch den Brandausbruch sah sie sich gezwungen, sich an die göttliche Gegenwart zu wenden. Geist oder Gott kann niemals paralysiert sein.

In den Annalen der Medizin sind viele Fälle verzeichnet, in denen verkrüppelte oder bewegungsunfähige Menschen in höchster Not plötzlich laufen konnten. Die notwendige Voraussetzung dazu ist das Gewahrsein der unendlichen heilenden Gegenwart. Dann ist es nicht mehr vonnöten, erst durch Schockeinwirkung aktiv zu werden.

Sie waren 16 Jahre lang gelähmt

Dr. Evelyn Fleet, London, erzählte mir von einer Begebenheit, die sich im Zweiten Weltkrieg zugetragen hatte. Sie versah damals ihren Dienst als Straßenpatrouille, als ein Hospitaltrakt von einer Bombe getroffen und stark beschädigt wurde. Dabei wurde sie Zeuge, wie 15 hoffnungslos gelähmte Patienten die Treppen hinunter auf die Straße rannten. Eine Frau bemerkte: »Oh, ich sollte eigentlich nicht laufen, ich bin doch gelähmt.« Sie erlitt auf der Stelle einen Rückfall. Die anderen jedoch wurden vollkommen geheilt. Es waren ausnahmslos spontane Heilungen.

Mancher Kranke könnte eine sofortige Heilung erfahren, wenn er das wirklich wollte. Eine große Anzahl von ihnen scheut jedoch die Mühe und verschleiert dabei ihre wahren Motive. In anderen Worten: Es gibt eine Menge Leute, die überhaupt keine Heilung wünschen. Sie flüchten sich in Ausreden und fadenscheinige Begründungen, um ihren Zustand nicht aufgeben zu müssen. Dabei stehen uns wunderbare Hilfen zur Verfügung, wenn wir uns nur vertrauensvoll an die unendliche heilende Gegenwart in unserem Innern wenden wollten.

Selbstheilung

Selbstheilung bedeutet, geistig zu der Wahrheit zu erwachen, die uns frei macht. Es ist ein Bewußtwerden der Heilkraft Gottes, die uns jederzeit wiederherstellt und die sofort reagiert, wenn wir uns an sie wenden. Wenn Sie mit dieser Macht einswerden wollen, dann bejahen Sie kühn und tapfer: »ICH BIN Geist und habe unendliches Leben zur Verfügung. Davon kann ich jetzt zu mir heranziehen, soviel ich brauche.« Damit wendet sich das Bild.

Außerdem sollten wir uns vor Augen halten, daß die allermeisten Kranken ohne die geringste Hilfe wieder gesunden und die Ärzte sich dieser Tatsache sehr wohl bewußt sind. Das Leben neigt seinem Wesen nach dazu, zu heilen und wiederherzustellen. Die meisten unserer Ängste sind ohnehin nur »ausgeliehen«. Sie können sich nur zum geringsten Teil auf Tatsachen stützen.

Erwartungsvolle Aufmerksamkeit

Es ist eine allgemein anerkannte Tatsache, daß die Suggestionen des Therapeuten eine Resonanz bei ihrem Empfänger finden müssen, um wirksam werden zu können. Glaube und Erwartung sind dabei unerläßliche Bestandteile. Die empfängliche Haltung ist im Grunde Autosuggestion. Damit erklären sich viele der wunderbaren Resultate, die an Wallfahrtsorten erzielt werden und die man gemeinhin als Wunder zu bezeichnen pflegt.

Der Wert des Lachens

Der folgende Artikel erschien am Sonntag, dem 7. Oktober, im *San José Mercury*. Verfaßt wurde er von Sandy Rovner von der *Washington Post*:

Weil er »aus dem Leim gegangen« war, setzte er sich wieder zusammen

Norman Cousins lehrt das Lachen an der Medizinischen Fakultät der UCLA. Und das ist gar nicht mal so abwegig. Zwerchfellerschütterndes Lachen hat ihn zu dem gemacht, was er heute ist und er wird nicht zögern, Ihnen das auch zu sagen. Bis vor wenigen Jahren war er so etwas wie der Gigant der amerikanischen Alltagsliteratur, etwa 40 Jahre lang Chefredakteur des *Saturday Review of Literature,* Kritiker, Philosoph und engagierter Fürsprecher für internationale Zusammenarbeit.

Und, oh ja – Verfertiger von Schwindeleien (diese Bezeichnung mag er besonders) auf den Seiten des SRL am (doch nicht begrenzt auf den) 1. April. Ganz unaufdringlich selbstverständlich – wenn man sie nicht auszumachen weiß, bemerkt man sie wahrscheinlich kaum.

Dann wurde er krank. So krank, daß die Ärzte ihn bereits abschrieben. Sie konnten nur eine degenerative Collagen-Krankheit diagnostizieren. Collagen ist das Gerüsteiweiß des Bindegewebes, also der Leim des Körpers, der die Zellen zusammenhält. Cousins ging, wie er selbst sagte, buchstäblich aus dem Leim.

Die medizinische Wissenschaft konnte ihm nicht helfen, und es ging ihm immer schlechter. Aufgrund eigener Belesenheit und eiligst angestellter Nachforschungen kam er zu dem Schluß, die verschriebene Medizin (inklusive Aspirin) wegzuwerfen und es mit Vitamin C gegen sein Leiden und Lachen gegen seine Schmerzen zu versuchen.

Allen Funt (»Vorsicht, Kamera«) und ein paar alte Marx-Brothers-Filme sorgten für das Lachen, und ein verständnisvoller Arzt verpaßte ihm intravenöse Ascorbinsäure-Einheiten.

Das Überraschendste dabei ist die Tatsache, daß nur ein paar gewohnheitsmäßige Verneiner der Ansicht waren, er wäre ohnehin wieder gesund geworden.

Cousins selbst ist nicht im mindesten überrascht. Er ist, wie er sagt, erfreut, daß das angesehene *New England Journal of Medicine* seinen Heilungsbericht in Artikelform veröffentlicht hatte, daß er im letzten Sommer zwei weitere Artikel im gleichermaßen renommierten *Journal of the American Medical Association* unterbringen konnte und daß sich sage und schreibe 14 Verlage um die Rechte für sein inzwischen erschienenes Buch *Patient W. W. Norton – Anatomie einer Krankheit* bemüht hatten, daß er auf Ärztekongressen als Redner auftritt und daß er eine Professur an einer medizinischen Fakultät innehat.

Er ist überzeugt, einer großen Sache auf der Spur zu sein, und offensichtlich wird zumindest der Verdacht, daß es sich so verhalten könnte, von mehr und mehr Vertretern des medizinischen Establishments geteilt.

»Jeder Medizinstudent«, erklärt Cousins, »kann Ihnen einen horrenden Katalog all der schrecklichen Dinge aufzählen, die dem menschlichen Körper unter dem Einfluß negativer Emotionen widerfahren: Furcht, Haß, Wut, Erbitterung, Frustration. Man erfährt etwas über Gefäßverengung, erhöhten Blutdruck, exzessiven Salzsäurefluß, Adrenalinschwund, Verdauungsstörungen und Kopfschmerzen.

Wir sind uns jedoch der Tatsache noch nicht voll bewußt, daß der Körper nicht nur auf einer einzigen Wellenlänge arbeitet. Er reagiert nämlich nicht nur auf negative Emotionen, sondern ebensogut auf positive. Es ist schlechthin unmöglich, das eine ohne das andere zu haben. Aber diese Wechselbeziehung ist noch nicht ausreichend verstanden worden.«

Cousins ist sich des Umstands voll und ganz bewußt, daß eine jede Auswirkung von innen kommen muß, und er ist bemüht, dieses Konzept seinen Seminaristen nahezubringen.

»Ich lehre zumeist auf gute medizinische Praxis gegründete Erkenntnisse, die man im allgemeinen an den medizinischen Fakultäten nicht lernt: das Konzept von der Verantwortung des Patienten, die Kunst des Zuhörens, Achtung vor dem Leben, die Wichtigkeit des Mitgefühls, die Notwendigkeit, den Heilungsmechanismus des Patienten voll in Anwendung zu bringen und alle seine Möglichkeiten auszuschöpfen und dem Patienten das erforderliche Verständnis dazu zu vermitteln.«

»Der Arzt«, meint Cousins, »ist auf jeden Fall imstande, bessere Arbeit zu leisten, wenn der Patient das Seine dazu tut. Das ist nicht nur eine Sache der Folgsamkeit ... Seit langem lag das Schwergewicht bei der Gesundheitsversorgung außerhalb des zu betreuenden Individuums. Es lag ausschließlich beim Arzt, der dem Sinn nach sagte: ›Komm zu mir, und ich werde dich heilen‹, oder bei der verordneten Medizin, die ihrerseits dem Sinn nach sagte: ›Nimm mich ein, und es wird dir besser gehen.‹«

Man muß erkennen, daß der Patient nicht von Bazillen oder Bakterien angegriffen wurde, sondern daß sein Leben aus den Fugen geraten ist. Und wenn man ihm helfen will, mit Anspannungen fertig zu werden, dann muß man ihm schon eine Seite des Lebens aufzeigen, deren er sich erfreuen kann.

Deshalb ist die Medizin unvollständig, wenn sie sich ausschließlich im Bereich der Wirkungen bewegt ... Glücklicherweise weist der allgemeine Trend auf eine steigende Anerkennung der Immunologie hin. Und wenn man von der Aktivierung des immunologischen Mechanismus spricht, dann dürfen damit nicht nur physische Faktoren gemeint sein, sondern emotionale und spirituelle gleichermaßen.

An der *University of Southern California* nennt man Cousins bereits »die emotionale Hilfsquelle«.

Man ist nur zu leicht geneigt, das Lachen geringzuschätzen, nur weil es so leicht zu sein scheint. Dabei ist es seiner Natur nach eher ein Symbol für die Plusfaktoren im Leben. Es steht in enger Beziehung zu Freude, zu Optimismus, zum Willen zu leben. Es neigt dazu, eine beträchtliche Menge von Dingen zu kristallisieren, zumindest als sichtbarsten Ausdruck des Guten, das sich in Ihrem Innern vollzieht oder Ihnen zugefügt wird.

Nun, etwas zum Lachen ist eine Krankheit ganz gewiß nicht. Aber ... vielleicht wäre es besser, wenn sie es wäre ...

Übermäßige Anspannung

Einem Mann, der an überhöhtem Blutdruck litt, machte ich klar, daß nach Ansicht vieler Ärzte ein hauptsächliches Charakteristikum bei Menschen mit hohem Blutdruck Grollgefühle seien. Dieser Mann hatte nicht nur einen gefährlich hohen Blutdruck, sondern bekam zuweilen auch Herzanfälle.

Es handelte sich hier um einen Geschäftsmann, der um einen größeren Geldbetrag betrogen worden war und der, wie er mir sagte, auf Rache und Vergeltung aus war. Ich erklärte ihm, daß er, sofern er eine restlose Heilung wünsche, sich an die biblische Weisung halten müsse: ... *Mein ist die Rache; ich will vergelten, spricht der Herr* (Röm. 12:19). Der spirituelle Sinn des Wortes Vergeltung in der Bibel ist rechtfertigen, in Schutz nehmen. Es handelt sich um den Sieg der Wahrheit über den Irrtum oder jeden negativen Zustand. Die Wahrheit des Seins und die Güte Gottes werden gerechtfertigt, wenn wir uns Gott zuwenden und unser ganzes Sein von göttlicher Liebe durchdringen lassen.

Ich empfahl ihm, den Mann, der ihn betrogen hatte, voll und ganz Gott zu überlassen und ihm dabei Harmonie und Frieden zu wünschen, wobei er auch für sich selbst bejahen sollte: »Der Friede Gottes erfüllt mein Gemüt und mein Herz, und die Liebe Gottes durchdringt meine Seele.«

Er sättigte sein Gemüt regelmäßig mit diesen Wahrheiten und gewann dadurch Ruhe und inneren Frieden. Jedesmal wenn ihm sein Widersacher in den Sinn kam, segnete er ihn mit der Bejahung: »Gottes Frieden erfüllt deine Seele.« Die dadurch bewirkte Veränderung seines Gemütszustands brachte natürlicherweise auch eine Veränderung seines physischen Zustands mit sich, und er wurde schließlich geheilt.

Der Herr ist das Gesetz des Lebens. Wird dieses Gesetz mißbraucht, wird es immer einen Ausgleich finden, denn Aktion und Reaktion gleichen sich. Die Tendenz allen Lebens geht auf Heilung und Wiederherstellung, wir müssen es jedoch dem Lebensprinzip ermöglichen, diese Heilung und Wiederherstellung zu bewirken, ohne es dabei zu behindern.

Dieser Mann war imstande einzusehen, daß es ausgesprochen töricht war, sich Rachegelüsten hinzugeben – dem Verlangen, quitt zu werden – und sogar mit dem Gedanken an gedungene Schläger zu spielen, die dem anderen Verletzungen und Leid zufügen sollten. Er sah ein, daß all sein Brüten die Ursache für seine Leiden war, daß er sie sich somit selbst zugezogen hatte. Er beraubte sich buchstäblich selbst seiner Gesundheit, seiner Vitalität und seines Gemütsfriedens. Damit bewirkte er Mangel und Begrenzung auf der ganzen Linie.

Die Erklärung brachte zugleich die Heilung, als ihm klar wurde, daß nichts durch Zufall geschieht. Alles, was uns widerfährt, ist eine Auswirkung unseres Gemütszustands. In anderen Worten: Das Äquivalent (die Entsprechung) befindet sich in unserem Gemüt. Befinden wir uns in einer verzweifelten Verluststimmung, dann ziehen wir uns Mangel und Verlust auf der ganzen Linie zu. Fürchten wir, betrogen, beschwindelt oder beraubt zu werden, dann sollten wir uns im klaren darüber sein, daß wir das Gefürchtete zu uns heranziehen. Das ist die grundlegende, alles beherrschende Wahrheit. Deshalb müssen wir uns bereit finden, für alles, was sich in unserem Wahrnehmungsbereich abspielt, die volle Verantwortung zu übernehmen. Hören

Sie sofort auf, anderen irgendeine Schuld zu geben – diese Gewohnheit wird Ihre Misere mit Sicherheit verschlimmern.

Sie heilte sich von Eifersuchtsgefühlen

In Zürich, wo ich vor einiger Zeit eine Reihe von Vorträgen gehalten habe, erzählte mir eine junge Ärztin, daß sie sich dabei ertappt hatte, Groll- und Eifersuchtsgefühle zu hegen. Sie sei überzeugt gewesen, gegenüber einer Kollegin in der Klinik ständig benachteiligt zu sein. Sie sagte: »Ich habe Ihr Buch *Die Macht Ihres Unterbewußtseins* gelesen und mich gefragt: ›Was tue ich mir da eigentlich an? Meine Gedanken sind schöpferisch. Ich bestelle mir ja Mangel, Verlust und Begrenzung. Mit der Behauptung, diese Kollegin würde ständig bevorzugt, erniedrige ich mich ja unentwegt!‹ Ich hörte auf der Stelle auf damit!«

Diese junge Dame hatte ein wenig Selbstanalyse betrieben – etwas, das uns allen zum Guten gereicht. Sobald Sie nämlich feststellen, daß Sie sich mentales Gift verabreichen, sollten Sie sich unverzüglich daranmachen, das Brot des Himmels, das Brot der Liebe, der Harmonie, des Friedens und des Wohlwollens für alle auszuteilen. »Ich half dem Boot meines Bruders an den Strand, und siehe, auch mein Boot befand sich daselbst.«

Sie hörte auf, sich selbst zu bestehlen

Eine Sekretärin zermarterte sich das Hirn über die Tatsache, daß sie bei einer fälligen Beförderung übergangen worden war. Eine Kollegin mit weitaus geringerer Berufserfahrung und Qualifikation erhielt über ihren Kopf hinweg die Position mit mehr Gehalt und größeren Befugnissen. Sie war sich bei all ihrem Grübeln nicht bewußt, daß sie sich mit diesen Grollgefühlen im Grunde selbst bestahl.

Die Erklärung brachte die Heilung. Sie begriff mit einem Mal, daß sie mit all ihrem Brüten nur eines bewirkte: Sie beraubte sich selbst, solange sie einem anderen Menschen wegen seines Weiterkommens grollte und ihr eigenes Mißgeschick anderen anlastete. Sie beraubte sich der Möglichkeit, befördert zu werden, und sie beraubte sich ihrer Gesundheit. Mit ihrer Verluststimmung zog sie nur weiteren Verlust und Begrenzung aller Art zu sich heran, denn jede Gemütshaltung zieht das ihr Gemäße an. In diesem Fall manifestiert sie sich als Verlust oder Minderung, herbeigeführt durch Menschen, Begebenheiten oder negative Situationen.

Sie konnte ihren Gemütsfrieden zurückgewinnen und einsehen, daß es letztendlich sie selbst ist, die sich befördert oder benachteiligt, daß es völlig sinnlos ist, bei anderen Menschen danach Ausschau zu halten. Sie betreibt jetzt ein eigenes Büro und ist sehr erfolgreich. Sie konnte ihren Sinn für Werte neu bestimmen und meistert nunmehr die Kunst des Lebens. Ihre Erfahrung war für sie der große Erwecker ihrer geistigen Kraft, die von jeher in ihr ruhte.

Der Verdruß befand sich in ihm selbst

Vor einiger Zeit wurde mir ein Schüler von seinen Eltern zur Konsultation geschickt. Ich mußte feststellen, daß dieser Junge von tiefsitzenden Grollgefühlen gegen seine Eltern beherrscht wurde. Sein Bruder schien ein brillanter Schüler zu sein, der exzellente Noten nach Hause brachte und von seinen Lehrern höchstes Lob erfuhr. Seine Eltern ließen daher keine Gelegenheit vorübergehen, seinen Bruder als leuchtendes Beispiel hinzustellen, für ihn jedoch gab es keine Ermunterung – ja, nicht einmal ein gutes Wort.

So kam es, daß dieses Kind auf seine Weise zurückschlug. Er trat einer seltsamen Kultgemeinde bei, um damit den Unwillen seiner Eltern zu erregen. Er begann, Marihuana zu rauchen, was sie zornig machte. Er schwänzte zeitweilig die Schule und verbrachte die Zeit an Spielautomaten. Er stahl Geld von seiner Mutter, obgleich er über ein großzügig bemessenes Taschengeld verfügte. Was er in Wirklichkeit stehlen wollte, war Liebe.

Wieder gelangen wir zu der Schlußfolgerung, daß die Erklärung zugleich die Heilung mit sich bringt. Der Junge konnte einsehen, daß seine unbewußten Grollgefühle und die Feindseligkeit seinen Eltern gegenüber ihm mental und emotionell schweren Schaden zufügten. Er war sich des weiteren im klaren über die verderblichen Auswirkungen des Rauschgifts Marihuana auf den kortikalen Bereich seines Großhirns, über den degenerativen Einfluß auf seine Sexualorgane und die ganz allgemein nachteiligen Auswirkungen auf seinen gesamten Organismus, wie sie nachgewiesenermaßen von medizinischen Kapazitäten in aller Welt aufgezeigt worden sind.

Ich sprach mit den Eltern des Jungen, und sie fanden sich zu einer Änderung ihrer Einstellung bereit. Sie gaben diese sinnlosen Vergleiche mit dem Bruder auf, die nichts als Neidgefühle und Aufregung mit sich brachten. Der Junge gab seinerseits seine renitente Haltung auf und hörte auch auf, sich körperlich und mental zu vergiften.

Er praktiziert jetzt die Spiegel-Behandlung, indem er des Morgens in den Spiegel schaut und fünf Minuten lang bejaht: »ICH BIN ein Sohn des lebendigen Gottes. Gott liebt mich und sorgt für mich. Ich erhöhe Gott in meiner Mitte.«

Wenn er diese Praxis beibehält, wird sie zur Gewohnheit. Es ist unmöglich, an zwei verschiedene Dinge zu gleicher Zeit zu denken.

Jedesmal wenn er versucht ist, ärgerlich zu werden, braucht er sich nur zu sagen: »Ich erhöhe Gott in meiner Mitte«, und der zornerfüllte Gedanke ist in konstruktive spirituelle Energie umgewandelt. Er ist jetzt auf dem Weg zu großen Dingen.

Suchen Sie immer im Innern nach der Ursache

In meinen Sprechstunden hatte ich schon Unterredungen mit jungen Mädchen, welche Ehepartner aus einer anderen Rasse, Religion oder Herkunft geheiratet hatten, nur um ihre Eltern zu ärgern oder ihnen eins auszuwischen. Der Haken dabei ist allerdings die Tatsache, daß diese Mädchen keine Ahnung hatten von ihrem wirklichen Selbst – dem innewohnenden Gott.

Wenn sie es nämlich lernen, die göttliche Gegenwart zu erhöhen, den lebendigen Geist – die eigentliche Wirklichkeit –, dann respektieren sie damit automatisch die Göttlichkeit in anderen. Der Verbrecher beispielsweise haßt sich selbst und projiziert diesen Eigenhaß auf andere. Er hat sein wahres Selbst noch nicht gefunden – den Gott in seinem Innern.

Kinder, die daheim mißhandelt, vernachlässigt und nicht geliebt werden, müssen zwangsläufig zu Außenseitern der Gesellschaft werden – zu Störenfrieden in der Schule, zu Agitatoren und Rädelsführern, zu zänkischen und streitsüchtigen Menschen. Auch eine Neigung zum Lügen und Stehlen ist oftmals zu beobachten. Sie versuchen, Aufmerksamkeit zu erregen und Anerkennung zu finden, jedoch auf die falsche Art. Sie sind sich nicht im klaren, daß ihr Gemütszustand mit ihnen durchgeht.

Nur wir selbst müssen uns ändern, niemand sonst. Wenn wir dem Leben und anderen Menschen mit der falschen Einstellung begegnen, dann wird alles schieflaufen. Wenn wir uns bewußt machen, daß wir göttlich geführt werden, dann sind alle unsere Wege freudvoll und unsere Pfade friedvoll und harmonisch. Bedenken Sie: Sie ganz allein erschaffen Ihren Erfolg, Ihr Glück und Ihren Gemütsfrieden.

Der kluge Mensch weiß, daß sein Erfolg und Wohlstand nicht vom Verhalten anderer Leute abhängig ist – von dem, was sie sagen oder tun oder von dem, was sie nicht sagen oder tun. Sie sind dazu geschaffen, zu siegen, erfolgreich zu sein und über alle Behinderungen zu triumphieren. Ihr Erfolg ist von Ihrer Gemütshaltung abhängig und von Ihren Überzeugungen von Gott, dem Leben und dem Universum. Gott ist immer erfolgreich in allen seinen Unternehmungen, und Gott wohnt in Ihrem Innern.

Wenn Sie weiterhin wissen, fühlen und glauben, daß Sie alles zu tun vermögen mittels der Gotteskraft, die Sie mächtig macht, dann bewegen Sie sich aufwärts auf der Leiter des Lebens, ungeachtet dessen, was andere sagen oder tun oder nicht sagen oder tun. Wenn Sie sich bewußt sind, daß Gott die Quelle aller Ihrer Segnungen ist, dann finden Sie sich befreit von allen Gefühlen der Eifersucht, des Hasses, des Grolls und der Feindseligkeit. Entschließen Sie sich, auf das Unendliche zu blicken und von ihm Ihr Gutes zu erwarten, und Sie werden niemals enttäuscht sein.

Sie können Ihre Reserven mobilisieren

In Ihrem tieferen Bewußtsein befindet sich ein unerschöpfliches Reservoir der Kraft, Weisheit und Energie. Jede Armee stellt sicher, daß – bei Marschübungen beispielsweise – Reserven vorhanden sind, auf die man notfalls zurückgreifen kann. Das gibt dem kommandierenden General Vertrauen und Sicherheit.

Gott wohnt in Ihrem Innern, und damit wohnen auch alle Kräfte, Eigenschaften und Vortrefflichkeiten Gottes in einem jeden von uns. Wir alle leben in ihm, bewegen uns in ihm und haben unser Sein in ihm – dem unendlichen Sein, das alle Dinge erschaffen hat und das unser eigentliches Leben ist. »Führung«, sagt Emerson, »wird einem jeden von uns zuteil. Wenn wir der Stimme lauschen, hören wir die rechten Worte.«

Ein junges Mädchen konnte den Angriff eines Handtaschenräubers abwehren, weil sie ihre Reserven mobilisierte. Sie benutzte »Gott beschützt mich. Er sorgt für mich.« Sofort ließ der Angreifer von ihr ab und ergriff die Flucht. Im Universum herrscht Wechselwirkung: Aktion und Reaktion sind sich immer und überall gleich. In ihrer Not hatte sie sich an den allmächtigen Einen gewandt und eine unmittelbare Antwort erhalten, die sie von ihrem Peiniger befreite.

Beginnen Sie jeden Tag mit dem Gedanken an Gott und seine Liebe zu Ihnen und für Sie. Bedenken Sie zugleich eine einfache Wahrheit: Der Anfang einer jeden Manifestation oder eines jeden Phänomens in diesem materiellen Universum ist ein Gedanke oder ein Wort; und ein Wort ist ein zum Ausdruck gebrachter Gedanke. Ihr Gedanke ist die erste Ursache. Gott ist die Ihnen innewohnende schöpferische Kraft, und die einzige immaterielle Kraft, die Sie kennen, ist Ihr Gedanke. Ihr Denken ist schöpferisch. Sie sind das, was Sie den ganzen Tag lang denken.

Die Zeichen verhießen ihr »eine Neigung zu Unfällen«

Eine Frau, die regelmäßig Astrologie-Magazine konsultierte, las einmal, daß die Zeichen für sie auf einen möglichen Unfall hindeuteten. Dadurch entwickelte sie intensive Furchtgefühle und hatte in der Tat drei rasch aufeinander folgende Verkehrsunfälle – alle am gleichen Tag. Am nächsten Tag stürzte sie und zog sich dabei erhebliche Schnittwunden zu. Außerdem verbrühte sie sich beim Kochen.

Ich erklärte ihr, daß die in ihrem Gemüt vorherrschende Idee alle geringeren Gedanken, Ideen, Handlungen und Reaktionen kontrolliert. Sie war von der fixen Idee, einem Unfall zum Opfer fallen zu müssen, vollkommen beherrscht, und ihr geschah genau nach ihrem Glauben.

Sie änderte ihre Haltung auf der Stelle. Sie bejahte und erwartete nur noch Glücksfälle und göttlichen Schutz auf allen ihren Wegen. Diese großen Wahrheiten bejahte sie mehrmals am Tag. Jetzt dominiert in ihrem Gemüt der Gedanke, von der Liebe und der ganzen Rüstung Gottes umgeben und beschützt zu sein. Sie geht jetzt einer glücklichen Zukunft entgegen.

Ihre Überzeugung bestimmt ihre Erfahrung. ... *Geh hin; dir geschehe, wie du geglaubt hast* ... (Matth. 8:13). Da uns allen ausschließlich nach unserem Glauben geschieht, kann es auch nichts mit dem Stand der Planeten, irgendwelchen Zuständen, Umständen und Begebenheiten, mit Vererbung oder sonst etwas auf diesem Globus zu tun haben. Nehmen Sie die Wahrheit in Ihrem Gemüt an, und gewinnen Sie Kraft und Vertrauen.

Hier ist das Gebet, welches die »zu Unfällen neigende« Frau anwandte, um ihren Gemütszustand zu verändern und Seelenfrieden zu erlangen: »Gott ist alles, was ist. Einer mit Gott ist eine überwältigende Mehrheit. *Ist Gott für uns, wer mag wider uns sein?* (Röm. 8:31) Ich weiß und ich glaube, daß Gott der lebendige allmächtige Geist – der ewig lebende Eine, der allweise Eine – ist und daß es keine Macht gibt, die Gott herausfordern könnte. Wenn meine Gedanken Gottes Gedanken sind, dann ist die ganze Macht Gottes mit meinen Gedanken des Guten. Das, was ich nicht gebe, kann ich auch nicht empfangen. Deshalb geht nichts Negatives von mir aus, sondern ausschließlich Gedanken der Liebe, des Friedens, des Lichtes und des guten Willens, und das an jedermann. Ich bin immunisiert und Gott-durchdrungen, und ich bin immer umgeben vom heiligen Kreis göttlicher Liebe. Die ganze Rüstung Gottes umgibt mich und hüllt mich ein. Ich werde göttlich geführt und geleitet, und ich trete ein in die Freude des Lebens. ... *Vor deinem Angesicht ist Freude die Fülle und Wonnen in deiner Rechten ewiglich* (Psalm 16:11).

10. KAPITEL

Das Buch des Lebens

Phineas Parkhurst Quimby, der größte spirituelle Heiler Amerikas, wies bereits im Jahr 1847 darauf hin, daß Kinder wie kleine unbeschriebene Tafeln seien, auf die jeder, der des Weges kommt, etwas kritzelt. Wir alle kamen auf diese Welt, ohne irgendeine religiöse Glaubensmeinung, ohne Ängste, ohne Vorurteile, ohne Rassendünkel. Als Kinder waren wir jedoch höchst beeindruckbar und leicht zu formen und den Lehren und Meinungen all derer ausgesetzt, die Kontrolle über unser Leben ausübten. Es ist das im Elternhaus dominierende mentale und emotionelle Klima, das dem heranwachsenden Kind das Gepräge gibt. Die erste Sprache kam von Ihren Eltern.

Ihr Unterbewußtsein ist ein Gesetzbuch – die vorherrschenden Eindrücke und die Überzeugungen des Gemüts werden zur regierenden Macht in Ihrem Leben. Meine jahrzehntelangen Erfahrungen als Lebensberater haben unter anderem ein wesentliches Merkmal offenkundig werden lassen: Viele, die im Leben nicht vorankommen, die nicht gesund oder wohlhabend bleiben, waren in zartem Alter Suggestionen ausgesetzt, die ihrem Unterbewußtsein Minderwertigkeits- und Unwertgefühle aufprägten. Das wurde zum bestimmenden Einfluß für ihre Entscheidungen und Reaktionen in ihrem weiteren Leben, mit denen sie ihren Erfolg, ihr Gedeihen vereitelten.

Sigmund Freud, der große Psychoanalytiker, hat nachgewiesen, daß wir alle von unterbewußten Impulsen beherrscht werden, zumeist irrationalen, denn die meisten der religiösen Glaubenslehren, Tabus und Restriktionen, die uns in zartem Kindesalter eingeimpft wurden, sind unlogisch, unvernünftig, unwissenschaftlich und in völligem Gegensatz zu den elementarsten Anforderungen eines gesunden Menschenverstandes. Ein Mann bemerkte beispielsweise einmal zu mir: »Es ist unrecht von mir, so viel Geld zu verdienen.« Diese Denkweise führte schließlich zum Verlust seines Geschäfts, und er konnte nicht begreifen, weshalb ihm das widerfuhr. Aus diesem Mißgeschick lernte er jedoch, daß sein Unterbewußtsein alles, was er sagt und denkt, wörtlich nimmt und sich alles ihm Weitergereichte – sei es gut oder schlecht – manifestiert.

Selbstverständlich hätte seine Familie durchaus Verwendung für das hohe Einkommen gehabt, und auch er hätte viel Gutes damit bewirken können. Da sein Unterbewußtsein jedoch von frühester Jugend an darauf programmiert war, das Geld als etwas Übles anzusehen, mußte sich schließlich Verlust manifestieren, auch nachdem diese mütterlichen Belehrungen längst vergessen waren. Er mußte versagen, weil er sich ständig innerlich vorwarf, es sei unrecht, so viel Geld zu verdienen, da Geld von Übel sei. Diese festgefügte Meinung wurde von seinem Unterbewußtsein einer Schallplatte gleich wiedergegeben.

Er lernte, daß nichts gut oder schlecht ist, sondern erst vom Denken dazu gemacht wird. Er lernte, daß es im ganzen Universum kein Übel gibt, da Gut und Böse Schlußfolgerungen bzw. Auswirkungen seiner ureigensten Gemütstätigkeit sind, im Verhältnis zum einen Sein – Gott –, dem lebendigen Geist, heil, rein und vollkommen. Allein die Anwendung der Macht bestimmt, was gut oder was böse ist. Wie wenden Sie diese Macht an? Wenden wir diese Macht konstruktiv an, dann nennen wir sie Gott, Allah, Brahma, Frieden, Harmonie und Gedeihen. Wenden wir diese eine Macht jedoch negativ an – sei es aus Ignoranz oder aus Bosheit –, dann ziehen wir uns Negativitäten zu – Verdruß, Mangel, Begrenzung, Krankheit und Leiden. Dann redet der Durchschnittsmensch vom Satan, dem Teufel, der Hölle etc. Alles das sind jedoch nichts anderes als Bewußtseinszustände. *Satan* bedeutet irren, ausgleiten, von der Wahrheit abweichen.

Im Verlauf dieses Kapitels wird Ihnen die Wahrheit über das Buch des Lebens enthüllt werden. Denken Sie daran: Wenn ein Mensch furchtsam, argwöhnisch oder zornig ist, dann handelt und reagiert er auf abnorme Weise – erst recht dann, wenn kein Zustand und kein Ereignis vorliegt, das eine solche Handlung rechtfertigen würde. Was in sein Buch des Lebens (Unterbewußtsein) geschrieben wird, das wird zum Gesetz, das seine Erfahrungen und sein Verhältnis zu anderen bestimmt.

Wie Ihr Gemüt arbeitet

Das Buch des Lebens ist Ihr Unterbewußtsein. In dieses Buch schreiben Sie unentwegt alles das, was Ihrem gewohnten Denken und Ihren Imaginationen gemäß ist. Shakespeare sagte: »Was ist der Name?« Nun, wenn Sie Ihren Namen nennen, dann beinhaltet dieser Ihr Geschlecht, Ihre Nationalität, Ihren Background, Ihre Ausbildung, Ihre Erziehung, Ihre finanzielle Struktur, Ihren gesellschaftlichen Status und alles andere, Ihre Person betreffend.

Wenn Ihr wachbewußter Verstand und Ihr Unterbewußtsein harmonisch, friedvoll und freudig zusammenarbeiten, dann sind die Kinder aus dieser Verbindung Glück, Frieden, Gesundheit, Überfluß und Sicherheit. Ein disharmonisches Verhältnis von Verstand und Unterbewußtsein hingegen bringt Elend, Leiden, Schmerz und Krankheit in Ihr Leben.

Abram verließ Ur in Chaldäa. Ur steht für Zauberei, schwarze Magie, Sternenanbetung, Idole und ähnliches. Dann änderte Abram seinen Namen in Abraham, und das bedeutet Vater der Menge und weist auf den einen Gott hin – die eine Gegenwart und Macht.

Wir alle sind Kinder des einen Gottes. Das ist die Einheit allen Lebens. Alle Männer und Frauen sind Brüder und Schwestern – das gleiche Gemüt, der gleiche Geist, die gleiche Substanz. Einem anderen Schaden zufügen heißt daher, sich selbst Schaden zufügen; einen anderen segnen, sich selbst segnen.

Sie können sich einen neuen Namen, eine neue Selbsteinstufung und ein neues Muster geben. Entwickeln Sie ein neues Konzept von sich. Ist Ihr gegenwärtiges Konzept groß genug, edel genug oder weit genug, um Sie zu erlösen (von Widrigkeiten zu befreien), um eine Transformation Ihres Herzens, Ihres Gemüts und Ihres ganzen Wesens herbeizuführen? Auch heutzutage haben die Menschen viele Idole, ebenso wie man sie in Chaldäa vor Tausenden von Jahren hatte. Der Aberglaube wuchert üppig. Auch heute noch hat man falsche Götter. Wenn man nämlich meint, vom Wetter oder aufgrund nasser Füße eine Erkältung oder gar eine Lungenentzündung bekommen zu können, dann huldigt man falschen Göttern. Manche Menschen fürchten sich dermaßen vor Bazillen, daß sie sich schon infiziert wähnen, wenn jemand in ihrer Gegenwart auch nur niest. Fragt man so einen Menschen, ob er dieses Jahr schon seinen Bazillus oder Virus bekommen habe, lautet die Antwort doch wahrhaftig: »Nein, noch nicht.« Die Ansteckung wird geradezu erwartet, und was man erwartet, das bekommt man mit unfehlbarer Sicherheit.

Mancher sagt: »Ich habe nicht die richtigen Beziehungen. Ich habe keinen Antrieb. Ich kann den Job nicht kriegen.« Damit verneinen sie die schöpferische Kraft in ihrem Innern. Sie sagen und bejahen zwar, daß sie allmächtig und alles überragend ist, und im gleichen Atemzug verneinen sie sie. Wenn sie alles überragend und allmächtig ist, dann gibt es nichts, das sich ihr entgegenstellen oder sie herausfordern könnte. Daher sollten Sie sagen: »Der unendliche Geist öffnet mir die Tür. Er offenbart mir meine versteckten Talente und Fähigkeiten und weist mir den Weg, den ich gehen soll.« Und genau das wird der unendliche Geist für Sie tun.

Es gibt bei uns Kongreßabgeordnete, die klopfen auf

Holz, wenn sie etwas Negatives äußern, so als ob das Holz über irgendeine Macht oder geheime Kraft verfügte. Gestehen Sie anderen Menschen irgendeine Macht zu? Oder etwa der Atmosphäre? Dem Wetter? Alles das ist unerheblich und ohne jede Macht oder jeden Einfluß. Die Macht ist in Ihrem Innern.

Der neue Name

Saulus änderte seinen Namen bekanntlich in Paulus. Die innere Bedeutung von Paulus ist der »kleine Christus«. Paulus erfuhr seine Erleuchtung auf der Straße nach Damaskus. Letzteres steht für einen Sack von Blut oder Wiedergeburt. Das wiederum beinhaltet eine mystische Illumination; das Gemüt oder der Intellekt wird vom Licht Gottes überflutet und der Mensch transformiert. Zuweilen kann das in einem einzigen Augenblick geschehen, wie es der heiligen Therese und vielen anderen widerfuhr.

Paulus wurde zu einem anderen Menschen. Er war nicht mehr der Mörder, der andere Leute in den Tod schickte. Er war transformiert. Er war von oben her erleuchtet. Hier in Amerika können Sie zum Gericht gehen und Ihren Namen jedes Jahr ändern, wenn Ihnen danach sein sollte. Es hat jedoch nichts zu bedeuten. Es ist sogar völlig bedeutungslos. Sie müssen vielmehr Ihr Wesen verändern, Ihre Disposition, Ihre Einstellung und Ihr Konzept von sich selbst. Es muß eine innere Transformation sein. Dann werden Sie in der Tat Ihren Namen geändert haben – oder Ihre Natur.

Vor einiger Zeit wurde ich von einem Mann aufgesucht, der als ausgesprochener Griesgram verschrien war. Er war zynisch, immer brummig, und es gehörte zu seinen Gewohnheiten, seine Sekretärin und die anderen Mitarbeiter anzuknurren, wenn er des Morgens sein Büro betrat. Sagte jemand: »Ein schöner Tag«, dann bekam er garantiert zur Antwort: »Was ist schon schön daran?« Am Frühstückstisch versteckte er sich hinter der Zeitung, damit er seine Frau nicht ansehen mußte. Auch das Frühstücksei war Gegenstand seiner ständigen Kritik. Im Grunde gab es kaum etwas, das nicht seinen Unwillen erregte. Er war eben ganz einfach ein Griesgram – häßlich und ekelhaft.

Diesem Mann gab ich die folgenden Instruktionen: »Wenn Sie sich des Morgens an den Frühstückstisch setzen, dann geben Sie Ihrer Frau einen Kuß und sagen ihr, daß sie hübsch aussieht, daß das Frühstück ein Genuß ist, dann wird sie wahrscheinlich in Ohnmacht fallen.« Daraufhin meinte er: »Wenn ich das täte, wäre ich ein Heuchler.« Ich ermunterte ihn, es nichtsdestoweniger zu tun. Ich sagte: »Tun Sie es. Brechen Sie das Eis in Ihrem Herzen. Wenn Sie Ihr Büro betreten, dann machen Sie auch Ihrer Sekretärin ein Kompliment. Irgend etwas Hübsches, Liebenswertes über sie wird sich ganz bestimmt sagen lassen. Und auch zu den übrigen Mitarbeitern sollten Sie etwas Nettes sagen.«

Nachdem er dieses neue Verhalten einen Monat lang praktiziert hatte, sank es in sein Unterbewußtsein, und er wurde transformiert – er wurde zu einem höflichen, zuvorkommenden und liebenswürdigen Menschen. Die Leute fragten: »Was ist denn mit dem plötzlich los?« Andere meinten: »Er ist verliebt.« Ich glaube, genau das war es: Er war verliebt in sein höheres Selbst.

Was glauben Sie?

Die universelle Gegenwart ist aus sich selbst heraus schöpferisch, indem sie zu dem erschaffenen Ding wird. Gott erschafft ein Wesen aus sich selbst, das fähig ist, ihm die Herrlichkeit, das Licht und die Liebe zurückzugeben. Abraham kannte die schöpferische Kraft. Er war sich ihrer bewußt und demonstrierte sie in seinem Leben. Er war der festen Überzeugung, vom Geist geführt und angeleitet zu sein, und genau das war selbstverständlich der Fall.

Plato, Aristoteles, Plotinus etc. – sie alle sprachen von Gott als dem unendlichen Gemüt und unendlicher Intelligenz, verrieten uns jedoch nicht, wie diese Gegenwart und Macht anzuwenden sei, um Führung, Harmonie, Wohlstand, Erfolg oder Heilung zu erlangen. Sie kamen zweifelsohne zu interessanten und zufriedenstellenden intellektuellen Schlußfolgerungen, sagten jedoch nichts über ihre praktische Anwendung im täglichen Leben.

Wenn Sie sich einreden ließen, ein Wurm im Staub zu sein und diese Lehrmeinung bei Ihnen zur Überzeugung geworden ist, dann werden andere auf Ihnen herumtrampeln. Sie werden Sie haargenau so behandeln, wie Sie selbst sich behandeln. Wenn Sie zu sich selbst grausam und ekelhaft sind, dann wird auch die Welt grausam und ekelhaft für Sie sein. Wie innen, so außen. Bedenken Sie aber, daß Sie ein Sohn oder eine Tochter des lebendigen Gottes sind. Sie sind Erbe aller seiner Reichtümer. Erhöhen Sie den Gott in Ihrer Mitte. Er hat die Macht zu heilen. Wie können Sie sich minderwertig fühlen, wenn Sie zugleich wissen, daß Sie ein Sohn oder eine Tochter des Unendlichen sind und daß Gott Sie liebt und für Sie sorgt? Gott ist das Lebensprinzip und der lebendige Geist in Ihrem Innern, der Sie geschaffen hat und der über Sie wacht, auch wenn Sie schlafen, denn der unendliche Geist, der über Sie wacht, schläft niemals.

Zum Siegen geboren

Viele Menschen arbeiten schwer und versagen dennoch kläglich im Leben. Dafür gibt es eine einfache Erklärung: In ihrem Unterbewußtsein unterhalten sie ein Denkmodell des Versagens – der Fehlschläge –, oder sie meinen, einen Fehlschlag als unvermeidliche Tatsache hinnehmen zu müssen. Sie glauben, vom Pech verfolgt zu sein. Sie fühlen sich unterlegen. Vielleicht wurde ihnen in der Jugend eingeimpft: »Du wirst es nie zu etwas bringen. Du bist dumm. Du bist unfähig.« Diese recht suggestiven Gedanken wurden von ihrem beeindruckbaren Gemüt vorbehaltlos akzeptiert und führen jetzt ein Eigenleben im Unterbewußtsein. Das Unterbewußtsein wiederum ist bestrebt, alles ihm Aufgeprägte in den Erfahrungsbereich zu projizieren.

Der Mensch kann jedoch sein Leben ändern. Diese unterbewußten oder irrationalen Impulse sind noch lange wirksam, selbst nachdem die Begebenheiten, die sie verursacht hatten, längst in Vergessenheit geraten sind. Dessen ungeachtet kann der Mensch sein Unterbewußtsein neu programmieren. Er kann sich sagen: »Ich bin zum Siegen geboren; das Unendliche kann nicht versagen.« Er kann seinem Unterbewußtsein lebenspendende Denkmodelle eingeben, wie: »Göttliche Ordnung und göttliches Gesetz beherrschen mein Leben. Göttlicher Frieden erfüllt meine Seele, göttliche Liebe durchdringt mein Gemüt. Göttliches rechtes Handeln herrscht vor, unendliche Intelligenz führt und leitet mich auf allen meinen Wegen – sie ist eine Leuchte zu meinen Füßen und ein Licht auf meinem Pfad.«

Wenn Sie zornig, argwöhnisch oder ängstlich sind, dann geben Sie damit negativen und destruktiven Emotionen Raum, die den größten Schaden anrichten. Sie machen sich nämlich in Ihrem Unterbewußtsein breit und veranlassen Sie zu falschen Handlungen und Äußerungen. Wenn Sie dann glücklich sein wollen, sind Sie traurig; wenn Sie das Rechte tun wollen, tun Sie genau das Falsche. Unter dem Einfluß einer destruktiven Emotion tun Sie mit Sicherheit das Falsche, ganz gleich, was Sie tun.

Die sieben Siegel

Sie können also einen neuen Namen in das Buch des Lebens schreiben. Das Buch des Lebens ist, wie zuvor erklärt, das Gesetz Ihres Unterbewußtseins. Die Bibel sagt:

Ich sah in der Rechten dessen, der auf dem Throne saß, ein Buch, innen und auf der Rückseite beschrieben, mit sieben Siegeln versiegelt. Und ich sah einen starken Engel, der verkündete mit lauter Stimme: Wer ist würdig, das Buch zu öffnen und seine Siegel zu lösen? Und niemand im Himmel und auf Erden und unter der Erde vermochte das Buch zu öffnen noch hineinzublicken. Und ich weinte sehr, daß niemand würdig befunden wurde, das Buch zu öffnen noch hineinzublicken (Offb. 5:1–4).

Das Buch, »innen und auf der Rückseite beschrieben«, ist Ihr objektives und Ihr subjektives Gemüt. Sie verfügen über einen wachbewußten Verstand und ein Unterbewußtsein. Alles, was Sie Ihrem Unterbewußtsein an Gedanken, Überzeugungen, Theorien, Meinungen oder Dogmen eingeben, das wird sich in Ihrem Erfahrungsbereich manifestieren – als Zustand, Umstand oder Begebenheit. Was wir in das Innere schreiben, das erfahren wir im Äußeren. Unser Leben hat zwei Seiten – die objektive und die subjektive, das Sichtbare und das Unsichtbare, den Gedanken und seine Manifestation.

Die sieben Siegel sind die sieben Bewußtseinszustände. Unser Konzept bewegt sich durch sieben Gewahrseinsgrade. Dabei spiritualisieren wir unsere fünf Sinne, indem wir uns einwärts wenden an die spirituelle Macht. Dann bringen wir unseren wachbewußten Verstand und unser Unterbewußtsein in Übereinstimmung. Beide müssen sich einig sein und synchron laufen. Wenn sowohl im Verstand als auch im Unterbewußtsein jeder Zweifel ausgeräumt ist, wenn die feste Überzeugung etabliert ist, das Gewünschte bereits zu haben, dann ist Ihr Gebet beantwortet. Sie brechen die sieben Siegel, wenn Sie Ihre fünf Sinne disziplinieren und die genannten beiden Phasen Ihres Gemüts gleichschalten.

Es geht also um die sieben Siegel. Das erste ist das Sehen. Wir sind angehalten, die Wahrheit in jeder und über jede Situation zu sehen. Sehen Sie vollkommene Gesundheit, wo Krankheit ist; Harmonie, wo Mißklang ist; Liebe, wo Haß ist. Dann sehen Sie die Wahrheit und disziplinieren Ihr Sehvermögen.

Das zweite ist Hören. Sie hören die frohe Botschaft, die Wahrheit Gottes. Sie hören beispielsweise Ihre Mutter das sagen, was Sie immer von ihr hören wollten – daß Gottes Wunder geschehen und sie geheilt ist. In anderen Worten: Sie sehen sie auf keinen Fall in der Klinik im Krankenbett. Sie hören das Gegenteil. Sie hören sie von ihrer Gesundheit sprechen. Dann hören Sie die Wahrheit.

Das dritte Siegel ist der Geruchssinn. Sie riechen die Wahrheit, wenn Sie zu einer definitiven Entscheidung kommen – wenn Sie nämlich erkennen, daß Gott, der Ihren Körper geschaffen hat, ihn auch zu heilen vermag. Sie weisen von da an jede ungeeignete geistige Nahrung zurück. Ein Hund schnuppert zuerst an seinem Futter; sagt es ihm nicht zu, läßt er es unberührt. Er verweigert die Annahme, weist es zurück. Ebenso sollten Sie alle Gedanken, Ideen und Meinungen zurückweisen, die Ihre Seele nicht mit Freude erfüllen.

Das vierte ist Schmecken. Sie erfreuen sich am süßen Wohlgeschmack Gottes. Sie schmecken die Wahrheit, wenn Sie die Ideen und ewigen Wahrheiten Gottes Ihrem Gemüt einverleiben durch Meditation, Studium und Festhalten des richtigen Gedankens über den erwünschten Zustand (Zielprojektion).

Das fünfte ist Gefühl – Freude, die Sie fühlen, wenn Sie die Antwort auf Ihr Gebet mental und emotionell berühren und die Wirklichkeit des vollendeten Zustands fühlen.

Die verbleibenden zwei Siegel sind Ihr wachbewußter Verstand und Ihr Unterbewußtsein. Nachdem Sie Ihre fünf Sinne erfolgreich diszipliniert haben, werden das männliche und das weibliche Prinzip in Ihrem Gemüt harmonisch aufeinander einwirken. Das ist die göttliche Vermählung, die sich zwischen Ihrem Begehren und Ihrer

Emotion vollzieht. Das Kind, das aus dieser Verbindung entspringt, ist die Freude an der Gebetsbeantwortung.

Das ist das Buch des Lebens, von dem so viel die Rede ist. Wenn man Ihr Unterbewußtsein fotografieren könnte, dann wäre auf dem Bild Ihr zukünftiges, Ihr vergangenes und Ihr gegenwärtiges Denken sichtbar. Die Zukunft besteht aus Ihren inzwischen erwachsen gewordenen gegenwärtigen Gedanken, wenn wir das einmal so ausdrücken wollen. Sie können somit auf die Gestaltung Ihrer Zukunft einwirken durch Ihr gegenwärtiges Denken. Verändern Sie Ihr gegenwärtiges Denken, und Sie verändern Ihre Zukunft. Schwelgen Sie in Gedanken an alles, was wahr, lieblich, edel und gottgleich ist. Laden Sie diese Gedanken auf mit dem Gefühl der Überzeugung. Dann werden die alten Gedanken sterben. Sie schwinden. Sie werden aus Ihrem tieferen Bewußtsein entfernt, ausradiert, gelöscht. Das Niedere wird immer vom Höheren beherrscht.

Denken Sie an alles, was »lieblich und wohllautend« ist. Schaffen Sie sich neue Gedanken und Ideen bezüglich der Prinzipien und der ewigen Wahrheiten. Machen Sie sich bewußt, daß Ihr Unterbewußtsein von vagen Wünschen, Träumen oder Hoffnungen nicht beeindruckt werden kann. Es akzeptiert allein Ihre festen Überzeugungen, Ihre gefühlsbetonten Gedanken – das, was Sie tief in Ihrem Herzen aufrichtig glauben.

Was glauben Sie? Glauben Sie an die Güte Gottes im Land der Lebenden, an seine Führung, an die Harmonie Gottes, an die Liebe Gottes und an den Überfluß Gottes? Wenn ja, dann wird alles das sich verwirklichen, denn etwas glauben heißt im Zustand des Seins und Habens zu leben. Etwas glauben heißt etwas als wahr zu akzeptieren.

Wer sind Sie?

Blicken Sie auf Ihr spirituelles Erbteil. Wir alle sind Kinder des ICH BIN, wie Moses sagt. In Ihrem Innern ist Ihr wahres Wesen oder Ihr wirklicher Name. Diesen wirklichen Namen nennen Sie den ganzen Tag über. ICH BIN. Der heilige Laut Om der Inder. Die Bibel sagt ICH BIN DER ICH BIN (2. Mos. 3:14). Moses sagte: ICH BIN hat mich zu euch gesandt (2. Mos. 3:14).

Sollten Sie morgen eine schwierige Aufgabe zu lösen haben, sollten Sie sich mit einer geschäftlichen Schwierigkeit konfrontiert sehen, dann bedenken Sie: »Das ICH BIN hat mich dorthin gesandt.« Der Ingenieur, der sich einem technischen Problem gegenübersieht, ist sich bewußt, daß das ICH BIN ihn gesandt hat. Er packt das Problem mutig an und sieht die perfekte Lösung.

Wir alle sind Kinder des ICH BIN (Gott). Alles, was Sie dem ICH BIN hinzufügen, wird Ihnen zuteil. Sie werden zu dem, was Sie dem ICH BIN hinzufügen. Wenn Sie sagen: »Ich bin zu nichts nütze, ich bin ein Versager, ich werde taub, ich werde blind, ich bin ein Niemand«, dann wird Ihnen das widerfahren, was Sie bejahen. Kehren Sie derartige Affirmationen daher sofort um, und sagen Sie: »Ich bin glücklich, froh und frei. Ich bin erleuchtet. Ich bin inspiriert. Ich bin stark. Ich bin mächtig. Ich bin ein Sohn oder eine Tochter des lebendigen Gottes und Erbe aller seiner Reichtümer. Ich bin zum Siegen und für den Erfolg geboren, denn das Unendliche kann niemals versagen. Ich bin ein überwältigender Erfolg. Ich bin absolut außergewöhnlich. Ich bin einzigartig – niemand auf der Welt ist mir gleich.«

Weshalb beanspruchen Sie nicht das oben Gesagte und schreiben sich diese Wahrheiten in Ihr Herz? *Wer ein Ohr hat, der höre, was der Geist den Gemeinden sagt* (Offb. 2:29) ... *Wer überwindet, dem will ich von dem verborgenen Manna geben und will ihm einen weißen Stein geben und auf dem Stein geschrieben einen neuen Namen, den niemand kennt, als wer ihn empfängt* (Offb. 2:17).

Manna ist ein Symbol für das Brot des Himmels. *Ich bin das lebendige Brot, das aus dem Himmel herabgekommen ist* (Joh. 6:51). Es ist das Brot des Friedens, der Harmonie; es ist das gesegnete Brot Gottes. Essen Sie dieses Brot der Inspiration und der Führung. Kein Mensch vermag in der heutigen Welt zu leben ohne spirituelle Nahrung. Sie können sich an der Tafel niederlassen und die erlesensten Speisen zu sich nehmen, und dennoch hungrig sein – nach Frieden, Harmonie, Liebe, Inspiration und Führung.

Manna ist ein Symbol für Inspiration, Stärke, Macht und Weisheit. Es wird Ihnen Nahrung sein in der Wüste der Einsamkeit, des Unglücklichseins, denn die größte Wüste der Welt ist nicht etwa die Sahara, sondern sie befindet sich unter dem Hut des Menschen. Nur zu oft wächst dort nicht viel mehr als das Unkraut der Ignoranz, der Furcht und des Aberglaubens. Buddha fragte Gott einmal nach der Ursache allen menschlichen Leidens auf der Welt. Die Antwort lautete: »Unwissenheit«, denn Unwissenheit ist die einzige Sünde, und alle Bestrafung ist nur die Konsequenz.

Wenden Sie sich an diese Gegenwart und Macht. Sie wird immer reagieren. Sie erhalten immer eine Antwort. In jeder Bedrängnis wird sie bei Ihnen und mit Ihnen sein. Sie haben diese Macht beim Namen gerufen, deshalb werden Sie von ihr erhoben, denn es ist ihr Wesen, auf Ihr Begehren zu reagieren. Wenden Sie sich an den Brunnen des Lebens, und fühlen Sie sich erfrischt von der Wahrheit. Dort können Sie sich erquicken. *Auf, ihr Dürstenden alle, kommt zum Wasser; und da ihr kein Brot habt, kommt! Kauft Korn ohne Geld und eßt ohne Kaufpreis Wein und Milch* (Jes. 55:1). Der Kaufpreis besteht darin, Gott den richtigen Stellenwert einzuräumen, ihn zu ehren und als erste Ursache anzuerkennen, dann handeln wir als sei diese Gegenwart überhaupt nicht vorhanden. Sie können das Brot essen – das Brot des Friedens, der Freude, des Glaubens und des Vertrauens in die einzige Macht, die es gibt. Sie sollten Ihren Glauben und Ihr Vertrauen nicht in Lehrgebäude, Dogmen, Meinungen und Traditionen setzen.

Damit begeben Sie sich in Abhängigkeit. Seien Sie überzeugt, daß alles, was Sie Ihrem Unterbewußtsein aufprägen, als Form, Funktion und Begebenheit in Ihrem Erfahrungsbereich sichtbar wird. Damit lernen Sie sich zugleich ein bißchen besser kennen.

Ein neuer Name ist eine neue Disposition, eine neue Perspektive, eine neue Einsicht. Sie können bejahen: »Gott liebt mich und sorgt für mich. Ich bin von oben her erleuchtet.« Sie können rechtes Handeln für sich beanspruchen. Sie können beanspruchen: »Die Weisheit Gottes salbt meinen Intellekt. Das schreibe ich mit der Feder meines Verstandes in mein Unterbewußtsein, und was ich in mein Unterbewußtsein schreibe, das wird zur Wirkung und Funktion in meinem Erfahrungsbereich.«

Entdecken Sie sich selbst

Sie sind hier, um Probleme zu lösen. Ihre Probleme und Herausforderungen haben Sie, weil Sie sich Ihrer Göttlichkeit bewußt werden und Ihr mentales und spirituelles Werkzeug schärfen sollen. Anderenfalls würden Sie sich niemals selbst entdecken.

Es gibt Fehlschläge im Leben, gewiß! Deshalb hatten Sie als Schulkind ja auch einen Radiergummi oben an Ihrem Bleistift. Jeder war sich im klaren, daß Sie Fehler machen würden. Durch Ihre Fehler lernten Sie jedoch schließlich addieren und subtrahieren und viele, viele andere Dinge.

Sie brauchen eine Basis für konstruktives Denken. Wenn Sie sich der Tatsache bewußt sind, daß Gedanken Dinge sind, daß Gefühle Anziehungskraft besitzen und Imaginationen Wirklichkeit werden, dann werden Sie nur noch konstruktiv denken wollen. Sie wissen dann: »Was ich denke, fühle und mir vorstelle, zu dem werde ich.« Sie erkennen: »Mein Denken ist schöpferisch – nicht weil es mein Denken, sondern weil es Denken ist.«

»Nichts kann dir Frieden geben, als der Triumph der Prinzipien« (Emerson). Quimby sagte: »Ein Kind ist wie eine leere Tafel, auf die Angehörige, Geistliche und alle, die des Weges kommen, etwas kritzeln.« Und das ist nur zu einfach, denn das Gemüt eines Kindes ist beeindruck- und formbar und für alle Überzeugungen, Meinungen, Dogmen, Lehren, Befürchtungen, Unwissenheiten und für jeden Aberglauben offen. Das Kind wächst sozusagen als Abbild des im Elternhaus vorherrschenden mentalen, emotionalen und spirituellen Klimas auf.

Wer ist es, der heute etwas auf die Tafel Ihres Gemüts kritzelt? Vielleicht Ihre Schwiegermutter oder irgendein Anverwandter? Belästigt man Sie? Will etwa jemand Ihnen weismachen, daß Sie versagen müssen? Lassen Sie sich dann so etwas einreden, oder weisen Sie derartige Suggestionen zurück? Hoffentlich tun Sie das! Sagen Sie dem Betreffenden: »Du weißt ja nicht, wovon du redest. Ich kann gar nicht versagen. Wie könnte ich auch? Das Unendliche befindet sich in meinem Innern. Ich bin zum Siegen geboren. Ich bin ein Erfolg auf der ganzen Linie – in meinem spirituellen Leben, in meinen zwischenmenschlichen Beziehungen und in meinem erwählten Beruf.« Im gleichen Augenblick wird die Macht darauf reagieren.

Wie könnte das Unendliche auch versagen? Wo ist das Unendliche? Es befindet sich in Ihrem Innern, genau da, wo Sie jetzt sind. Und Sie sind zum Siegen geboren. Sie sind angehalten zu siegen, zu überwinden, zu triumphieren. Sie gehen von Herrlichkeit zu Herrlichkeit, von Oktave zu Oktave – der Herrlichkeit des Menschen sind keine Grenzen gesetzt.

Ist es der Leitartikel einer Zeitung, der etwas in Ihr Gemüt kritzelt? Oder schreiben Sie lieber selbst etwas, nämlich die Wahrheiten Gottes, die immer die gleichen sind, gestern, heute und ewiglich? Was schreiben Sie Tag für Tag in Ihr Gemüt? Viele Menschen schreiben da Trauer, Verzweiflung, Hoffnungslosigkeit, Vereinsamung etc.

Wählen Sie lieber eine andere Inschrift für die Tafel Ihres Gemüts – schreiben Sie die Überzeugung, daß Sie vortrefflich, daß Sie würdig, daß Sie voller Vertrauen in die einzige vorhandene Kraft sind und daß Sie sich der Inspiration vom Höchsten bewußt sind, daß Sie unerschütterlich glauben, von Gott geführt zu sein. Gott ist eine Leuchte zu Ihren Füßen und ein Licht auf Ihrem Pfad.

Ihr Unterbewußtsein – das Buch des Lebens – wird diese Impressionen aufnehmen, weil Sie aufrichtig sind und das Gesagte auch meinen. Alles, was Sie im Denken und Fühlen als wahr annehmen, wird von Ihrem Unterbewußtsein verwirklicht – Gutes oder Schlechtes.

Schreiben Sie Harmonie, Gesundheit, Vollkommenheit, Schönheit, Frieden und rechtes Handeln in Ihr Gemüt. Das sind Prinzipien. Sie erschaffen diese Wahrheiten nicht, aber Sie aktivieren sie und machen sie wirksam und funktionell durch Ihre Bejahung. Fachen Sie die Gottesgabe in Ihrem Innern an.

Alles, was Sie mit Glauben, Vertrauen, Freude und Begeisterung erfüllt, hat Macht über Sie, denn es beherrscht Ihr Verhalten. Alle Ihre Handlungen werden von Begeisterung getragen sein, denn Begeisterung heißt eigentlich »von Gott besessen sein«. Nichts wird Sie so sehr fördern wie eine Haltung der Begeisterung für den Einen – für das Gute und das Schöne.

Sie sind ein mentales und spirituelles Wesen, denn wenn Sie ICH BIN sagen, bekunden Sie die Gegenwart des lebendigen Gottes. Sie sind ein spirituelles Wesen und haben von jeher gelebt. Auch in einer Milliarde von Jahren werden Sie noch am Leben sein, denn das eigentliche Leben wurde nie geboren und kann niemals sterben. Wasser wird es nicht nässen, Feuer nicht brennen, der Wind nicht verwehen. Sie sind am Leben, und dieses Leben ist das Leben Gottes. Gott ist Leben; deshalb haben Sie von jeher gelebt.

Sind Sie noch der gleiche Mensch, der Sie vor fünf Jahren waren? Vor zehn Jahren? Vor 25 Jahren? Sind Sie noch der gleiche Mensch, der Sie im Alter von drei Monaten oder einem Jahr waren? Selbstverständlich sind Sie das nicht. Selbst seit Ihrer Geburt haben Sie Hunderte von Reinkarnationen durchlebt. Der Geist hat sich dabei auf höheren Ebenen manifestiert. Sie waren also jeweils anders im Alter von 5, 10, 20 oder 30 Jahren. Wenn ich Sie mit einer Serie Fotos von Ihnen konfrontieren würde, die jeweils im Abstand von einem Monat gemacht wurden, dann würden Sie sich auf so manchem davon kaum wiedererkennen.

Sie sind nicht mehr der gleiche Mensch, der Sie noch vor sechs Monaten waren. Sie haben ein neues Konzept von Gott, vom Leben, vom Universum – eine neue Einschätzung, ein neues Muster, einen neuen Einblick. Sie reden nicht mehr wie damals, Sie gehen nicht mehr wie damals, und Sie denken auch nicht mehr wie damals. Ihr Leben bewegt sich aufwärts – von Herrlichkeit zu Herrlichkeit. Und wenn Sie in die nächste Dimension überwechseln, auch dann bewegen Sie sich von Oktave zu Oktave. Sie können morgen nicht weniger sein, als Sie heute sind, denn das Leben geht nicht rückwärts oder gibt sich mit dem Gestrigen ab.

»Ich gehe von Herrlichkeit zu Herrlichkeit. Ich gehe von Oktave zu Oktave.« Schreiben Sie sich diese Wahrheiten in Ihr Unterbewußtsein – in Ihr Leben, denn Sie sind am Leben, und Sie pflanzen immer etwas Neues in Ihr tieferes Bewußtsein.

Der See des Feuers

Ich erhalte in meiner Post viele zustimmende Briefe, in einigen wenigen heißt es jedoch: »Sie werden einmal in einem See von Feuer brennen müssen, weil Sie in Ihren Rundfunksendungen behaupten, daß ein jeder Mensch sein eigener Erlöser sei, daß Gott in seinem Innern wohne und daß er lediglich den Kontakt zu dieser Gottesgegenwart herzustellen brauche, damit sie ihn führt, leitet und seine Probleme löst. Des weiteren behaupten Sie, der Mensch beantworte sein Gebet selbst. Für diese Ungeheuerlichkeiten werden Sie einmal bis in alle Ewigkeit brennen müssen!« Und dann zitieren solche Briefschreiber die Bibel: »*Denn so sehr hat Gott die Welt geliebt, daß er seinen einzigen Sohn gab, damit jeder, der an ihn glaubt, nicht verlorengehe, sondern ewiges Leben habe*« (Joh. 3:16).

Alles das offenbart jedoch einen beträchtlichen Mangel an Verständnis. Ein jeder Mensch ist der einzige eingeborene Sohn. Wir alle sind die eingeborenen Söhne des Einzigen Einen. Es gibt nur einen Einzigen Einen. Ihr eingeborener Sohn ist – spirituell gesehen – Ihr Begehren. Sind Sie krank, dann ist Gesundheit Ihr Erlöser. Dann begehren Sie doch Gesundheit. Die Verwirklichung Ihres Begehrens – das ist Ihr Erlöser. Wenn Sie sich im Wald verirrt haben, dann ist Führung Ihr Erlöser. Sind Sie eingesperrt, dann ist Freiheit Ihr Erlöser. Sind Sie am Verdursten, dann ist Wasser Ihr Erlöser. Somit ist jeder Mensch, der Kontakt mit der göttlichen Kraft herzustellen vermag, selbstverständlich sein eigener Erlöser. Jedem zur Wahrheit erwachten Menschen sind diese Dinge klar, weil sie logisch sind.

Das Feuer, von dem die Bibel spricht, ist selbstverständlich kein tatsächliches Feuer. Die Bibel ist ein spirituelles Buch. Sie ist bekanntermaßen keine sinnlose Zusammenstellung irgendwelcher Vorkommnisse, sondern das größte metaphysische Lehrbuch aller Zeiten. Sie spricht zu uns in spiritueller, mentaler, allegorischer, figurativer, idiomatischer und mystischer Sprache. Menschen, die in einem »See von Feuer« brennen, findet man überall. Gehen Sie in eine Klinik oder eine Nervenheilanstalt – dort finden Sie eine beträchtliche Anzahl von Menschen, die »in einem See von Feuer brennen«. Dieser See ist selbstverständlich Ihr Unterbewußtsein. Sie verzehren sich mit

Haß, Eifersucht, Groll, Feindseligkeit und Zorn – das ist ihr Feuer. Sie verbrennen ihr Gewebe und ihr Herz mit diesen negativen Gefühlen.

Ein Nervenkranker ist ein gequälter Mensch. Er ist gemartert, oder etwa nicht? Er brennt in seinem Elend. Viele Menschen brennen in ihrem Haß, ihrem Groll, ihrer Feindseligkeit etc. Es ist selbstverständlich, daß sie sich in einem See des Feuers befinden, den sie sich jedoch selbst verursacht haben, denn es ist der Mensch, der sich seine eigene Hölle und seinen eigenen Himmel schafft.

Zorn, Depression, Furcht und böse Prophezeiungen – das sind die inneren Feuer. Jeder Arzt kann Ihnen sagen, daß es letztendlich diese Emotionen sind, die Ihnen Magengeschwüre, hohen Blutdruck, Krebs und Arthritis verschaffen. Ständig genährte Haßgefühle können zu Arthritis führen; es machen sich dann nur zu bald physische Veränderungen bemerkbar, beispielsweise Kalkablagerungen in den Geweben und allgemeine Unstimmigkeiten. Schon mancher hat durch Eifersucht den Verstand verloren, denn es gibt wohl kaum ein zerstörerischeres Gift als Eifersucht. Sie wird das »grünäugige Ungeheuer« genannt und ist das größte aller Mentalgifte.

Sammeln Sie sich daher »Schätze im Himmel, wo Motten und Rost sie nicht zunichte machen und wo Diebe und Räuber nicht einbrechen und stehlen«. Säen Sie für sich die Saat der Harmonie, der Gesundheit, des Friedens und der Schönheit. Schreiben Sie sich die Wahrheiten Gottes ins Herz. Was werden Sie da schreiben? Schreiben Sie alles, ... *was wahr, was ehrbar, was gerecht, was rein, was liebenswert, was wohllautend ist, wenn es irgendeine Tugend und wenn es irgendein Lob gibt, dem denkt nach* (Phil. 4:8).

11. KAPITEL

Wozu sind Sie hier?

Vom Anfang bis zum Ende ist das Leben eines jeden Menschen ein Plan Gottes.

Jesus sagte: »Ich bin gekommen, damit sie das Leben und volle Genüge haben werden.«

Sie sind hier, um ein volles, glückliches und herrliches Leben zu führen. Sie sind hier, um der Welt Ihre verborgenen Talente zu offenbaren, um Ihren wahren Platz im Leben zu finden und sich auf Ihrer höchsten Ebene Ausdruck zu geben.

Finden Sie Ihren wahren Platz

Vor einigen Monaten suchte mich eine junge Dame auf, die der Meinung war, völlig überflüssig zu sein. Sie sagte: »Ich bin unerwünscht. Niemand will mich. Ich bin eine eckige Murmel in einem runden Loch.« Ich machte ihr klar, daß jeder Mensch einzigartig ist, daß es keine zwei Menschen gibt, die einander gleichen »wie ein Ei dem andern«, ebensowenig wie eine Schneeflocke der anderen gleicht. Gott wiederholt sich nicht; unendlicher Unterschied ist das Gesetz des Lebens.

So etwas wie einen unerwünschten Menschen gibt es deshalb nicht. Ich nannte ihr ein Emerson-Zitat, um das zu untermauern: »Ich bin ein Organ Gottes, und Gott braucht mich genau dort, wo ich bin; andernfalls wäre ich nicht hier.«

Darauf fragte sie: »Was ist der Wille Gottes für mich? Was soll ich nach seinem Willen tun?« Die Antwort ist einfach. Und einfach ist auch das Gebet, die Bejahung, die sie anwandte, um dem Willen Gottes zu folgen – einfach, direkt und unumwunden.

Ihr spezielles Gebet

»Gott offenbart mir meine verborgenen Talente und flüstert mir die mir zugedachte Aufgabe ins Herz. Ich weiß: Gott ist unendliche Intelligenz, die sich durch mich Ausdruck zu schaffen sucht. Ich bin ein Brennpunkt des unendlichen Lebens, so wie die Glühbirne ein Brennpunkt für die Manifestation der Elektrizität ist. Gott durchströmt mich als Harmonie, Gesundheit, Frieden, Freude, Wachstum und Ausdehnung auf der ganzen Linie. Ich erkenne die *Führung,* die als Gedankenblitz in meinen wachbewußten Verstand gelangt, und ich sage jetzt Dank für die erhaltene Antwort.«

Nach einigen Tagen verspürte sie plötzlich ein unwiderstehliches Verlangen, einen kaufmännischen Fortbildungskurs zu belegen, und ich zweifle nicht daran, daß sie nunmehr in jeder Hinsicht erfolgreich sein wird.

Beanspruchen Sie Ihr Gutes jetzt

»Siehe, jetzt ist die angenehme Zeit.« Viele Menschen blicken immer wieder auf die Zukunft und erhoffen sich von ihr die besseren Zeiten. Unentwegt behaupten sie, daß sie eines Tages glücklich und erfolgreich sein werden – irgendwann einmal – und erkennen dabei nicht, daß Gott das »Ewige Jetzt« ist!

In Wahrheit befinden sich alle Kräfte der Göttlichkeit in Ihrem Innern – sie sind in Ihnen bereits vorhanden. Frieden ist jetzt; deshalb können Sie beanspruchen, daß Gottes Strom des Friedens Sie jetzt durchfließt. Heilung ist jetzt; wissen und spüren Sie, daß die unendliche heilende Gegenwart, die Sie erschaffen hat, jetzt jedes Atom Ihres Wesens wiederherstellt. Bejahen und verlangen Sie, daß die schöpferische Intelligenz, die Sie erschaffen hat, Sie auch heilt und daß göttliche Ordnung Ihr Gemüt und Ihren Körper beherrscht.

Reichtum ist jetzt verfügbar – er ist eine gedankliche Vorstellung in Ihrem Gemüt. Beanspruchen Sie ihn! Verlangen Sie ihn kühn und furchtlos. Bejahen Sie: »Gottes Reichtum zirkuliert jetzt in meinem Leben.« Warum wollen Sie noch länger warten?

Stärke ist jetzt. Wenden Sie sich an die Macht Gottes in Ihrem Innern, und diese Macht wird darauf reagieren und Ihr ganzes Wesen kräftigen und erneuern.

Liebe ist jetzt. Machen Sie sich bewußt, daß die Liebe Gottes Gemüt und Körper durchsättigt, und daß diese göttliche Liebe zum Durchbruch kommt und sich auf allen Ebenen Ihres Lebens manifestiert.

Führung ist jetzt. Die unendliche Intelligenz in Ihrem Innern kennt die Lösung – sie weiß die Antwort – und sie reagiert dem Wesen Ihres Begehrens gemäß.

Beanspruchen Sie Ihr Gutes *jetzt*. Verlangen Sie es *jetzt*. Dabei erschaffen Sie nichts, sondern Sie geben nur dem Form und Ausdruck, was immer war und immer sein wird. Moses zum Beispiel hätte einen Lautsprecher oder das Fernsehen benützen können. Die Idee oder das Prinzip, aus dem diese Erfindungen hervorgegangen sind, haben im unendlichen Geist von jeher existiert. Plato bezog sich auf die »Urformen des göttlichen Geistes«, und das heißt schlicht und einfach, daß hinter einer jeden Schöpfung – hinter allem Erschaffen im Universum – eine Idee oder ein Denkmodell im göttlichen Gemüt besteht.

Der gegenwärtige Augenblick

Ist Ihnen jemals der Gedanke gekommen, daß Sie jeden Plan, den Sie für die Zukunft schmieden, jetzt – in diesem Augenblick – machen? Wenn Sie etwas Zukünftiges fürchten, dann fürchten Sie es jetzt. Das Furchtgefühl haben Sie jetzt, in diesem Moment. Und wenn Sie über die Vergangenheit nachgrübeln, dann tun Sie auch das genau jetzt. Deshalb ist es ganz allein ihr *gegenwärtiges* Denken, das zu ändern ist. Ihres gegenwärtigen Denkens sind Sie sich immer bewußt. Und alles, was Sie realisieren können, ist die Manifestation Ihres gewohnheitsmäßigen Denkens in diesem Augenblick. Die »beiden Räuber« sind die Vergangenheit und die Zukunft. Wenn Sie sich in Reuegedanken, in Bedauern, in Selbstkritik ergehen, wenn Sie vergangene Fehler und vergangenes Ungemach erneut durchleben, dann ist die innere Qual, die Sie damit durchleben, von Ihrem gegenwärtigen Denken – von Ihren Gedanken jetzt, in diesem Augenblick – verursacht. Sorgen Sie sich um die Zukunft, dann berauben Sie sich Ihrer Freude, Ihrer Gesundheit und Ihres Glücks. Zählen Sie Ihre Segnungen – alles, wofür Sie dankbar sein können – *jetzt*, und entledigen Sie sich der beiden Räuber.

Es gibt da jedoch ein gutes Hilfsmittel: Der Gedanke an eine glückliche, freudige Begebenheit – auch wenn sie bereits längere Zeit zurückliegt – ist eine gegenwärtige Freude. Die Auswirkungen vergangener Geschehnisse – gut oder schlecht – sind lediglich Repräsentanten Ihres gegenwärtigen Denkens. Leiten Sie Ihre gegenwärtigen Gedanken in die richtigen Kanäle. Errichten Sie in Ihrem Gemüt Frieden, Harmonie, Freude, Liebe, Wohlergehen und guten Willen. Verweilen Sie unentwegt bei diesen Konzepten und machen Sie sie sich zu eigen. Vergessen Sie alles andere. *Im übrigen, ihr Brüder, allem, was wahr, ehrbar, gerecht, rein, liebenswert, wohllautend ist; wenn es irgendeine Tugend und wenn es irgendein Lob gibt, dem denkt nach* (Phil. 4:8).

Er hörte auf, die Vorsehung verantwortlich zu machen

Kürzlich erzählte mir ein Mann von seinen vielen Schwierigkeiten und machte dabei Gott für alle seine Rückschläge verantwortlich. Eine solche Haltung ist selbstverständlich auf ein völlig falsches Gotteskonzept zurückzuführen.

Ich erklärte ihm die Funktionsweise des Universums. Wir haben es mit einem Universum von Recht und Ordnung zu tun. Gott ist neben vielem anderen Prinzip oder Gesetz. Wenn der Mensch sich einer Gesetzesübertretung schuldig macht, dann hat er entsprechend zu leiden. Das ist dann keineswegs eine Bestrafung durch einen zornigen Gott. Damit würde man Gott, dem Prinzip, eine menschliche Schwäche anhängen. Es ist nichts weiter als eine *völlig unpersönliche* Angelegenheit von Ursache und Wirkung. Mißbrauchen wir das geistige Gesetz, dann wird die Reaktion eine negative sein; wenden wir das Gesetz hingegen in korrekter Weise an, hilft es und erquickt unsere Seele.

Ich gab ihm einige Empfehlungen, damit er zu einem offenen Kanal für das freiströmende göttliche Leben werden konnte und gab ihm das folgende Gebet zur Anwendung:

»Ich bin ein klarer, offener Kanal für das Göttliche. Unendliches Leben durchströmt mich ungehindert in Form von Gesundheit, Frieden, Wohlergehen und rechtem Handeln. Unentwegt habe ich neue schöpferische Ideen, mit denen ich die eingeschlossene Herrlichkeit in meinem Innern freisetze.«

Durch regelmäßige Anwendung dieser Bejahung bekam dieser Mann ein neues Lebensgefühl. Wie er mir sagte, hat er jetzt erst angefangen zu leben. Er bekannte freimütig: »Ich habe aufgehört, mein Gutes zu blockieren. Ich habe meinen Fuß vom Gartenschlauch genommen, und die Wasser des Lebens fließen ungehindert und reichlich in mein Leben.« Er hat gelernt, sich zu entspannen und aufgehört, das Gewicht seiner negativen Mentalität auf den unendlichen »Schlauch«, die unendliche »Pipeline« des Lebens zu pressen.

Ein Lebensprinzip

Es gibt nur ein Lebensprinzip. Dieses Prinzip belebt das gesamte Universum. Gott ist Leben, und dieses Leben ist

Ihr Leben jetzt. Dieses Lebensprinzip kann sowohl konstruktiv als auch destruktiv angewandt werden, denn wir verfügen über die Freiheit der Wahl.

Destruktiv wenden wir das Lebensprinzip jedesmal dann an, wenn wir uns Furcht- oder Reuegedanken hingeben, Gedanken des Bedauerns äußern oder uns irgendwelchen anderen negativen Gedanken überlassen. Jeder Grollgedanke, alle Feindseligkeit, spiritueller Stolz, geistiger Hochmut, Eigenwillen, alle Kritik, Bemängelung, Verurteilung oder Verdammung sind besonders zerstörerische Methoden, das Lebensprinzip zu mißbrauchen. Solche Emotionen sinken in das Unterbewußtsein und kommen eines Tages als Krankheiten, Leiden und anderes Ungemach wieder zum Vorschein.

Wenn Sie auf das Unendliche eingestimmt sind und sich von ihm durchströmen lassen – harmonisch und freudvoll –, wenn Sie richtig denken, richtig fühlen und richtig handeln, dann wird Ihr Leben zu einem nicht enden wollenden Erfolg und Glück auf der ganzen Linie – hier und jetzt.

Weshalb sie nicht gedeihen konnte

Eine junge Lehrerin beklagte sich bei mir darüber, daß sie trotz regelmäßiger Gebete um Wohlstand und Erfolg keinerlei Resultate erblicken konnte. Im Verlauf unseres Gesprächs wurde mir dann sehr bald klar, daß sie ihr Ungemach ständig erneut durchlebte, die Schulleitung, ihre Schüler und deren Eltern unentwegt kritisierte und ihre Umwelt für alles, was ihr widerfuhr, verantwortlich machte. Sie gab jedem anderen die Schuld, nur nicht sich selbst. Ich wies sie darauf hin, daß sie die Schätze des Lebens in ihrem Innern geradezu verschwendete, weil sie sie ausschließlich für negatives Denken anwandte – eine höchst destruktive Haltung. Daraufhin kehrte sie ihre Gemütshaltung um und bejahte regelmäßig mit tiefem Verständnis:

»Gott hat mir nicht einen Geist der Furcht gegeben, sondern der Macht und der Liebe und des beherzten Geistes. Ich habe einen festen, unerschütterlichen Glauben an Gott als mein verschwenderisches allgegenwärtiges Gutes. Ich bin vitalisiert, und ich gedeihe auf allen meinen Wegen. Beruflicher Aufstieg vollzieht sich jetzt – Beförderung ist jetzt mein. Ich bin im Frieden. Ich strahle Liebe und Wohlwollen aus auf meine Schüler, meine Kollegen und meine ganze Umwelt. Von ganzem Herzen wünsche ich Frieden, Freude und Glück für sie. Die Intelligenz und Weisheit Gottes erfüllt und belebt alle Schüler in meiner Klasse zu jeder Zeit, und ich bin erleuchtet und inspiriert. Sobald ich geneigt bin, negativ zu denken, werde ich sofort an die heilende Liebe Gottes denken.«

Innerhalb eines Monats war es dieser Lehrerin gelungen, in all ihren Beziehungen Harmonie herzustellen, und sie bekam auch ihre ersehnte Beförderung.

Göttliche Unzufriedenheit

Sie sind hier, um alle Eigenschaften und Aspekte Gottes auzudrücken – sie zu reproduzieren. Da dies aber der eigentliche Grund für ihre Existenz ist, treibt es Sie auch zu einer göttlichen Unzufriedenheit an. Es treibt Sie an, mit allem unzufrieden zu sein, was weniger ist als vollkommene Harmonie, vollkommene Gesundheit und vollkommener Gemütsfrieden. Ruhelosigkeit infolge Frustration, Mangel und Begrenzung sollte Ihnen Antrieb sein, alle Schwierigkeiten zu überwinden durch die unendliche Macht in Ihrem Innern. Sie empfinden die Freude der Überwindung. Die Probleme, Schwierigkeiten und Herausforderungen des Lebens befähigen Sie dann, Ihr mentales und spirituelles Werkzeug zu schärfen und die Schätze aus dem unendlichen Vorratshaus der Reichtümer im Innern freizusetzen.

Das unendliche Gemüt ist zeit- und raumlos. Hören Sie

auf, sich selbst zu begrenzen. Entfernen Sie alle Stolpersteine aus Ihrem Gemüt, und treten Sie ein in die Freude des beantworteten Gebets ... *Erhebt eure Augen und betrachtet die Felder; sie sind schon weiß zur Ernte* (Joh. 4:35).

12. KAPITEL

Satan, Teufel, Schlange etc. – ihre wirkliche Bedeutung

Es gibt nur eine einzige Macht. *Höre, O Israel: Der Herr, unser Gott, ist ein Herr* (Deut. 6:4). Da Gott allein *ist*, *ist kein* Teufel. Da Gott Sein ist, ist der Teufel Nichtsein. In anderen Worten, der Teufel ist nicht existent. Wie Richter Troward es in seinem Klassiker *Bible Mystery and Bible Meaning* so glänzend ausdrückte: »Es ist haargenau dieses Faktum der Nichtexistenz, das den Teufel ausmacht; es ist diese Macht, die in der Erscheinung liegt und in Wahrheit doch nicht ist: es ist die Macht des Negativen.«

Das Auge wurde Teufel genannt

Die alten hebräischen Mystiker nannten in der altertümlichen Tarot-Lehre den Teufel Ayin oder Oin. Damit war das Auge als Sehorgan gemeint. Das Auge erfaßt nur die Erscheinungen auf der Oberfläche. Man war auch einmal der festen Überzeugung, daß die Sonne im Osten auf und im Westen untergehe und daß die Erde flach wie ein Brett sei und dazu noch völlig unbeweglich. Und doch hat die Wissenschaft die Menschheit inzwischen überzeugen können, daß hier der Anschein – durch das Auge wahrgenommen – trügt. Die Sonne geht keineswegs auf und unter und die Erde ist auch nicht flach und unbeweglich. Die Wissenschaft hat längst nachgewiesen, daß wir nichts so sehen, wie es in Wirklichkeit ist. Wir leben in einem Universum von Verdichtungen, Frequenzen und Intensitäten. Ihr Körper ist aus Lichtquellen, Atomen und Molekülen zusammengesetzt, die in einer ungeheuren Geschwindigkeit herumschwirren. Unser Auge ist lediglich auf dreidimensionales Sehen ausgerichtet.

Die alten Hebräer wußten bereits mehr über die illusorische Natur der Materie und das begrenzte Wahrnehmungsvermögen des Auges als die moderne Wissenschaft. Der Begriff Ayin – das Auge – bezieht sich immer auf das, was *zu sein scheint*, als auf das, was wirklich *ist*, auf die Illusion, statt auf die Wirklichkeit. Daher ist Ayin, der 16. Buchstabe im hebräischen Alphabet, mit dem Wort *Teufel* assoziiert. Die eigentliche Bedeutung des Wortes *Teufel* in der hebräischen Mystik ist *Verleumder* – einer, der Unwahrheiten über Gott verbreitet. Das Auge verleumdet die Tatsachen, denn es befaßt sich ausschließlich mit dem äußeren Erscheinungsbild einer Tatsache.

Der umgekehrte Gott

Die hebräischen Mystiker bezeichneten den Teufel als den auf den Kopf gestellten Gott. In anderen Worten: Der Teufel ist der von unwissenden und primitiven Menschen mißverstandene Gott. Den Teufel der Theologen gibt es also nicht – er existiert einfach nicht! Er wurde von ihnen in die Welt gesetzt, um das Böse auf der Welt erklären zu können. Das sogenannte Böse ist nichts anderes als die Auswirkung unseres Mißbrauchs der *Einen Macht*.

Wir sind freie Wesen, ausgestattet mit der Befähigung zu wählen, und wir sind hier, um uns zu entfalten und um die Gesetze des Lebens zu begreifen und korrekt anzuwenden. Eine jede falsche Anwendung oder Handhabung bringt Nachteile mit sich. So auch bei den geistigen Gesetzen. Ihre falsche Anwendung erschafft Böses oder Unheil. Wenn Sie sich nicht das Gute erwählen, dann erfahren Sie aufgrund dieser Entscheidung die negative Reaktion Ihres Unterbewußtseins.

Eine Erfindung des Menschen

Die Theologen hielten es für angezeigt, der Masse einen Teufel zu präsentieren, der dann für das Vorhandensein des Bösen auf der Welt verantwortlich gemacht werden konnte. Soweit es die Evangelien betrifft (das erste etwa um 300 A. D.), ist das Wort Teufel in den früheren Versionen nicht zu finden. Es erscheint dort vielmehr als *Geist des Bösen*. In den Lehren Jesu wird der Teufel der Theologen überhaupt nicht erwähnt. Den hat die Kirche später erfunden. Des weiteren bedeutet das Wort, das mit *Teufel* übersetzt wurde, *ein* Geist des Bösen, und nicht *der* Geist des Bösen.

Jesus ging umher und trieb die Teufel aus, negative Gedankenformen – Haß, Eifersucht, Feindseligkeit, Groll, Rachsucht, Selbstverurteilung und Selbstmitleid. Das sind die Teufel, die uns plagen. Sie sind jedoch von uns selbst ins Leben gerufen worden, durch unsere Gedanken und Gefühle. Diese negativen Emotionen sind allerdings Geister (Gefühle) des Bösen.

»Die Essenz der Hölle«, sagt Swedenborg, »ist das Verlangen, einen anderen zu beherrschen.« Die Teufel sind negative, destruktive Gedankenformen, die wiederum negative, destruktive Emotionen verursachen und den Betreffenden zum entsprechenden Handeln zwingen. Negative, destruktive Emotionen – im Unterbewußtsein verborgen – suchen nach einem Auslaß und bewirken alle Arten von Chaos und Leiden.

Schmerz ist eine Konsequenz

Alle Schmerzen und Leiden der Welt sind die Auswirkungen unseres Denkens und somit auf den Mißbrauch – die falsche Anwendung – des Gesetzes der einen Macht zurückzuführen. Es gibt einfach keine Strafe, ausgeteilt von einem zornigen Gott.

Gott hat nicht das geringste zu tun mit unseren Leiden oder Krankheiten. Die Behauptung, Gott zürne uns, statt uns mit Liebe und Barmherzigkeit zu bedenken, ist die größte aller Blasphemien.

Überwindung von Hindernissen

Wir alle sind hier, um Behinderungen, Herausforderungen, Schwierigkeiten und Probleme zu überwinden, um so die Göttlichkeit in unserem Innern zu entdecken und unser Ziel zu erreichen. Das griechische Wort für *Teufel* ist *Diabolos, einer der querwirft* (Probleme und Behinderungen), die wir als Stufen zu unserem Triumph ansehen sollten. Auf diese Weise machen wir Fortschritte und steigen auf der Leiter des Lebens aufwärts.

Der Fall Luzifers

Wie bist du vom Himmel gefallen, o Luzifer, du strahlender Morgenstern! Wie bist du zu Boden geschmettert, du Besieger der Völker (Jes. 14:12)! Luzifer bedeutet Licht oder ICH BIN, und das ist Gott. Gott begrenzt sich selbst, wenn er zum Menschen wird. Der vom Himmel gefallene Luzifer ist schlicht und einfach Geist, Gott oder ICH BIN, zur Materie geworden; und unsere Begrenzung ist der sogenannte Teufel. Der Fall Luzifers – der Fall Gottes oder des Geistes in die Materie – befähigt uns in Wahrheit zu unserem Wachstum und läßt uns die uns innewohnenden spirituellen Kräfte freisetzen. Die Herausforderungen und Schwierigkeiten des Lebens schärfen unser mentales und spirituelles Werkzeug und lassen uns unsere gottgleichen Kräfte erkennen, so daß wir uns über sie erheben, wachsen und transzendieren können und damit mehr und mehr von den uns innewohnenden Eigenschaften Gottes freisetzen können.

Eine schöpferische Macht

Wieder und wieder weist die Bibel uns darauf hin, daß es nur eine Macht gibt – nicht zwei, nicht drei, nicht hundert – sondern eine. Lesen Sie diese Worte in der Bibel: *Seht nun, daß ich, sogar ich, er bin, und kein Gott neben mir ist.*

Ich bin's, der tötet und der lebendig macht; ich verwunde und ich werde auch heilen (Deut. 32:39).

Das bedeutet, daß diese Macht auf zweierlei Art angewandt werden kann. Und das trifft selbstverständlich auf jede Kraft zu, was es auch ist. Man kann die Elektrizität anwenden, um den Staubsauger zu betreiben oder ein Haus zu beleuchten, und man kann mit ihr einen Menschen töten. Ebenso kann man das Wasser nehmen, um ein Kind zu ertränken oder um seinen Durst zu löschen. Wir hatten hier in Kalifornien schon Überschwemmungskatastrophen, die Häuser, Straßen und Brücken ruinierten; und dennoch, eine solche Wasserkraft, durch Staudämme gebannt und kontrolliert, kann benutzt werden, das Land zu bewässern, Städte zu beleuchten und die Menschheit auch sonst auf vielfältigste Weise zu segnen.

Zur Zeit arbeiten Wissenschaftler an einem neuen Verfahren der Wasserstoffspaltung. Die damit freigesetzte Energie wird Wunder im gesamten Industriebereich bewirken. Die Kräfte der Natur sind nicht böse. Es hängt allein von der Art ihrer Anwendung ab. Und die Art dieser Anwendung wiederum hängt von unserem Denken ab. Gut und Böse sind also Resultate menschlichen Denkens, menschlicher Motivation und des dementsprechenden Gebrauchs der Geistes- und Naturkräfte.

Gut und Böse sind Bewegungen des menschlichen Gemüts in Relation zu der Einen Höchsten Macht, die in sich selbst vollkommen ist. Denken Sie Gutes, und Gutes wird folgen; denken Sie Böses, und das Resultat wird Böses sein.

Der im 14. Kapitel des Buches Jesaja erwähnte Luzifer steht auch für das falsche Gotteskonzept des Menschen, für das falsche Konzept des ICH BIN in seinem Innern. Viele Menschen scheinen eher bereit zu sein, für ihre abergläubischen Vorstellungen zu sterben, als ihre Herzen und Gemüter den Wahrheiten des Lebens zu öffnen. Sie sind hart, unbelehrbar und unflexibel. Es scheint ihnen unmöglich zu sein, einen alten, verkrusteten Falschglauben über Gott und die Gesetze des Lebens aufzugeben. Auf eine solche halsstarrige Unbelehrbarkeit bezieht sich die Bibel im 14. Kapitel des Buches Jesaja: *Du hattest bei dir gesprochen: zum Himmel empor will ich steigen, hoch über den Sternen Gottes aufrichten meinen Sitz* (Jes. 14:13).

Vor einigen Monaten erhielt ich von einer Dame einen 14 Seiten langen Brief, in dem sie mir beweisen wollte, daß es sehr wohl einen Teufel gäbe, der die Menschen versucht, Kriege anzettelt, die Gemüter der Menschen beherrscht, Verbrechen begeht etc. Es erwies sich leider als völlig sinnlos, sich mit ihren abergläubischen und von Dogmen und Falschglauben geprägten Ansichten auseinanderzusetzen. Viele Menschen verhalten sich wie sie. Sie erhöhen den sogenannten Teufel oder ihren Falschglauben in ihrem Gemüt und stoßen Gott vom Thron. Die kommunistischen Länder zum Beispiel haben ihre Ideologien über die Sterne (Wahrheiten) Gottes gesetzt. Sie behaupten, es gäbe keinen Gott, sondern nur Lenin.

Die Wahrheit macht uns frei

In dem Augenblick, da Sie sich der Idee entledigen, es existiere noch eine andere Macht neben der Einen, wird dieses falsche Konzept vom Thron Ihres Gemüts fallen. Sie werden dann erkennen, daß diese Macht – konstruktiv angewandt – Gott ist, der Gesundheit und Glück in Ihr Leben bringt. Wird diese Kraft jedoch negativ angewandt – auch wenn es aus Unwissenheit geschieht –, dann schreibt man die entsprechenden Resultate – Mangel, Elend, Leiden – dem Teufel zu. Auch bloße Unwissenheit wird Teufel genannt, eine Negation des Lebens.

Der Erzengel Luzifer

Luzifer, Satan, der Teufel, die Schlange – sie alle haben die gleiche Bedeutung. Aller Wahrscheinlichkeit nach haben Sie die Geschichte von dem Erzengel Luzifer gehört, der in die Hölle geworfen wurde, als Strafe für seine Auflehnung gegen Gott. Das ist selbstverständlich reiner Mythos. Die Bibel weist auf Luzifer hin als den hellen Morgenstern ... *Ich bin der Wurzelsproß und das Geschlecht Davids, der helle Morgenstern* (Off. 22:16). Der größte und hellste Stern auf der ganzen Welt ist das ICH BIN in Ihrem Innern, das Gott ist oder das Licht der Welt.

Der sogenannte Teufel im hebräischen Symbolismus

Die hebräischen Seher, Verfasser der Bibel, waren Meister in der Kunst der Psychologie und in der Darstellung der Seele. Sie enthüllten die verborgenen Bedeutungen der Bibel in der Kabbala. Die Kabbala ist eine mystische Interpretation der Bibel und enthält den Schlüssel zu den Allegorien, Zahlen und dem Symbolismus der Bibel.

Die alten Tarot-Karten offenbaren, daß der Teufel aus der verzerrten Vorstellung einiger Menschen entsprang. Dieses imaginäre Wesen war mit den Hörnern eines Ziegenbocks ausgestattet, dem Kopf eines Menschen, den Ohren eines Esels und den Flügeln einer Fledermaus. Die obere Körperhälfte ist menschlich, die Hüften sind die eines Tieres. Die Beine sind dann wieder die eines Menschen und münden in die Krallen eines Adlers.

Fledermausflügel symbolisieren Dunkelheit oder Ignoranz. Die Hörner sind die eines Ziegenbocks und weisen auf das nicht vorhandene Rückgrat und somit auf das Unvermögen, aufrecht zu gehen. (Der Mensch sollte imstande sein, sich aufrecht gehend innerhalb des Gesetzes zu bewegen.) Der Kopf weist Eselsohren auf, weil der Mensch es ablehnt, auf die Stimme der Intuition zu hören und sich der Führung der unendlichen Gegenwart und Macht anheim zu geben oder die ewigen Wahrheiten zur Kenntnis zu nehmen: Er ist störrisch und verbohrt wie ein Esel.

Der menschliche Teil des Körpers ist grob und schwerfällig und weist auf das Fehlen von Grazie und Schönheit hin. Die erhobene Hand, die das Paar (Mann und Weib) segnet, ist weit offen, so als ob sie sagen wollte: »Der Sinn des Lebens ist das Begehren nach reinen Äußerlichkeiten, sonst nichts.« Die Hüften sind die eines Tieres, was besagt, daß der Mensch eher dazu neigt, seinen Instinkten zu folgen als spirituellen Impulsen. Die Beine versinnbildlichen die negativen Emotionen und Leidenschaften, die ihn beherrschen.

Die Beine enden sodann in den Krallen eines Adlers. Das deutet auf sexuelle Abirrungen und den Mißbrauch des Sexualtriebes hin. Die erhobene Klaue ist ein saturnisches Symbol und zeigt den von seinen Begrenzungen beherrschten Menschen.

Über dem Haupt dieses Teufels befindet sich ein umgekehrtes Pentagramm. Der fünfzackige Stern symbolisiert den vollkommenen Menschen. Er sollte eigentlich auf seinen zwei Zacken stehen – dem wachbewußten Verstand und dem Unterbewußtsein als gleiche Partner. Hier jedoch steht er nur auf einem Zacken – ein Hinweis auf völliges Ungleichgewicht. Unterbewußtes Falschdenken, die Meinungen des Massengemüts und negative Emotionen haben den Menschen völlig in ihrem Bann. Die Fackel symbolisiert das Entflammtsein von Leidenschaften und Gelüsten.

Das Weib ist mißgestaltet, d. h., der wachbewußte Verstand hat das Unterbewußtsein verschmutzt. Die linke Schulter des Weibes fehlt. Die Schultern versinnbildlichen die Emotionen. Der Mann und das Weib (das männliche und weibliche Prinzip in uns) sind an den halbierten Würfel gekettet, an dem der sogenannte Teufel kauert. Ein Würfel repräsentiert die physische, unseren fünf Sinnen wahrnehmbare Welt. Ein halbierter Würfel steht für Halbwissen oder Ignoranz. Deshalb ist der Würfel auch schwarz.

Mann und Weib, wie sie sich auf der Tarot-Karte darstellen, sind mit Hörnern, Hufen und Schwänzen ausgestattet, was besagt, daß sie ausschließlich unter der Herrschaft negativer Emotionen leben. Der Schwanz hat die Form eines Skorpions, symbolisch für Bestialität und sexuelle Verirrungen. Die Weintrauben am Schwanz des weiblichen Wesens weisen auf das Unterbewußtsein, welches alles ihm Aufgeprägte zum Ausdruck bringt – die Frucht des Begehrten reifen läßt und sodann in den äußeren Erfahrungsbereich projiziert. Die grünen Trauben verdeutlichen den negativen Gebrauch der schöpferischen Imagination.

Der Teufel hat auch einen Nabel, so wie jeder Mensch – Mann und Weib. Das ist einer der subtilsten Symbolismen des Tarot. Die Tarot-Karten offenbaren – ungeachtet ihres gelegentlichen Mißbrauchs – die Wirkung der göttlichen Gesetze im Kosmos und im Menschen. Der Nabel versinnbildlicht, daß der Teufel eine Erfindung des Menschen ist.

Einige dieser großartigen Tarot-Symbole wurden mir seinerzeit (1943) von einer hervorragenden Gelehrten und Tarot-Forscherin, Ann Mussmann, nahegebracht. Mir war sogleich klar, daß sie mit den Aussagen der Bibel in jeder Weise übereinstimmen.

Denken ist schöpferisch

Jeder Gedanke neigt dazu, sich zu manifestieren. Ist ein Gedanke von negativer Beschaffenheit, dann wird er in der Bibel als Teufel oder Satan bezeichnet, die gleiche alte Schlange, die bereits Eva im Garten Eden verführte. Da die unendliche und universelle Macht schöpferisch ist, kann neben ihr – der alleinigen schöpferischen Macht – keine unendliche und universelle schöpferische Macht des Bösen existieren. Gott ist das Lebensprinzip in uns allen, das zu jeder Zeit bestrebt ist, sich durch uns Ausdruck zu schaffen. Die Annahme, das Lebensprinzip könnte sich anders als lebenspendend ausdrücken, hieße seine Funktionsweise zu widerlegen. Das Lebensprinzip ist seinem Wesen nach ein Prinzip reichen Gebens und nicht das Gegenteil davon.

Es gibt keinen Tod

Das Leben oder Gott kann niemals sterben. Dieses Leben ist Ihr Leben jetzt. Der Mensch glaubt an das, was er den Tod nennt; deshalb erleidet er auch das, was er als den Tod bezeichnet.

Wie Dr. Quimby es 1847 ausdrückte, ist der Tod jedoch in uns; der betreffende Mensch ist lediglich in die nächste Dimension gegangen und ist noch ebenso sehr am Leben, wie wir es sind.

Die Behauptung, der Tod sei der Wille Gottes, wird von der Bibel entschieden verneint, denn es heißt da: ... *der die Macht über den Tod hat, das heißt: der Teufel* (Hebr. 2:14), oder der Falschglaube des Massengemüts.

Man könnte jetzt sagen, der Mensch stürbe und sein Körper falle der Verwesung anheim. Verwesung ist der Zerfall dessen, was vorher ein kompaktes Ganzes war – die Zerteilung seiner Komponenten. Der Mensch nimmt jedoch einen neuen, vierdimensionalen Körper an – einen Körper von wesentlich verfeinerter Beschaffenheit, der ihm in der nächsten Dimension als Ausdrucksmittel dient. Sie werden immer über einen Körper verfügen, bis in alle Unendlichkeit.

Sie werden nie ohne einen Körper sein. Es ist Ihnen unmöglich, sich selbst ohne einen Körper der einen oder der anderen Art vorzustellen. Das läßt Sie ahnen, daß Sie immer einen Körper haben werden. Emerson sagt: »Jeder Geist baut sich eine Behausung.«

Sie bedürfen eines Körpers, um die Eigenschaften und den Geist Gottes zum Ausdruck bringen zu können.

Das Leben sucht sich seine Ausdrucksmöglichkeit

Das einzig mögliche Motiv für das allem zugrunde liegende Lebensprinzip (eine Bezeichnung, die Richter Thomas Troward für Gott oder den allmächtigen lebenden Geist gebrauchte) ist der Ausdruck von Leben, Liebe, Wahrheit und Schönheit, was sämtlich seinem ureigensten Wesen entspricht. Wenn der Mensch liebevolles Denken praktiziert, in der Überzeugung, daß sein Leben das Leben Gottes ist und somit imstande, das Massendenken von Tod und Vergehen zu neutralisieren, wenn er imstande wäre, das bis zur letzten Konsequenz zu tun, dann würde er niemals das durchzumachen haben, was die Welt den physischen Tod nennt. Die Moleküle seines Körpers würden – bedingt durch seine tiefe Überzeugung, durch seine Gebete und Meditationen – auf einer derart erhöhten Schwingungsfrequenz wirken, daß er sich, obgleich für uns unsichtbar, dennoch hier befinden würde. Bedenken wir, daß geschmolzenes Eis zu Wasser und das Wasser wiederum zu Dampf werden kann. Gleichgültig ob Eis oder Dampf, es ist jedesmal Wasser, nur in veränderter Form. Reiner Dampf ist absolut unsichtbar, dennoch handelt es sich bei ihm um reines H_2O mit einer höheren Molekularfrequenz.

Auf diese Weise konnte Jesus vor den Augen der Menge verschwinden. Er konnte seinen Körper dematerialisieren. Auch Appolonius verfügte über diese Fähigkeit.

Der physische Tod des Körpers

Der für uns wahrnehmbare Zerfallsprozeß ist ein Vorgang, bei dem die Atome und Moleküle des Körpers von der universellen Macht und Gegenwart zu einer neuen Konstruktion verwendet werden. Es sind nunmehr Atome und Moleküle von einer Behausung ohne Bewohner, d. h. von einem Bewohner, der nicht über das entsprechende Gewahrsein oder den erforderlichen Glauben verfügt, um sich des universellen Lebens in sich bewußt zu sein. Die zersetzende Macht ist zugleich die erschaffende, die der Überzeugung des Individuums gemäß tätig ist. Es ist die gleiche Kraft.

Die Bibel wie auch der gesunde Menschenverstand sagen uns letztendlich, daß es nur eine einzige Macht im gesamten Universum gibt, die demnach die schöpferische oder aufbauende Kraft sein muß. Es ist schlechthin unmöglich, eine Macht zu haben, die in sich negativ ist; obgleich sie sich durchaus als negativ erweisen kann, bei ihrer negativen Anwendung nämlich oder unserem Unvermögen, die für eine positive und konstruktive Wirkung erforderlichen Voraussetzungen zu schaffen.

Positiv und negativ

Die Ihnen innewohnende Kraft kann sowohl auf positive wie auch auf negative Weise wirksam werden, je nachdem, wie sie gelenkt wird, so wie auch die Elektrizität positiv oder negativ gepolt werden kann. Es hängt allein von der Art ihrer Anwendung ab. Der Grund für negative Erfahrungen in Ihrem Leben liegt in Ihrer »Verneinung des großen Bejahenden« oder an mangelndem Praktizieren der Gegenwart Gottes in Ihrem Leben.

Die höhere Form der Intelligenz beherrscht immer die niedrigere. Alle gottgleichen Gedanken, die Sie in Ihrem Gemüt vorherrschen lassen, neutralisieren und löschen alles Negative. Die Macht des Negativen in Ihrem Leben geht auf einen Glauben zurück, der etwas für wahr hält, was nicht wahr ist. Dieser Glaube – diese falsche Überzeugung – wird in der Bibel »Vater der Lügen« genannt.

Der Bezichtiger

Eine weitere Bezeichnung für den Teufel ist *falscher Bezichtiger* oder *falscher Bejaher*. Damit ist die negative Anwendung der einen Macht gemeint. Es bedeutet, daß Sie sich in der falschen Richtung bewegen und Ihrem Unterbewußtsein die falschen Instruktionen erteilen.

Es heißt, der Teufel verfüge über die Macht des Todes. Das ist recht einfach zu begreifen: Haß ist der Tod der Liebe, Übelwollen ist der Tod des guten Willens, Furcht ist der Tod des Gottvertrauens, Traurigkeit ist der Tod der Freude, Schmerz ist der Tod des Friedens, Zorn ist der Tod des Unterscheidungsvermögens oder guten Urteils, Ignoranz ist der Tod der Wahrheit, Eifersucht ist die Hölle des verletzten Liebhabers, Armut ist der Tod von Gottes Reichtümern und Überfluß, und Krankheit ist der Tod von Heilsein und Vollkommenheit.

Die Bibel sagt: ... *damit er durch den Tod den zunichte machte, der die Macht über den Tod hat, das heißt: den Teufel, und alle die befreite, die durch Furcht vor dem Tod ihr ganzes Leben lang einer Knechtschaft verfallen waren* (Hebr. 2:14—15). Biblisch gesprochen, sind wir immer dann tot, wenn wir uns der Gegenwart und Macht Gottes in unserem Innern nicht bewußt sind und unserer Befähigung, diese Macht in rechter Weise anzuwenden, um dadurch Harmonie, Gesundheit, Frieden, Freude und Überfluß an allem Guten in unser Leben zu bringen.

Satan

Dieses hebräische Wort bedeutet *beschuldigen, bezichtigen*. In einem der großartigsten Bücher aller Zeiten, *Führung für die Verwirrten*, weist Maimonides auf die Wurzel des Wortes Satan hin: Es entstammt dem Begriff *Sata*, und das bedeutet ausrutschen, irren, von der Wahrheit abweichen, sich abwenden oder das Ziel verfehlen. Letzteres ist die genaue Bezeichnung des Begriffs *Sünde*. Wir sündigen jedesmal, wenn wir nicht imstande sind, ein volles, glückliches Leben zu führen. Dann sündigen wir in der Tat, denn wir sind von der Kontemplation der heiligen Gegenwart Gottes abgewichen.

Jedesmal wenn Sie irgendwelchen Zuständen, Begebenheiten, Umständen oder anderen Menschen Macht einräumen, vereiteln Sie Ihr Gutes und beeinträchtigen Ihr Glück, denn Sie verleihen damit reinen Äußerlichkeiten eine Macht, die ihnen nicht zukommt. Alle Macht gehört der ersten Ursache, nämlich dem Geist, Gott, der einzigen Gegenwart und Macht. Wenn wir reinen Äußerlichkeiten irgendeine Macht zuschreiben, dann errichten wir damit eine sekundäre Ursache. Ein spirituell orientierter Mensch schreibt der Welt der Phänomene zu keiner Zeit irgendwelche Macht zu. Er ist sich bewußt, daß sie eine Wirkung und niemals eine Ursache darstellt. Er schreibt alle Macht dem Schöpfer oder der schöpferischen Macht zu, und nicht der Wirkung. Die einzige immaterielle Kraft, die Sie kennen, ist Ihr Gedanke. Wenn Ihre Gedanken die Gedanken Gottes sind, dann ist auch die Macht Gottes in Ihren Gedanken des Guten.

Das Leben und das Böse

Wenn man das englische Wort *live* (leben) rückwärts buchstabiert, so wird daraus *evil* (Böses). Wenn wir also Böses in unserem Leben erfahren, dann leben wir unser Leben rückwärts. In anderen Worten: Wir schwimmen gegen den Strom des Lebens, der uns ansonsten vorwärts, aufwärts und gottwärts tragen würde.

Es kommt hier darauf an, eine Wirkung nicht zur Ursache zu machen. Nichts, aber auch gar nichts kann Sie belästigen, wenn Sie es durch Ihr Denken nicht geschehen lassen. Wo keine Meinung, keine Ansicht, keine Auffassung ist, da ist auch kein Leiden. Wenn Sie von Verbrechen und mißlichen Zuständen in entfernten Gegenden lesen, dann fühlen Sie sich nicht damit befaßt, es berührt sie nicht weiter. Wenn Sie sich jedoch aufregen, wer leidet dann? Sie leiden! Sie haben sich dann entschlossen, Zorn und Feindseligkeit zu erzeugen. Damit erzeugen Sie ein Mentalgift, das sich auf Ihren physischen Organismus destruktiv auswirkt. Wo es kein Urteil gibt, da gibt es auch keinen Schmerz.

Hören Sie auf, andere Menschen zu richten. Ihr Urteil, Ihre Bewertung einer Sache, ist eine Schlußfolgerung, die Sie in Ihrem Gemüt ziehen. Einfacher ausgedrückt: Es ist Ihr Denken. Da das Denken aber schöpferisch ist, erschaffen wir alles das, was wir über einen anderen denken, für uns selbst – in unserem Gemüt, Körper und Erfahrungsbereich. Aus diesem Grund hat Jesus uns angewiesen, andere nicht zu richten, ... *denn mit welchem Maß ihr meßt, mit dem wird euch gemessen werden* ... (Matth. 7:2).

Teufel austreiben

Millionen Menschen auf dieser Welt und in der nächsten Lebensdimension hängen Gedanken des Hasses, der Eifersucht, des Neides, der Feindseligkeit, der Gier etc. nach. Wenn Sie Ihr Gemüt dagegen mit den Wahrheiten Gottes angefüllt halten, dann neutralisieren und löschen Sie damit alle negativen Denkmodelle. Diesen Vorgang kann man mit dem vergleichen, was geschieht, wenn man einer mit verschmutztem Wasser angefüllten Flasche reines Wasser zuführt. Dann kommt irgendwann schließlich der Moment, da auch der letzte Tropfen schmutzigen Wassers verschwunden ist.

Deshalb ist es wichtig, immer positiv aufgeladen zu sein. Wir alle befinden uns in dem großen physischen Meer der Denkmodelle von mehr als vier Milliarden Menschen zusammen mit den Milliarden in der nächsten Dimension. Deshalb steht es uns gut an, uns mit der unendlichen Gegenwart und Macht zu vereinigen und unentwegt zu bejahen, daß alles, was von Gott wahr ist, auch die Wahrheit über uns ist.

Durch Telepathie und Gedankenübertragung sind wir alle Teil des großen psychischen Meeres. Subjektiv betrachtet, sind wir alle eins. Sind wir unachtsam, gleichgültig, apathisch oder gedanklich träge und nachlässig in unserer Gebetsarbeit, dann sind wir empfänglich für die Negativitäten des Massengemüts. Dann meinen wir Grund zur Klage zu haben. Dann heißt es: »Warum mußte mir das passieren?«

Es mußte passieren, weil wir es versäumt hatten, selbständig zu denken. Wenn wir es jedoch ablehnen, selbst zu denken, dann übernimmt das Massengemüt das Denken für uns. Hat dieses Massendenken dann seinen Sättigungspunkt in unserem Unterbewußtsein erreicht, dann zeigt es sich in unserem Erfahrungsbereich als Ungemach, Krankheit oder einem anderen negativen Zustand, zuweilen gar als ausgesprochene Tragödie. Ein eifersüchtiger oder neidischer Mensch ist unterbewußt auf alle eifersüchtigen oder neidischen Gedanken anderer eingestimmt, weil er sich damit auf eine niedrige Schwingungsebene begeben hat. Er hat seine spirituelle Antenne und sein mentales Empfangsgerät auf diese Frequenz eingestellt und verstärkt damit die destruktiven Denkmodelle in seinem Unterbewußtsein.

Das Gesetz der Anziehung ist für uns alle wirksam. Gleiches zieht Gleiches an. Folgen wir daher lieber dem apostolischen Rat: *Im übrigen, liebe Brüder, allem, was wahr, was ehrbar, was gerecht, was rein, was liebenswert, was wohllautend ist, wenn es irgendeine Tugend und wenn es irgendein Lob gibt, dem denkt nach!* (Phil. 4:8)

Eine Autosuggestion

Die Konzeption eines Teufels, Satans oder Prinzips des Bösen bezieht seine Macht einzig und allein von unserer Eigensuggestion dieser seiner Existenz und aufgrund der Beeindruckbarkeit unseres Unterbewußtseins. Was wir fürchten, das erschaffen wir. Die Macht böser Geister entspringt aus einer Gemütsverfassung, die für derartige Suggestionen offen ist. Das Unterbewußtsein handelt dann dieser Einstellung gemäß. Die bloßen Suggestionen anderer verfügen nicht über die Macht, das Suggerierte zu erschaffen.

Die schöpferische Macht befindet sich in Ihrem eigenen Denken. Das Gegenmittel gegen die Suggestion eines Teufelsglaubens ist eine richtige Gotteskonzeption. Die Bibel sagt: *Gott ist Liebe*. Sie sagt auch:... *Ist Gott für uns, wer mag wider uns sein?* (Röm. 8:31) Dann begreifen Sie auch: ... *Vollkommene Liebe treibt die Furcht aus* (1. Joh. 4:18). Sie begreifen dann, daß sich kein Teufel oder ähnliches in Ihrem Herzen und Gemüt befindet, sondern Gott die absolute Herrschaft besitzt. Es ist wunderbar!

Meinen englischsprechenden Lesern empfehle ich die Lektüre des 8. Kapitels (Der Teufel) von Judge Thomas Trowards Buch *Bible Mystery and Bible Meaning*. In diesem Kapitel habe ich einige der dort angesprochenen Punkte erläutert.

13. KAPITEL

Sie können Ihre Ängste kontrollieren

Furcht ist die Ursache großen Elends und unbeschreiblicher Leiden. Wir alle sind zuweilen von Furchtgedanken befallen. Viele Menschen fürchten sich vor der Zukunft, vor dem Alter, vor Unsicherheit, vor einer Krankheit oder einem unheilbaren Zustand oder vor dem Urteil der Ärzte. Viele sind voller Furchtgefühle in Familienangelegenheiten, viele lassen sich von Zeitungsberichten oder den Medien überhaupt Furcht einjagen. Furcht vor einem Atomkrieg, vor der Inflation und vor der wachsenden Kriminalität beunruhigen die Massen.

Viele Menschen fürchten sich vor dem Tod und vor der Einsamkeit im Alter. Andererseits gibt es unzählige Tausende, die dem Tod mit Gleichmut und Serenität entgegensehen, weil sie sich bewußt sind, daß es keinen eigentlichen Tod gibt, sondern nur Leben, und sie ewig leben werden, in den vielen Wohnungen (Dimensionen) in unseres Vaters Haus.

Der Katalog der Ängste, die dem menschlichen Gemüt zu schaffen machen, ist endlos. Die einzige Antwort auf Furchtgefühle jeglicher Art ist das Hinwenden zur göttlichen Gegenwart in unserem Innern. Der Glaube an Gott treibt die Furcht aus ... *die Furcht hat Pein; wer sich aber fürchtet, ist nicht zur Vollkommenheit in der Liebe gelangt* (1. Joh. 4:18).

Wenn wir uns an den uns innewohnenden Gott wenden und über die Verheißungen der Bibel nachsinnen, denken und reden wir in »einer neuen Zunge«. Wenn Sie in diesem Nachsinnen verharren, wird Sie ein Gefühl des Friedens und der Geborgenheit überkommen. Gehen Sie einigen Ihrer Furchtgefühle auf den Grund, und Sie werden feststellen, daß viele von ihnen völlig unbegründet sind.

Nach einem Vortrag in einem Club hier in Leisure World sagte mir ein Mann, er sei zeit seines Lebens um alles mögliche besorgt gewesen. Seine größten Sorgen habe er sich um Dinge gemacht, die dann niemals eingetroffen sind. Dafür habe er sich aber Magengeschwüre und einen überhöhten Blutdruck zugezogen und seine Lebenskraft spürbar geschwächt. Auf den Rat eines spirituellen Behandlungspraktikers studierte er den 23. und 27. Psalm und wandte die darin enthaltenen Lehren an. Dadurch konnte er eine bemerkenswerte Heilung erreichen. Er begann sein Denken zu disziplinieren. Jedesmal wenn sich Furchtgedanken einschleichen wollten, rezitierte er einen oder zwei Verse der Psalmen und überwand damit nach und nach seine Sorgegedanken. Er hatte festgestellt, daß alle seine Sorgen unbegründet und überflüssig waren.

Treten Sie der Furcht entgegen

Man braucht sich durchaus nicht zu genieren, wenn man feststellt, daß einen zuweilen Furchtgefühle überkommen. Es kommt nur darauf an, derartige Gedanken loszuwerden und durch gottgleiche zu ersetzen. Dabei ist es wichtig, daß wir eventuelle Furchtgefühle nicht bekämpfen, sondern uns auf der Stelle daranmachen, sie zu überwinden. Sie können es! Es bedarf dazu keineswegs übermenschlicher Anstrengungen, sondern lediglich einer Umleitung Ihrer Gedanken.

Der geheime Ort

Wer unter dem Schirm[1] des Höchsten wohnt, wer im Schatten des Allmächtigen ruht, der darf sprechen zum Herrn: Meine Zuflucht, meine Feste, mein Gott, auf den ich vertraue (Psalm 91:1). Der geheime Ort ist Ihr Gemüt. Wen-

---

[1] In der englischen Bibel: » ... an dem geheimen Ort des Höchsten«

den Sie sich nach innen und werden sie sich bewußt, daß die Gegenwart Gottes dort zu finden ist – in Ihrem Innern. Durch Ihr Denken können Sie mit dieser göttlichen Gegenwart Kontakt aufnehmen, und mit Sicherheit wird eine Reaktion erfolgen.

Das Wort *Schatten* steht für Schutz, so wie ein Schirm uns Schutz vor dem Regen oder den Sonnenstrahlen gewährt. Wenn Ihnen Furchtgedanken in den Sinn kommen, dann sollten Sie einige Verse des 91. Psalms repetieren. Tun Sie das im stillen, mit Gefühl und Verständnis, dann werden Sie sehr schnell gewahr werden, daß Sie ein wunderbares Gefühl des Friedens und der Geborgenheit verspüren, das sich leise und sacht in Ihr Herz geschlichen hat. Wenn Ihr Gemüt im Frieden ist, dann befinden Sie sich an dem geheimen Ort, denn Gott ist vollkommener Frieden und vollkommene Harmonie.

Furchtgefühle mögen Ihnen gewohnheitsmäßig wieder und wieder in den Sinn kommen. Wenn Sie jedoch darin beharren, jeden Furchtgedanken durch die Wahrheiten des 91. Psalms zu ersetzen, dann werden sie nach und nach jede dieser Ängste meistern. Jedesmal wenn Sie einen konstruktiven Gedanken hegen, wie »Die Liebe Gottes erfüllt mein Gemüt und mein Herz« oder »Gottes Frieden erfüllt meine Seele«, löschen Sie die Furcht aus und stärken an ihrer Stelle Ihr Vertrauen in Gott und seine Liebe. Ihre abnormen Ängste werden dann nach und nach schwinden und schließlich ganz ausgetilgt sein.

Biblische Anweisungen

Es gibt großartige Bibeltexte zur Überwindung von Ängsten. Machen Sie sich das Studium des 91., 27., 46. und des 23. Psalms[1] zur Gewohnheit, und Sie werden Ihr Unterbewußtsein nach und nach von diesen ewigen Wahrheiten

---

[1] *Finde Dein höheres Selbst – Lebe Dein wahres ICH,* Verlag PETER ERD

durchdrungen haben und schließlich befreit sein. Der folgende Vers wird Wunder wirken in Ihrem Leben: *Furcht ist nicht in der Liebe, sondern die vollkommene Liebe treibt die Furcht aus, denn die Furcht hat Pein; wer sich aber fürchtet, ist nicht zur Vollkommenheit in der Liebe gelangt* (1. Joh. 4:18).

Liebe ist eine emotionelle Eigenschaft. Sie ist das Ausströmen absoluten Wohlwollens. Spirituell gesehen bedeutet das ein Erkennen der Gegenwart Gottes in allen seinen Geschöpfen. Eine Frau, die sich seit einem Kindheitserlebnis vor Hunden fürchtete, begann zu bejahen: »Ich strahle Liebe auf alle Hunde aus. Sie lieben ihre Herren und sind oftmals Lebensretter. Die Gegenwart Gottes ist in jedem seiner Geschöpfe wirksam. Ich liebe Hunde. Sie sind freundlich, liebevoll und kooperativ.«

Diese Wahrheiten bejahte sie immer wieder, und nach einiger Zeit war sie mit den Hunden im Frieden. Sie hatte keine Angst mehr vor ihnen. Sie werden alle Ängste verlieren, wenn Sie im Verständnis wachsen, daß es nur eine einzige Macht gibt.

Sie sollten auch über die folgenden wundervollen Worte nachsinnen: *Der Herr ist mein Licht und mein Heil, vor wem sollte ich mich fürchten? Der Herr ist meines Lebens Zuflucht, vor wem sollte ich erschrecken?* (Psalm 27:1)

Wiederholen Sie diese Wahrheiten immer dann, wenn sich Furchtgefühle in Ihr Gemüt schleichen sollten, und Sie werden sehr bald ein Gefühl des Friedens und der Geborgenheit verspüren. In der Bibel heißt es auch: *Fürchte dich nicht, denn ich bin mit dir ...* (Jes. 43:5). *Von schlimmer Kunde hat er nichts zu fürchten; sein Herz ist fest und vertraut auf den Herrn* (Psalm 112:7). *Fürchte dich nicht, denn ich bin mit dir! Blicke nicht ängstlich, denn ich bin dein Gott! Ich mache dich stark, ja, ich helfe dir; ich halte dich mit meiner sieghaften Rechten. Denn ich, der Herr, bin dein Gott, der deine Rechte faßt, der zu dir spricht: Fürchte dich nicht; ich helfe dir* (Jes. 41:10, 13).

Wählen Sie einige oder alle dieser Verse, und lesen Sie sie langsam, ruhig und gefühlvoll. Sie werden dann tief in Ihr Unterbewußtsein sinken und alle Furchtmodelle neutralisieren und auslöschen. Sie werden gestärkt und erleuchtet sein.

Ein Bibelvers rettete ihre Erbschaft

Eine Dame, die sich in einer Erbschaftsangelegenheit einer Anfechtungsklage seitens ihrer Verwandten gegenübersah, hielt sich an die folgende Wahrheit: *Auf Gott vertraue ich, fürchte mich nicht; was könnten Menschen mir antun?* (Psalm 56:5) Sie blieb standhaft und unerschütterlich in ihrem Glauben, und die Klage wurde abgewiesen.

Nehmen Sie Zuflucht bei den großen Psalmen. Wenn Sie diesen Wahrheiten einen Platz in Ihrem Gemüt eingeräumt haben, werden Sie feststellen, daß sich jegliche Furcht aufgelöst und in ein Gefühl des Friedens und der Geborgenheit verwandelt hat.

Wer ist Ihr Herr?

Denn er bringt mich in seiner Hütte zur bösen Zeit; er schirmt mich im Schutz seines Zeltes und hebt mich auf einen Felsen (Psalm 27:5).

Wer ist Ihr Herr und Meister – jetzt, in diesem Moment? Ihr Herr ist die in Ihrem Gemüt vorherrschende Haltung, Ihre Meinungen und Überzeugungen von sich, von anderen Menschen und von der Welt im allgemeinen. Dieser Herr kann ein Tyrann sein. Sollte bei Ihnen beispielsweise ein Groll- oder Rachegefühl vorherrschen, dann ist dieses Gefühl Ihr Herr und Meister – ein Tyrann, der alle Ihre Handlungen und Lebensphasen beherrscht. Solange Sie in einer derartigen Stimmung verharren, können Sie anfangen, was Sie wollen: Sie werden immer das Falsche tun und sagen, denn Ihre vorherrschende Stimmung ist negativ. Ob Sie Geld investieren, ein Haus oder ein Grundstück erwerben wollen – solange Sie ein negatives Gefühl nähren, werden Sie keine glückliche Hand dabei haben. Das Gesetz lautet: »Wie innen, so außen.« Wenn Sie irgend etwas fürchten, reagieren Sie negativ. Furcht offenbart Mangel an Gottvertrauen, eine Verneinung seiner Allgegenwart.

Der Herr ist mein Licht und mein Heil ... (Psalm 27:1). Der *Herr,* von dem hier die Rede ist, ist der Herrgott oder das Gesetz Gottes oder des Guten. Um das Gesetz des Guten in Anwendung zu bringen und damit alle Furcht ein für allemal zu bannen, müssen wir in unserem Gemüt Gedanken der Kraft, des Mutes und des Vertrauens errichten. Diese Gedanken erzeugen dann die ihnen gemäße Stimmung und die entsprechenden Gefühle, die dem Erzfeind Ihrer Gesundheit und Ihres Erfolgs den Garaus machen.

Die Furcht, dieser selbsterzeugte Feind, muß vollkommen vernichtet sein, bevor der Herr – bevor Gott – durch Sie hindurch wirken kann. Ihre Furcht ist die Wolke, die den Sonnenschein Gottes verdeckt. Die Menschen haben sich persönliche Teufel geschaffen mit ihrer Furcht vor der Vergangenheit, der Gegenwart und der Zukunft.

Es ist unsere Einstellung dem Leben gegenüber, die unsere Erfahrung bestimmt. Wenn wir Ungemach erwarten, dann werden wir es auch bekommen. Der Wahrheitssucher, der das Gesetz Gottes oder des Guten kennt, erwartet ausschließlich Gutes. Die Welt ist nicht grausam, auch wenn es zuweilen den Anschein hat, weil wir die Gegenwart Gottes nicht zu bejahen vermögen. Manche Menschen fürchten die Kritik anderer so sehr, daß viele ihrer schönsten Gedanken nie das Licht des Tages erblicken. Der Mensch, der sich der Macht und Gegenwart Gottes bewußt ist, gibt vergangenen Begebenheiten keinerlei Gedankenenergie. Er weiß, daß es so etwas wie eine Vergangenheit nicht gibt. Er weiß: sofern er an die Macht vergangener Geschehnisse glaubt, glaubt er nicht an Gott. Gott ist das ewige Jetzt; in Gott gibt es weder Zukunft noch Vergangenheit.

Das ist das Evangelium – die frohe Botschaft. So etwas wie ein Karma aus der Vergangenheit gibt es nicht, es gibt nur den törichten falschen Glauben des Menschen daran ... *Jetzt ist der Tag des Heils* (2. Kor. 6:2). Das Reich des Himmels ist nahe. Ihr Gutes, Ihre Gesundheit und Ihr Erfolg sind jetzt hier. Spüren Sie die Wirklichkeit dessen; lassen Sie sich davon überwältigen. Gelangen Sie zu der Überzeugung, jetzt das zu sein, was Sie zu sein begehren.

Schuldgefühle und ihre Bedeutung

Die einzige Schuld, die es gibt, ist das Bewußtsein der Schuld.

... *Wenn eure Sünde auch blutrot ist, soll sie doch schneeweiß werden, und wenn sie rot ist wie Scharlach, soll sie doch wie Wolle werden* (Jes. 1:18). Das ist die frohe Botschaft. Der einzige Augenblick, der wirklich zählt, ist der gegenwärtige. Sie können nur in der Gegenwart leben, nur die Gegenwart erfahren, nur in der Gegenwart planen und nur in der Gegenwart denken. Alles, was Sie planen, das planen Sie jetzt. Alles, was Sie fürchten, das fürchten Sie jetzt. Wenn Sie sich im klaren sind, daß jede Form von Mangel und Begrenzung die Auswirkung Ihres falschen Denkens und Fühlens ist, dann kennen Sie die Wahrheit, die Sie frei macht. Dann werden die Berge versetzt sein.

Naturvölker und primitive Menschen fürchteten die Natur. Der moderne Mensch fürchtet seinen Mitmenschen. Die Geister vergangener Zeiten haben wir zum größten Teil abgeschafft. Wir haben die Plagen besiegt, und es wird nicht mehr lange dauern und wir werden die Elemente beherrschen. Der Mensch wird von der modernen Propaganda betäubt. Manche Menschen fürchten sich vor dem Leben und fürchten sich, etwas zu sagen. Mütter haben Angst vor ihren Kindern. Alles das geht letztendlich auf die abergläubische Meinung von einer Gott entgegengesetzten Macht zurück – einer Macht, die Gott herausfordert.

Das einzige Böse, das es überhaupt gibt, kommt allein durch mangelnde Kenntnisse der Lebensgesetze zustande. Wenn wir eine offene Stromleitung berühren, bekommen wir einen Schlag, was bei einer sachgemäß isolierten Leitung nicht der Fall wäre. Das Böse oder der Stromschlag war das Resultat unserer Unwissenheit; kein vernünftiger Mensch würde jedoch auf die Idee kommen, die Elektrizität als etwas Böses zu bezeichnen. Sie bringt den Menschen unzählige Segnungen. Sie wird benutzt, um Musik erklingen zu lassen, Züge zu fahren, Eier zu kochen, den Fußboden zu saugen und die Welt zu beleuchten. Das Böse und die Furcht davor ist unsere falsche Anwendung des Gesetzes und unser unvollständiger Begriff von der Allgegenwart Gottes oder des Guten. Wo Furcht ist, kann keine Liebe sein; denn Irrtum und Verständnis können nicht miteinander einhergehen.

Die Wohlhabenden fürchten sich vor Verlust; die Armen fürchten, nicht wohlhabend werden zu können. Der einzige Wohlstand und die einzige Sicherheit ist in dem Bewußtseinszustand begründet, dem wir anhängen. Verfügen wir über ein Bewußtsein des Wohlstands, dann wird nichts auf der Welt uns davon abhalten können, in allen unseren Belangen wohlhabend zu sein. Die von den Menschen gefürchteten Dinge sind unwirklich. Nur der Eine ist wirklich; nur er ist Gesetz; nur er ist Wahrheit.

Der Medizinmann im Dschungel von einst hat viele seiner abergläubischen Vorstellungen weitergereicht. Viele Kulte halten an diesen Überlieferungen fest und pflanzen Furchtgedanken in die Gemüter vieler Individuen. Sehen wir den Tatsachen ins Gesicht: Die Ursache der meisten Ängste ist die Furcht des Menschen vor seinem Mitmenschen. Viele Menschen beten miteinander am Sonntag und bekämpfen sich dann gegenseitig am Montag.

Die Antwort auf das Problem der Furcht ist Verständnis. Alle Furcht geht auf Unwissenheit zurück. Um Harmonie ausdrücken zu können, müssen wir harmonische Gedanken und Gefühle unterhalten. Wenn wir glücklicher Stimmung sind – in einer Stimmung der Erfolgserwartung und des Vertrauens –, dann werden wir in allen Bereichen unseres Lebens die entsprechenden Resultate erzielen. Hat der Mensch erst einmal begriffen, daß jeder Mißklang, jede Krankheit und jeder Mangel auf falsches Denken zurückgeführt werden muß, dann kennt er die Wahrheit, die ihn frei macht.

Gebrauchen Sie Ihre Vorstellungskraft

Lernen Sie, sich das Gewünschte vorzustellen, und spüren Sie die Wirklichkeit des bereits verwirklichten Zustands. Das ist der leichteste und schnellste Weg zu den entsprechenden Resultaten. Es bedarf dazu allerdings der Überzeugung, daß Gott die einzige Gegenwart und die einzige Macht ist. Dies zu wissen, ist das Wichtigste auf der Welt.

Ungeachtet der Begründung Ihrer Befürchtungen gibt es niemanden, der hier zu behandeln oder zu heilen wäre, als Sie selbst, Sie müssen sich überzeugen, daß Sie jetzt Leben, Liebe und Wahrheit zum Ausdruck bringen. Wir sollten nichts und niemanden fürchten, sondern statt dessen Mut, Vertrauen und Kraft ausstrahlen. Auf diese Weise zerschmettern wir alle Behinderungen auf unserem Weg, und die Berge werden ins Meer geworfen.

Wir sind eins mit der unendlichen Macht. Wenn wir uns für schwach oder unzulänglich halten, dann reden wir ein falsches Zeugnis wider Gott. Furcht wendet die Liebe Gottes oder des Guten ab von uns, ebenso wie ein Armutsbewußtsein den Wohlstand von uns treibt. Der Mensch muß endlich aufhören, anderen die Furcht zu predigen und sich statt dessen zusammenfinden, um die ganze Wahrheit zu lehren.

Gott ist zeit- und raumlos

Die Wahrheit ist, daß es weder einen Teufel noch eine Hölle, ein Fegefeuer, eine Vorhölle oder eine Verdammnis irgendeiner Art gibt; des weiteren muß auch nicht irgendwelches Karma abgetragen werden, und es gibt kein zu erwartendes Böses in der Zukunft. Gott ist das ewige Jetzt! Das ist eine der dramatischsten und signifikantesten Feststellungen, die in der ganzen Bibel zu finden sind: ... *Jetzt ist der Tag des Heils* (2. Kor. 6:2). Damit ist der gegenwärtige Augenblick gemeint. Sie brauchen sich nur jetzt, in diesem Moment, Gott zuzuwenden und das Begehrte zu beanspruchen. Nehmen Sie es an, glauben Sie es, und gehen Sie freudig Ihres Weges. ... *Wenn eure Sünde auch blutrot ist, soll sie doch schneeweiß werden, und wenn sie rot ist wie Scharlach, soll sie doch wie Wolle werden* (Jes. 1:18). ... *Siebzig mal sieben mal* (vergeben) (Matth. 18:22). ... *Noch heute wirst du mit mir im Paradies sein* (Luk. 23:45).

Hören wir doch auf, Furchtgedanken in die Gemüter der Jugend zu pflanzen; lehren wir sie lieber die wirklichen Tatsachen. Solange wir religiöse Toleranz nicht praktizieren, sollten wir sie auch nicht predigen. Wir müssen die Wahrheit lehren und sie zugleich vorleben. Wir dürfen da keine Kompromisse eingehen, nur um vielleicht eine Position zu erhalten oder weil wir meinen, andere würden sich dann von uns fernhalten. Diese Art der Furcht hat Frustration und spirituelle Stagnation zur Folge. Wir müssen unser Auge auf das Reich des Himmels gerichtet haben, und nicht auf das der Erde. Wir müssen andere Menschen die Wahrheit lehren, und die Wahrheit wird sie frei machen. Die Wahrheit ist: Der Mensch ist zum Ausdruck gebrachter Glaube!

Es gibt keine Furcht, wo Gottvertrauen vorherrscht. Es gibt keine Furcht vor anderen Menschen, wenn Aufrichtigkeit im Gemüt herrscht. Es gibt keine Furcht vor Kritik, wenn das Bewußtsein von Freundlichkeit im Gemüt Platz gegriffen hat. Religion ist Wohlwollen in Aktion oder die Anwendung der Goldenen Regel. Wir erkennen somit, daß die Furcht die größte Schwäche des Menschen ist, die allein auf Unwissenheit basiert.

Denn er birgt mich in seiner Hütte zur bösen Zeit; er schirmt mich im Schutz seines Zeltes und hebt mich auf einen Felsen (Psalm 27:5). Im Schutz seines Zeltes beschirmt werden heißt vom Gewand Gottes (der Stimmung des Guten) bedeckt sein. Denken Sie an Gott. Fragen Sie sich: »Was bedeutet mir Gott?«

Machen Sie sich bewußt, daß Gott oder das ICH BIN das Ihnen innewohnende Leben ist, Ihr Bewußtsein, und daß diese Kraft allmächtig ist.

Gott und das Gute sind gleichbedeutend

Nehmen wir ein Beispiel: Wenn ein Mensch in Gefangenschaft ist, begehrt er automatisch seine Freiheit. Die Freiheit ist sein Gutes. Gott und das Gute sind gleichbedeutend. Er denkt jetzt an diese unendliche Macht und Weisheit in seinem Innern. Er weiß, daß diese Macht über Mittel und Wege verfügt, ihn zu befreien – Mittel und Wege, die er mit seinem wachbewußten Verstand nicht kennt. In seiner schöpferischen Imagination stellt er sich daher das Gegenteil seines gegenwärtigen Zustands vor, nämlich Freiheit. Obgleich er sich hinter Gittern befindet, stellt er sich vor, daheim zu sein. In seiner Meditation fühlt er, wie er daheim mit seinen Lieben spricht. Er hört die vertrauten Stimmen und spürt den Willkommenskuß seiner Kinder auf seiner Wange. Das ist *in der Hütte geborgen sein.* Der Gefangene versetzt sich in die Wirklichkeit des vollendeten Zustands. Er spürt tatsächlich die Freude, wieder daheim zu sein. Dieser Zustand ist erreichbar. Es ist absolut möglich, sich im Bewußtsein weit genug zu erheben – sogar innerhalb von fünf oder zehn Minuten –, um eine subjektive Überzeugung vom Vorhandensein des begehrten Zustands als vollendete Tatsache zu erzeugen. Das ist die Bedeutung von ... *er schirmt mich im Schutz seines Zeltes* ... (Psalm 27:5). Das Gesetz lautet: Was immer dem Unterbewußtsein *auf*gedrückt wird, das wird von ihm *aus*gedrückt. Um bei dem erwähnten Beispiel zu bleiben: Die Gefängnistore werden sich für diesen Menschen öffnen, auf »Wegen, von denen er nichts weiß«. ... *und unerforschlich seine Wege* (Röm. 11:33).

Wir lesen in den Schriften: *Fürchte dich nicht, du kleine Herde; denn es ist eures Vaters Wohlgefallen, euch das Reich zu geben* (Luk. 12:32). Jesus hat uns klar gesagt, daß dieses Reich sich in uns befindet – dieses Reich des Himmels oder der Harmonie befindet sich in einem jeden von uns. Unendliche Weisheit, göttliche Intelligenz und unendliche Macht sind allen Menschen gleichermaßen verfügbar, denn Gott ist in ihrem Innern und ist ihr eigentliches Leben. Jeder kann sich selbst beweisen, daß das Reich des Himmels nahe ist. Es ist hier und jetzt. Jesus war sich dieser Tatsache bewußt und lebte danach. Wir sind farbenblind, deshalb können wir es nicht sehen. Diese Blindheit geht auf Unwissenheit und Furcht zurück. Wir sind geblendet worden von jahrhundertealten Lehrmeinungen, Falschglauben, Dogmen und purem Aberglauben. Die Wahrheit ist von falschen Dogmen derart verzerrt worden, daß wir einen Gott und einen Himmel nach menschlichen Vorstellungen geschaffen haben. Gott ist jedoch für uns immer das, was er unserer Überzeugung nach ist. Der Mensch hat sich da ein horrendes Geschöpf irgendwo in den Wolken geschaffen. Er stellt sich einen launischen, rachsüchtigen Gott vor, ein unberechenbares Wesen, das Plagen schickt und Kriege anzettelt etc. Wir schaffen uns unsere eigene Hölle und unseren eigenen Himmel, gegründet auf unser Gotteskonzept.

Jeder kann sich beweisen, daß das Reich Gottes zur Hand ist.

Gebet treibt die Furcht aus

Ich möchte Ihnen jetzt die Geschichte eines jungen Mädchens erzählen, welches das bewiesen hatte. Diese junge Frau führte ihrem Vater den Haushalt. Das Zusammenleben mit ihrem Vater war eine einzige Tortur. Jeden Abend kam er völlig betrunken heim und wurde dann brutal. Durch diese ständige Frustration war ihr Gesicht von Akne befallen, ihr Teint mit Pickeln übersät.

Wir leben jedoch nicht eigentlich mit anderen Menschen; wir leben mit unserem Konzept von ihnen. Im Bewußtsein dieser Wahrheit meditierte die junge Dame über die ihr innewohnende Gotteskraft. Sie kleidete ihren Vater nicht länger in das Gewand oder die Stimmung eines Trunkenbolds. Statt dessen sah sie mit ihrem geistigen Auge einen liebevollen, treusorgenden Vater, der sich völlig unter Kontrolle hatte. Sie kleidete ihn in Gerechtigkeit (rechtes Denken), und ... *ihr Recht war ihr Mantel und Kopfbund* (Hiob 29:14), was bedeutet, daß sie ihren Vater so sah, wie er sein sollte. Die exzessive Trunksucht ihres Vaters war eine Flucht vor sich selbst. Mit ihr wollte er seinen Minderwertigkeitskomplex überwinden. Er wollte sozusagen vor sich selbst davonlaufen.

Sie sprach das Wort, das ihn heilte. Sie entspannte ihren Körper, schloß die Augen und fragte sich: »Wie würde ich mich fühlen, wenn Vater friedlich und liebevoll wäre?« Sie verweilte mental bei dem erwünschten Zustand – bei der Lösung ihres Problems – und wurde daraufhin von einem Gefühl tiefen Friedens, Vertrauens und unbändiger Freude erfaßt. Das hieß »ihn in Gerechtigkeit kleiden«. Ihr rechtes Denken war *Mantel und Kopfbund*.

Wenn Sie ein Urteil fällen, dann sind Sie zu einer Entscheidung gekommen. Es ist ein endgültiges Urteil, und Sie sind der Richter, der es verkündet. ... *Wie ich höre, so richte ich* ... (Joh. 5:30). Ihr Urteil bestand aus einem inneren Hören und Fühlen. Sie sah ihren Vater glücklich und erfreut. Sie hörte ihn sagen, wie wunderbar er sich jetzt fühlte und daß er seinen Frieden hatte und sich ausgeglichen fühlte. Dann hörte sie auch Komplimente von ihm, sie hörte ihn sagen, wie wunderbar er sie fände. Sie war entzückt, daß ihr Vater jetzt geheilt und vollkommen war. *Er trug ein nahtloses Gewand* – keine Löcher, keine Flikken und keine Nähte. Das bedeutet: Sie meditierte über die Stimmung von Liebe, Frieden, und Einssein mit ihrem Ideal. Alle Zweifel und Befürchtungen waren ausgeschaltet (Recht als Mantel). *Recht als Kopfbund* bedeutet, daß sie *Schönheit für Asche* gab, d. h., sie sah Schönheit in ihrem Vater und fühlte es auch.

Nach einer Woche dieser Mentalbehandlung war ihr Vater vollkommen geheilt; mehr noch – er war ein anderer Mensch geworden. Seine Haltung war völlig verändert, er und seine Tochter brachten sich nunmehr Wertschätzung entgegen. Sie hatte bewiesen, daß das Reich Gottes (Frieden und Harmonie) JETZT zur Hand ist. Was fürchten wir eigentlich? *Ist Gott für uns, wer mag wider uns sein?* (Röm. 8:31) Die Dinge, die Sie fürchten, existieren überhaupt nicht.

Ein Geschäftsmann mag beispielsweise befürchten, daß seine Unternehmungen fehlschlagen werden. Die Situation ist jedoch so, daß weder seine Geschäfte fehlschlagen, noch er sich in Konkurs befindet. Im Gegenteil: Alles läuft wie sonst auch, vielleicht sogar besser. Fehlschläge existieren nirgendwo als in seiner Imagination. Hiob sagte: ... *denn was ich gefürchtet hatte, ist über mich gekommen* ... (Hiob 3:25). Hiob ist im Grunde jeder Mensch, der diese Erde bevölkert. Wenn dieser Geschäftsmann daher den Gedanken an Fehlschlag aufrechterhält und die dazugehörige Stimmung erzeugt, dann kristallisiert sich eben diese Stimmung früher oder später in einer subjektiven Überzeugung, die das ihr Gemäße im äußeren Bereich zum Ausdruck bringt.

Jedes dem Unterbewußtsein aufgeprägte Gefühl manifestiert sich im Bereich der Erscheinungen, das ist das unausweichliche Gesetz des Lebens. Das Unterbewußtsein, unpersönlich und völlig unparteiisch, sagt: »John möchte geschäftlich versagen.« Und damit macht es sich an die Arbeit und führt diese Fehlschläge herbei – auf Wegen, von denen John nichts weiß. Es dürfte jedem klar sein, daß er sich sein Versagen selbst zugezogen hat durch Imagination und Gefühl.

Lassen Sie göttliche Liebe vor sich hergehen

Ich kannte einmal eine Dame, die immer befürchtet hatte, einmal das Opfer einer Flugzeugkatastrophe zu werden. Sie las oft von Flugzeugwracks und sah sich die entsprechenden Photos an. Eines Tages sollte sie nach Los Angeles fliegen, fürchtete sich jedoch vor einem Unglück. Ein negativer Gedanke kann uns so lange keinen Schaden zufügen, solange er nicht mit dem entsprechenden Gefühl aufgeladen ist – einem starken Furchtgefühl. Er muß emotionalisiert werden, bevor er wirksam werden kann. Diese Dame war sich nicht bewußt, was sie sich da antat, sie hatte keine Ahnung von den Lebensgesetzen . Diese Ignoranz ist die Ursache aller Unfälle und allen Mißgeschicks. Da sie sich immer als Opfer eines Flugzeugunglücks gesehen und diesen Gedanken mit einem starken Furchtgefühl emotionalisiert hatte, mußte sich das Ganze zwangsläufig ereignen. Als sie zwei Monate später die Reise unternahm, geschah das Unglück, von dem sie »immer gewußt« hatte.

Nehmen wir einmal an, eine Frau fürchtet, von ihrem Mann verlassen zu werden. Dieses Furchtgefühl wird vom Unterbewußtsein des Ehemannes aufgenommen. Wenn er die Gesetze des Lebens nicht kennt, dann wird sich diese Überzeugung seiner Frau im äußeren Bereich manifestieren. In anderen Worten: Er wird genau das tun, was seine Frau befürchtet hatte, denn genau das war ihre

Überzeugung von ihm. Wenn sie nun imstande ist, dieser negativen Stimmungen Herr zu werden, wenn sie ihren Mann mit ihrem geistigen Auge vor sich sieht, Frieden, Gesundheit und Glück ausstrahlend, dann wendet sie damit dieses Geschick von sich ab. In ihren Meditationen – morgens und abends – strahlt sie die Stimmungen von Liebe und Frieden aus und fühlt, daß ihr Ehemann der wunderbarste Mensch auf der Welt ist. Sie weiß, er ist liebevoll, zuvorkommend, freundlich und ihr zugeneigt. Sie hört ihn sagen, daß er sie liebt, daß sie wundervoll sei und wie froh, glücklich und ausgeglichen er sei. Ihr Furchtgefühl ist nun durch ein Gefühl der Liebe und des Friedens ersetzt worden. Sie weiß jetzt: ... *er tut nichts Unrechtes* (Zeph. 3:5), und ... *vollkommene Liebe treibt die Furcht aus* ... (1. Joh. 4:18).

Unser tägliches Gebet – unsere tägliche Stimmung – muß freudige Erwartung, vertrauensvolle Erwartung alles Guten beinhalten. Das ist unser größtes Gebet. Wenn wir das Beste erwarten, dann wird uns das Beste zuteil werden. Unsere Stimmungen sind es, die unser Leben bestimmen.

Die moderne Metaphysik lehrt, daß Gott das Lebensprinzip im Menschen ist. Wenn Sie Glauben und Vertrauen ausdrücken, dann ist das der Ausdruck des Ihnen innewohnenden göttlichen Geistes, der allmächtig ist. ... *und niemand kann seiner Hand wehren, noch zu ihm sagen: was machst du?* (Dan. 4:32) Das Bewußtsein des Menschen ist Gott; es gibt keinen anderen Gott. Und Bewußtsein bedeutet Existenz, Leben und Gewahrsein.

Sie, der Leser, wissen, daß Sie existieren. Dieses Wissen um Ihre Existenz ist Gott. Ihr Gewahrsein ist Ihr Gotteskonzept. Jeder muß sich fragen: »Wessen bin ich mir gewahr?« Die Antwort auf diese Frage offenbart sein Konzept von Gott. Es offenbart das, was er von Gott weiß. Sagt er sich: »Ich gewahre Mangel und Begrenzung, ich habe Angst, ich bin krank«, dann sind das Unwahrheiten –

Feststellungen, die auch nicht den geringsten Wahrheitsgehalt haben. Sagt der Mensch nämlich: »Ich habe Angst«, dann behauptet er damit nicht weniger, als daß Gott Angst hat, und das ist selbstverständlich völlig unsinnig. Sagt er: »Ich leide Mangel«, dann spricht er auch damit eine Unwahrheit aus. Er verneint den göttlichen Überfluß, die göttliche Fülle. Er verneint die unendliche Versorgung. Er glaubt an Fehlschlag und hat mit diesem Glauben Erfolg. Er glaubt an eine Unwahrheit, deren Wahrheitsgehalt er nicht zu beweisen vermag. Der falsche Zustand erscheint ihm als Wirklichkeit, solange er über ihn nachsinnt. Sobald er aufhört, daran zu glauben, ist er frei und geheilt.

14. KAPITEL

Die Macht der Suggestion

Sie kennen das Bibelzitat ... *dein Glaube hat dich geheilt* ... (Mark. 5:34). Hier wird offenbar, daß die Kraft, welche die Heilung verursacht, sich im Inneren des Individuums befindet und in keiner äußeren Form. Jesus wies auf den Glauben als die eine, absolut vorherrschende Kraft beim Heilungsprozeß hin. Glaube ist die Geisteshaltung, die im Individuum die spirituellen Kräfte freisetzt. Es werden heutzutage viele in sich verschiedene Heilungsmethoden angewandt – überall auf der Welt. Das einzige Erfordernis, das sie alle gemeinsam haben, ist das absolute Vertrauen seitens des Patienten. Dann setzen Resultate ein.

Wie uns die Bibel überliefert, war es Jesus nicht möglich, seine Heilungswerke an den Menschen in seinem Heimatort zu vollbringen wegen ihres Unglaubens. Um positive Resultate zu erzielen, ist es erforderlich, daß Sie mit den beim Heilungsvorgang beteiligten Prinzipien vertraut sind.

Bei unserer Gemütstätigkeit haben wir es mit zwei Phasen zu tun, üblicherweise als objektives und subjektives Bewußtsein bezeichnet. Wir können aber auch wachbewußter Verstand und Unterbewußtsein sagen. Oftmals ist auch vom supraliminalen bzw. subliminalen Bewußtsein die Rede. Wie dem auch sei, Ihr objektives Bewußtsein ist Ihr wachbewußter Verstand, der mittels seiner fünf Sinne die Welt der objektiven Erscheinungen wahrnimmt, während das Unterbewußtsein sich als Erbauer des Körpers in allen subjektiven Zuständen wie Hypnose, Schlaf, Hellsichtigkeit, Hellhörigkeit, Somnambulismus, Trance, Träumen etc. manifestiert, wenn der wachbewußte Verstand entweder schläft oder ganz bzw. teilweise ausgeschaltet ist. Ihr Unterbewußtsein ist zu jeder Zeit in aktiver Tätigkeit; es schläft nie.

Wie Suggestionen wirken

Sie müssen sich darüber klar sein, daß Ihr Unterbewußtsein immer für Suggestion empfänglich ist und von der Kraft der Suggestion beherrscht wird. Es besteht eine klare Grenzlinie zwischen den genannten beiden Phasen unserer Gemütstätigkeit, sowohl was ihre Macht als auch was ihre Begrenzungen betrifft. Eines der wesentlichsten Merkmale dabei ist der Umstand, daß Ihr Unterbewußtsein nicht imstande ist zu unterscheiden, zu urteilen oder zu bewerten. Das heißt: es vermag weder Fakten zu sammeln noch diese richtig einzuordnen und ihre Relevanz zu bestimmen.

Ihr Unterbewußtsein akzeptiert also jede ihm eingegebene Suggestion kritiklos, ohne sich um deren Wahrheitsgehalt zu kümmern. Es folgt ausschließlich deduktiv, diese Kraft der Deduktion ist allerdings absolut perfekt. Gleichgültig, ob eine Prämisse wahr oder unzutreffend ist, die Folgerungen Ihres Unterbewußtseins sind immer logisch und korrekt – ausgehend von eben dieser Prämisse. Deshalb hängt alles von der Art der Suggestionen ab, die Sie Ihrem Unterbewußtsein erteilen.

Ihre Autosuggestion

Bedenken Sie: Eine Autosuggestion ist ebenso wirksam wie eine Fremdsuggestion. Konfrontiert mit zwei einander entgegengesetzten Suggestionen, wird das Unterbewußtsein sich immer die jeweils stärkere zu eigen machen. Sie können jede negative Suggestion zurückweisen und an ihrer Stelle die Eine Macht kontemplieren – die Macht Gottes –, die in Ihrem Innern wirksam ist. Damit können Sie jede negative Suggestion, deren Opfer sie möglicherweise geworden sind, neutralisieren.

Die Wunder Ihres tieferen Bewußtseins

Ihr gesamter Körper besteht unter anderem aus einer Vielzahl intelligenter Zellen, von denen jede einzelne die ihr zugewiesene Funktion mit erstaunlicher Präzision ausführt. Ihr Körper mit seinen Milliarden dieser Zellen ruht keineswegs, wenn Sie schlafen – das ist eine Illusion. Ihr Herz schlägt nach wie vor, Sie atmen regelmäßig, Verdauung und Assimilation gehen unablässig weiter, der Kreislauf geht weiter, der Körper perspiriert, Haare und Fingernägel wachsen etc. Man könnte sagen, der Körper schaltet herunter, aber im Grunde ruht er niemals.

Was da ruht, ist Ihr wachbewußter Verstand, nachdem Sie sich von den Plagen, Anspannungen und Herausforderungen des Tages zurückgezogen haben. Wenn der Körper schläft, ist der wachbewußte Verstand ausgeschaltet, und die Weisheit und Intelligenz des Unterbewußtseins übernimmt die Kontrolle. Der Heilungsprozeß vollzieht sich, während Sie schlafen. Deshalb lesen wir im 23. Psalm: *Er erquickt meine Seele ... Den Seinen gibt's der Herr im Schlaf* (Psalm 127:2).

Sie suchte einen Kahunapriester auf

Eine Frau aus meiner Nachbarschaft hier in Leisure World erzählte mir, daß sie vor zehn Jahren unter einer Krankheit litt, die von den Ärzten als unheilbar angesehen wurde. Sie entschloß sich daraufhin, einen Kahuna aufzusuchen – einen Eingeborenenpriester auf den Hawaii-Inseln. Dieser vollzog, wie sie sagte, ein bestimmtes Gebetsritual und intonierte dabei Gesänge in seiner Sprache, die sie nicht verstand. Nach etwa einer halben Stunde wies er sie an, jeden Abend vor dem Schlafengehen mehrmals wissend und fühlend »Gott ist« zu sagen. Sie würde mit Sicherheit geheilt werden.

Sie war von seiner ruhigen Überzeugung so beeindruckt, daß sie jetzt auch tief innerlich wußte, daß eine

Heilung erfolgen würde. Als sie am nächsten Morgen erwachte, wußte sie instinktiv, daß sie geheilt war. Alle darauffolgenden medizinischen Tests bestätigten diesen Sachverhalt.

Das demonstriert die Macht des Glaubens oder die vollkommene Annahme des erwünschten Zustands. Dadurch wurde die ihr innewohnende unendlich heilende Gegenwart freigesetzt, die dann tätig wurde und sie heilte. Der stille Partner in uns allen ist allweise. Sie können ihn Gott nennen, das Superbewußtsein, das ICH BIN, den innewohnenden Christus, unterbewußte Weisheit oder Intelligenz des höheren Selbst. Wesentlich ist die Erkenntnis, daß sich diese Macht und Weisheit in uns befindet und es unser gottgegebenes Vorrecht ist, mit dieser Superintelligenz Kontakt herzustellen und sie uns nutzbar zu machen. Die Bibel sagt: *Befreunde dich nun mit ihm und sei im Frieden ...* (Hiob 22:21)

Heiler

Mentale, psychische und spirituelle Heiler gibt es auf der ganzen Welt – sei es innerhalb von Kirchen, Zentren oder Organisationen, oder seien es selbständige Heiler, die von sich reden machen. Viele von ihnen behaupten, daß allein ihre Methode richtig sei. Das ist offensichtlich nicht der Fall, denn Resultate werden von allen erzielt. Der Medizinmann der Schwarzfuß-Indianer wie auch der Zauberdoktor im afrikanischen Busch können auf Heilungserfolge verweisen.

Es gibt nur eine einzige universelle Heilungsgegenwart, die uns allen zugänglich ist. Die Methode dabei beruht auf dem Glauben – gleichgültig, ob blinder oder begründeter Glaube. Letzterer basiert auf der Kenntnis von der Wirkungsweise unseres tieferen Bewußtseins. Hier sollten wir einen Moment innehalten und bedenken, daß die Macht der Suggestion durch viele Zeitalter hindurch das einzige therapeutische Mittel war, das dem Menschen zur Verfügung stand. Wenn wir die Entwicklung der medizinischen Wissenschaft von ihren Anfängen über Hippokrates bis in unsere Zeit betrachten, dann haben wir heute eine gewaltige moderne Institution vor uns im Vergleich zu der langen Reihe von Heilern, die jahrhundertelang allein auf die Macht der Suggestion angewiesen waren und mit ihr großartige Heilungen verzeichnen konnten.

Alles, was geeignet ist, den Glauben an eine Heilung im Patienten zu aktivieren, begleitet von einer entsprechenden Heilungssuggestion, zeitigt mit Sicherheit eine Wirkung. Man kann durchaus sagen, daß alles, was mit dem Glauben des Patienten übereinstimmt, als Heilungstherapie brauchbar ist.

Fetisch-Anbetung

Überall gibt es Fetisch-Anbeter, die meinen, daß eine Holzschnitzerei oder ein Knochen über magische Kräfte verfügen – daß sie eine Heilung herbeizuführen vermögen oder Schutz vor Ungemach bieten. Solch einem Fetisch wurde und wird oftmals eine außerordentliche Kraft zugeschrieben – er wird als Träger übernatürlicher Kräfte angesehen, der seine Macht von dem ihm innewohnenden Geist bezieht.

Viele leidende Menschen auf der ganzen Welt setzen ihre Hoffnungen auf solche Hölzer oder Knochen, denen angeblich Heilkraft innewohnt. Und viele werden in der Tat geheilt, sogar noch während der Medizinmann sein Ritual vollzieht. Weshalb? Weil die Zeremonie oder das Ritual eine machtvolle Suggestion in sich birgt, welche die Heilkraft im Unterbewußtsein des Patienten aktiviert. Die Zeremonie ist darüber hinaus ein brauchbares Mittel, um Empfänglichkeit und Überzeugung zu inspirieren und damit die unendliche Intelligenz freizusetzen, die den Körper beherrscht.

Heilungen bei den nordamerikanischen Indianern

Einige Indianerstämme bei uns hängen der Überzeugung an, daß Krankheit und Leiden von bösen Geistern verursacht werden. Der Medizinmann redet dem Kranken dann ein, er könne die bösen Geister ängstigen und verjagen durch Beschwörungen, kreisende Körperbewegungen, furchterregende Geräusche etc., unterstützt von einem seltsamen, grotesken Make-up. Der Patient in seinem Bestreben, gesund zu werden, ist für Suggestionen verständlicherweise sehr empfänglich. Deshalb dauert es auch nicht lange, und die bösen Geister verlassen seinen Körper und geben dem Kranken Gelegenheit, geheilt zu werden. Es wäre töricht, hier zu behaupten, daß so keine Heilungen zu erzielen seien. Das Ganze gründet sich jedoch auf Suggestionen – nicht mehr und nicht weniger.

Ein hochgebildeter Indianer – approbierter Arzt – machte mir einmal kar, daß die Heilungsmethoden der Medizinmänner oftmals ungleich erfolgreicher seien als die hochentwickelten Therapiemaßnahmen der modernen Medizin, weil die Gemüter der primitiven, ungebildeten Indianer für Suggestionen dieser Art empfänglich seien. Eine jede Heilweise ist nur im genauen Verhältnis zu der ihr innewohnenden Überzeugungskraft wirksam. Sie muß auf jeden Fall Glauben erzeugen können.

Es ist keineswegs überraschend, daß es in grauer Vorzeit, als Aberglaube und Ignoranz zur Tagesordnung gehörten, unzählige Heilungsmethoden gab. Es wäre daher töricht und ungerecht, über primitive Vorstellungen dieser Art zu spotten. Immerhin steckte die Menschheitsentwicklung noch in den Kinderschuhen. Die universelle Gegenwart Gottes ist allen Menschen gleichermaßen verfügbar. Gott hat in seiner unendlichen Barmherzigkeit ein unterbewußtes Gesetz etabliert, das auf jeder Ebene menschlicher Intelligenz wirksam werden kann, dem

Glauben des Individuums gemäß. Eine jede Heilmethode
ist auf einen bestimmten Intelligenzgrad zugeschnitten.

Die Wahrheit ist ewig

Nichts ist von Dauer, außer der Wahrheit. Irrtümer verlieren ihre Lebenskraft im Sonnenlicht der Wahrheit; somit kann sich keine Institution, deren Lehre auf fundamentalen Irrtümern beruht, auf die Dauer behaupten, angesichts der fundamentalen Wahrheit. Falsche Systeme und Verfahren mögen recht langlebig sein. Ihre guten Auswirkungen jedoch werden weniger und weniger. Sie büßen ihre Überzeugungskraft ein und werden schließlich ganz von der Bildfläche verschwinden.

Aktion und Reaktion sind sich immer gleich. Ein Wahrheitsschüler, der die Grundlage aller dieser Heilmethoden kennt, weiß, daß er es nur mit einer einzigen heilenden Gegenwart zu tun hat, die auf sein Denken und Fühlen reagiert und die allen Menschen verfügbar ist. Von da an verzichtet er auf alle gängigen, jedoch falschen Heilsysteme, weil er die Wahrheit kennt und um die Wirkungsweise des Gemüts weiß. Er blickt nicht mehr auf eine äußere Intelligenz in weiter Ferne; er blickt statt dessen nach innen und ist sich bewußt, daß er imstande ist, sein Unterbewußtsein zu beherrschen, das seinerseits alle vitalen Funktionen seines Körpers kontrolliert. Der Glaube des Wahrheitssuchers gründet sich auf genaue Kenntnis der Gesetze des Geistes und nicht auf kritiklose, blinde Annahme irgendeiner Lehrmeinung.

Alkoholismus wurde überwunden

Es ist schlechthin unmöglich, einem anderen Menschen universelle Prinzipien zu suggerieren, ohne selbst davon zu profitieren. Einige professionelle Hypnosetherapeuten beispielsweise haben mir berichtet, daß ihre Suggestionen, die sie heilungssuchenden Alkoholikern gegeben hatten, auch sie selbst vom Alkoholismus heilen konnten. In anderen Worten: Sie machten klar, daß es einem Trunkenbold unmöglich sei, weiterhin seinem Laster zu frönen, nachdem er einem Patienten Suggestionen zum Ablegen eben dieser Gewohnheit erteilt hat. Einer dieser Hypnosetherapeuten erzählte mir, daß er den Geruch von Spirituosen nicht mehr ertragen konnte, nachdem er eine Serie von Bejahungen und machtvollen Suggestionen gegeben hatte. Diese für einen Alkoholiker bestimmten Suggestionen bewirkten auch bei ihm einen Widerwillen gegen den Geschmack und Geruch alkoholischer Getränke.

Eine Autosuggestion – das besagt das geistige Gesetz – ist ebenso wirksam wie eine Fremdsuggestion. Der wachbewußte Verstand suggeriert, und das Unterbewußtsein akzeptiert und funktioniert entsprechend.

Viele Menschen wenden Autosuggestion an, um sich von schädlichen Gewohnheiten wie Rauchen und Trinken zu befreien. Damit ist klar, daß jeder imstande ist, sich von Gewohnheiten zu befreien, *die er wirklich und wahrhaftig loszuwerden wünscht.* So mancher Alkoholiker nämlich hat die Hilfe eines Spezialisten in Anspruch genommen ohne den aufrichtigen Wunsch, von seiner Gewohnheit frei zu sein. Damit wird eine gegenteilige Autosuggestion erteilt, die alle Bemühungen des Spezialisten zunichte macht. Es ist also überaus wichtig, der Tatsache eingedenk zu bleiben, daß jede dem Patienten erteilte Suggestion ihre Rückwirkung auf den Suggerierenden hat. Aktion und Reaktion gleichen einander immer. Dieses Prinzip ist für die mentale Energie ebenso zutreffend wie für die physische. Es ist da wie mit der Barmherzigkeit: »Sie segnet zweifach – den, der gibt und den, der empfängt.«

Darwins Kommentare

In seinem Buch *Der Aufstieg des Menschen* weist Darwin auf den Umstand hin, daß intelligente Handlungen von

Tieren von einer Gewohnheit zu einem erblichen Instinkt werden. So meiden die Vögel auf den ozeanischen Inseln den Kontakt mit dem Menschen. Das ergibt interessante Rückschlüsse auf die Wirkungsweise des Unterbewußtseins auch bei Tieren. Als der Mensch zuerst seinen Fuß auf die bis dahin unbewohnten Inseln setzte, konnte er feststellen, daß es den Vögeln völlig an Furcht mangelte. Sie fühlten sich vom Menschen nicht bedroht. Nur zu bald mußten sie jedoch ihre Lektion lernen, daß der Mensch nämlich über eine für sie tödliche Waffe verfügte. Das wurde ihrem Nachwuchs subjektiv übermittelt. Das Resultat: Wo immer der Mensch erschien, flogen sie davon. Einige Jäger berichten uns, daß sie sogar imstande waren, die Reichweite der Geschosse zu bestimmen, und das mit einer geradezu erstaunlichen Akkuratesse. Im Lauf der Zeit wurde die Furcht vor dem Menschen zu einem vererbbaren Instinkt, der jetzt bereits seit Generationen spürbar ist. Jetzt fürchtet der jüngste Vogel seinen Feind – den Menschen – ebenso wie seine erfahrenen Vorfahren.

Herrschaft über Tiere

Ohne das Gesetz der Suggestion wäre es dem Menschen unmöglich, einen Tiger oder ein wildes Pferd zu zähmen oder einen Elefanten zu dressieren. Das Tier unterliegt der bewußten Kontrolle und Beherrschung durch den Menschen. Damit ein Pferd sich dem Menschen unterordnet, muß es überzeugt werden, daß der Mensch der Stärkere ist. Ein Wildpferd wird von seinem Trainer zu Boden geworfen und so lange unten gehalten, bis es sich nicht mehr wehrt. Dann fesselt er die Füße des Tieres mit einem Strick. Nachdem der Mensch seine Überlegenheit dokumentiert hat, ist der Rest verhältnismäßig einfach. Dem Unterbewußtsein des Pferdes ist die Suggestion von der Überlegenheit des Menschen mit Erfolg übermittelt worden. Es weiß jetzt, daß es sinn- und zwecklos wäre, gegen diese Überlegenheit anzukämpfen. Das Unterbewußtsein eines Pferdes ist den Suggestionen und der Kontrolle durch den menschlichen Verstand völlig preisgegeben.

Dieses Prinzip gilt für alle Beziehungen zwischen dem Menschen und einer niederen Tiergattung. Die erfolgreiche Dressur entspricht der erfolgreichen Suggestion, die der Mensch dem Tier erteilen konnte. Daraus resultiert dauernder Gehorsam dem Menschen gegenüber. Der Mensch ist befähigt, absolute Herrschaft über die Kreatur auszuüben – allein durch die Macht der Suggestion.

Eine bemerkenswerte Heilung

Nach einem Vortrag in Atlanta, Georgia, vor einiger Zeit, suchte mich eine Dame auf. Wie sie mir erzählte, war ihr kleines Ladengeschäft ein Jahr zuvor von zwei Banditen überfallen worden. Man hatte sie angeherrscht, schnellstens den Safe zu öffnen, ein Verlangen, dem sie nur sehr langsam nachkommen konnte, da sie wegen einer Lähmung auf die Hilfe von Krücken angewiesen war. Sie hatte protestiert und darauf hingewiesen, daß ihr Ehemann derjenige sei, der sich um den Safe kümmert, weil sie sich kaum bücken könne. Im übrigen würde ihr Mann jeden Moment zurückkommen. Daraufhin hielt ihr einer der Banditen einen Revolver an die Schläfe und schrie: »Ich gebe dir genau dreißig Sekunden, um den Safe zu öffnen, anderenfalls hast du ein Loch im Kopf!« Sie warf ihre Krücken beiseite und öffnete den Safe. Seither hatte sie nie wieder an Krücken gehen müssen.

Selbsterhaltung ist das allererste Gesetz der Natur. Der Gedanke, ihr Leben um jeden Preis zu retten, hatte von ihrem Gemüt Besitz ergriffen, und die gesamte Macht des Unendlichen strömte in diesen Brennpunkt ihrer Aufmerksamkeit und brachte eine bemerkenswerte Heilung zustande. Gewiß, die Macht Gottes oder der unendlichen heilenden Gegenwart war von jeher für sie verfügbar, sie hatte jedoch nie von ihr Gebrauch gemacht, deshalb schlummerte sie ungenutzt. Der lebendige allmächtige Geist war in ihr, so wie er allen Menschen innewohnt. Er kann weder gelähmt noch verkrüppelt sein; unter der großen Schockeinwirkung vergaß sie ihre Lähmung und setzte die Kraft frei – die Kraft, welche die Welt bewegt.

Paralytiker konnten wieder laufen

Dr. Frederick Bailes, einer der profiliertesten amerikanischen Wahrheitslehrer, erzählte mir einmal von einem Ereignis, daß er am Rande miterlebt hatte. Eine Anzahl völlig hilfloser Paralytiker war, in einem südafrikanischen Hospital ans Bett gefesselt, unfähig, auch nur einen Schritt zu gehen. Da passierte es, daß eine ausgewachsene Boa constrictor durch ein geöffnetes Fenster ihren Weg in das Krankenzimmer gefunden hatte. In panischer Angst rannten daraufhin alle bis dahin Gelähmten über den Stationsflur in den Garten. Sie alle waren von da an völlig geheilt.

Die Annalen der Medizin

Viele Ärzte in den USA und anderswo haben in medizinischen Fachschriften von außergewöhnlichen Demonstrationen der Kraft und von wunderbaren Heilungen angesichts starker Schockeinwirkung, verursacht durch Feuersbrünste, Katastrophenfälle und extreme Notsituationen, berichtet. Der folgende Artikel erschien am 19. Januar 1980 im *National Enquirer*:

Zierliche Hausfrau hebt ein 2000 Kilo schweres Auto an, um ein unter einem Rad eingeklemmtes Kind zu befreien.

In einem Anflug übermenschlicher Kraft hob eine zierliche Frau einen 2000 Kilo schweren Cadillac mit bloßen Händen an, um ein achtjähriges Mädchen zu befreien, das hilflos eingeklemmt war.

»Alles, was ich dazu sagen kann, ist, daß Gott mir die

Kraft gab«, sagte die 44jährige Martha Weiss, die knapp 1,60 m mißt.

Jetzt nennen die Kinder sie »Wunderfrau« und die Polizeibehörde hat sie mit einer Ehrenplakette bedacht.

Die dramatischen Ereignisse entwickelten sich, als Mrs. Weiss sah, wie die kleine Berta Amaral vor der Kirche Our Lady of Mount Carmel in San Diego von einem Auto erfaßt, fünf Meter mitgeschleift wurde und dann, als der Wagen zum Stillstand kam, zwischen den Vorderrädern eingeklemmt war.

»Jeder schien vor Schreck erstarrt zu sein«, erinnert sich Mrs. Weiss, die gerade ihre Kinder an der Schule abgesetzt hatte. Die Mutter des Kindes war unter den Wagen gekrochen und versuchte, es zu erreichen.

»Ich konnte nur noch an die Verzweiflung der Mutter denken, die das kleine Mädchen unter dem Wagen hervorzuziehen versuchte.

Ich wußte, daß ich etwas tun mußte. Ich rannte über die Straße und packte das Auto an der Stoßstange.

Das Kind befand sich unter dem rechten Vorderrad. Es bekam keine Luft mehr. Ich betete still und versuchte mit aller Kraft, den Wagen anzuheben. Das Metall schnitt mir in die Finger, aber der Wagen bewegte sich nicht einen Millimeter.

Als ich in das bedauernswerte kleine Gesichtchen blickte, wußte ich, daß ich das Kind von diesem Gewicht befreien mußte.

Ich versuchte es noch einmal, und zunächst tat sich nichts. Dann verspürte ich mit einem Mal eine ungeheure Kraft in meinen Körper einströmen. Es war, als ob mir plötzlich eine unsichtbare Hand zu Hilfe kam – und der Wagen hob sich. Ich schrie der Mutter zu, die Kleine unter dem Rad hervorzuziehen.

Als der kleine Körper befreit war, spürte ich, wie das volle Gewicht des Fahrzeugs wieder in meine Finger schnitt, und ich mußte es fallen lassen.«

Die kleine Berta wurde in eine naheliegende Klinik gebracht und ist jetzt auf dem Weg der Besserung.

Der mit der Untersuchung des Falles beauftragte Polizist Bill Robinson aus San Diego berichtete dem *Enquirer:*

»Das Fahrzeug wog etwa zweieinhalb Tonnen, und Mrs. Weiss hob dieses ganze Gewicht vom Körper des Kindes. Ich habe schon von Männern gehört, die durch einen Adrenalinstoß zu solchen Kraftakten fähig waren, aber noch nie von einer Frau. Es ist wirklich erstaunlich.«

Eine Sprecherin der Cadillac-Verkaufsorganisation erklärte, daß dieses Modell, ein 1968 Coupé de Ville, ein Gewicht von etwa 2000 Kilo habe. Der Fahrer sieht einem Strafverfahren wegen rücksichtslosen Fahrens entgegen.

Rückblickend auf dieses Erlebnis meinte Mrs. Weiss: »Ich habe es getan, weil es einfach getan werden mußte. Meine Kinder erzählen überall, ihre Mutter sei eine ›Wunderfrau‹ – aber an diesem Tag muß Gott durch mich gewirkt haben.«

Malcolm Boyes

Henry Thomas Hamblin, der berühmte englische Wahrheitslehrer, erzählte mir einmal von einem in seiner Nähe wohnenden Mann, der sich – durch Polio gelähmt – nur sehr langsam und schwerfällig an Krücken fortbewegen konnte. Eines Tages geriet sein Haus in Brand, während seine beiden Kinder schliefen. Er war in ihr Zimmer gestürzt und hatte beide Jungen die Treppe hinunter ins Freie getragen. Dann hatte er einen Nachbarn gebeten, die Feuerwehr zu alarmieren. Nach diesem Zwischenfall war er vollkommen geheilt und konnte noch viele Jahre lang gehen. Der Gedanke, die Kinder um jeden Preis zu retten, war der alles beherrschende Gedanke in seinem Gemüt. Die Kraft des Allmächtigen war für ihn tätig geworden, und er hatte entsprechend reagiert. Liebe besiegt alles.

Kürzlich kam ein Mann in meine Sprechstunde, der

während der Schwangerschaft seiner Frau von einer sogenannten »Morgenkrankheit« befallen war. Ich schickte ihn zu einem befreundeten Arzt, der absolut nichts von irgendwelchen Krankheitssymptomen finden konnte. Hier handelt es sich keineswegs um ein seltsames Phämomen; das Ganze war vielmehr auf unterbewußten Rapport mit seiner Frau zurückzuführen. Die ständige, telepathische Kommunikation brachte gleichartige Symptome zum Vorschein. Man könnte es als psychologische Sympathie zwischen Ehepartnern bezeichnen.

Ich gab ihm das folgende Gebet zur drei- oder viermaligen Anwendung am Tag:

Wer festen Herzens ist, den bewahrst du in vollkommenem Frieden, denn er verläßt sich auf dich (Jes. 26:3). Ich bin mir bewußt, daß die Wünsche meines Herzens von dem mir innewohnenden Gott stammen. Gott will, daß ich glücklich bin. Der Wille Gottes für mich ist Leben, Liebe, Wahrheit und Schönheit. Ich nehme mein Gutes jetzt in meinem Gemüt an und werde damit zu einem brauchbaren Kanal für das Göttliche.

Ich komme in Seine Gegenwart singend; ich betrete Seine Vorhöfe mit Lob; ich bin glücklich und voller Freude; ich bin ruhig und gelassen.

Die stille zarte Stimme flüstert mir ins Ohr und enthüllt mir die vollkommene Antwort. Ich bin ein Ausdruck Gottes. Ich befinde mich immer an meinem wahren Platz und tue die Dinge, die ich gern tue. Ich weigere mich, irgendwelche Meinungen anderer Menschen als Wahrheit zu akzeptieren. Ich wende mich jetzt nach innen und spüre den Rhythmus des Göttlichen. Ich höre die Melodie Gottes, der mir seine Botschaft der Liebe zuflüstert.

Mein Gemüt ist das Gemüt Gottes, deshalb reflektiere ich jederzeit göttliche Weisheit und göttliche Intelligenz. Mein Gehirn symbolisiert mein Denkvermögen – meine Befähigung, weise und spirituell zu denken. Gottes Ideen entfalten sich in meinem Gemüt in vollkommener Ordnung. Ich bewahre immer Haltung, bin immer ausgeglichen, heiter und ruhig, denn ich weiß, Gott wird mir immer die perfekte Lösung offenbaren für alle meine Nöte.

Jedesmal, wenn mir ein Gedanke an meine Frau in den Sinn kommt, bejahe ich sofort: »Gottes Frieden erfüllt deine Seele. Gott liebt dich und sorgt für dich.«

Nachdem er auf diese Weise vorgegangen war, sah er sich von allen Symptomen befreit.

15. KAPITEL

Ehe, Sex und Scheidung

Nach einem meiner Vorträge in München fragte mich eine Dame nach dem Verhältnis zwischen Glauben und Tätigkeit. Das ist eine sehr praktische Frage. Es heißt in der Bibel: ... *Glaube ohne Werke ist tot* ... (Jak. 2:17). Der Glaube, von dem in der Bibel die Rede ist, hat jedoch nicht das geringste mit dem Glauben an eine bestimmte Lehrmeinung zu tun, als da sind jüdischer, katholischer, protestantischer oder buddhistischer Glaube. Mit Glaube ist in der Bibel das Vertrauen in das schöpferische Gesetz des Universums gemeint – der Glaube, daß alles, was wir unserem Unterbewußtsein aufprägen, in unserem Erfahrungsbereich zum Ausdruck kommt.

Glaube, biblisch gesehen, hat nichts mit einer bestimmten religiösen Überzeugung zu tun. Glauben Sie, daß jeder Gedanke schöpferisch ist. Was Sie sich als vollendete Tatsache vorstellen und im Denken und Fühlen als wahr empfinden, verwirklicht sich – sei es gut oder schlecht. Ihr wahrer Glaube ist das innere Wissen Ihrer Seele; es ist Ihr innerer, praktischer, funktionierender Glaube, Gott, das Leben allgemein, und Ihre Mitmenschen betreffend. Es handelt sich hier um die Überzeugung Ihres Herzens; nur die manifestiert sich im Äußeren, und nicht irgend etwas, dem Sie eine oberflächliche, rein intellektuelle Zustimmung geben. Im Buch der Sprüche heißt es: ... *denn wie er in seinem Herzen denkt, so ist er* (Spr. 23:7). Das ist Ihr wahrer Glaube und Ihre wahre Religion.

Der Münchener Heilpraktiker Erhard Freitag hat mich in den letzten Jahren mehrere Male zu einer Reihe von Vorträgen in der Bundesrepublik Deutschland und der Schweiz eingeladen. Er ist ein hervorragender spiritueller Psychologe, ordinierter Lehrbeauftragter der Divine

Science und lehrt als solcher die Gesetze von der Macht des Unterbewußtseins. Der Leiter des dortigen Centers, das sich von einem kleinen Freundeskreis zu einer bemerkenswerten Organisation des neuen Denkens entwickelt hat, Manfred G. Schmidt – gleichfalls ordinierter Lehrbeauftragter der Divine Science –, hat viele meiner Bücher in die deutsche Sprache übertragen. Auch er ist ein großartiger Lehrer. Seine Übersetzungen metaphysischer Bücher sind außergewöhnlich, weil er die Gedanken des Autors intuitiv und spirituell erfaßt.

Mit organisatorischer Betreuung durch Erhard Freitag hielt ich Vorträge in Frankfurt, München, Wien und Zürich. In all diesen Städten war das Echo überwältigend. In den deutschsprachigen Ländern vollzieht sich gegenwärtig eine spirituelle Renaissance, und ich konnte feststellen, daß die Menschen dort nach den ewigen Wahrheiten dürstet. Viele meiner Bücher sind bereits in deutschsprachigen Ausgaben verfügbar, und ich bin gewiß, daß bald alle 35 vorliegen werden.

An den Rollstuhl gefesseltes Mädchen kann wieder gehen

In Zürich machte Manfred Schmidt mich mit einer jungen Dame bekannt, die einige Jahre lang an den Rollstuhl gefesselt gewesen war und jetzt wieder gehen kann. Sie hatte mein Buch *Die Macht Ihres Unterbewußtseins* gründlich studiert und die darin empfohlenen Techniken angewandt. Sie hatte bejaht, daß die höchste Intelligenz, die sie geschaffen hat, sie auch heilen würde. Sie sah sich geistig alles das tun, was sie in gesundem Zustand tun würde. Sie lebte diese Rolle buchstäblich und durfte erleben, daß Gedanke auf Gedanke, Mentalbild auf Mentalbild – beharrlich und mit Gefühl wiederholt – ihr Unterbewußtsein zu durchdringen vermochte und deshalb in ihrem Erfahrungsbereich sichtbar wurde.

Weshalb sie ihrer Mutter keine Hilfe war

Nach meinem Vortrag in Wien verlangte mich eine junge Frau zu sprechen, um mir ihr Problem zu unterbreiten. Sie hatte für ihre Mutter, die sich wegen einer schweren Herzkrankheit in der Klinik befand, gebetet, aber der Zustand verschlimmerte sich zusehends. Während unseres Gespräches wurde offenbar, daß ihr Gemüt voller Furchtgefühle war. Ihr Denken kreiste unentwegt um die akuten und gefährlichen Symptome, und nicht um die Macht Gottes. Mit solcherart Gebeten verstärkte sie die Zustände, statt sie zu beseitigen. Wahres Gebet besteht aus Gedanken an Gott, diese Frau jedoch dachte unaufhörlich an Ungemach, Krankheit und Gebrechen. Damit hielt sie den Zustand ihrer Mutter fest, statt ihr eine spirituelle Transfusion zu verabreichen.

Ich empfahl ihr das folgende Gebet: »Meine Mutter ist dem göttlichen Gemüt bekannt. Gott ist, und seine heilende Gegenwart durchströmt sie als Frieden, Harmonie, Heilsein, Schönheit und göttliche Liebe. Gott liebt sie und sorgt für sie. Ich fühle und weiß, daß es nur eine heilende Gegenwart gibt, nur eine Macht. Daraus folgt: Es gibt keine Macht, die Gott herausfordern kann. Ich bejahe, daß die Vitalität, Intelligenz und Macht des Unendlichen sich bei meiner Mutter im äußeren Bereich bemerkbar macht, daß sie in ihrem ganzen Sein zum Ausdruck kommt. Ich sage Dank für die Heilung, die sich jetzt vollzieht. Ich übergebe sie Gott voll und ganz. Wenn ich später bete, dann wird das auf eine Weise geschehen wie nie zuvor. Ich werde beten, als ob ich noch nie zuvor gebetet hätte. Dabei werde ich jedesmal den Gedanken an Heilsein und Vitalität im Vordergrund halten und ihn verstärken, damit er in das Unterbewußtsein meiner Mutter dringt und die Heilung folgen läßt.«

Sie befolgte dieses spirituelle Rezept und hatte sehr bald Erfolg damit. Kürzlich erhielt ich einen entzückenden

Brief von ihr, in dem sie mir mitteilte, daß ihre Mutter wieder daheim und wohlauf sei. Sie vollbringt wieder all die Dinge, die sie so gern tut.

Was beim Beten zu beachten ist

Wenn Sie um die Beseitigung eines Krankheitszustandes beten, dann dürfen Sie selbstverständlich nicht an die befallenen Organe denken. Ganz gleich, ob Herz oder Lunge – was auch immer –, denken Sie nicht an das betreffende Organ als ein krankes, das wäre kein spirituelles Denken. Gedanken sind Dinge. Ihr spiritueller Gedanke nimmt die Form von Zellen, Gewebe, Nerven und Organen an. An ein krankes Herz oder an hohen Blutdruck denken bedeutet, mehr von dem zu verlangen, was bereits vorhanden ist.

Hören Sie auf, an Krankheitssymptome zu denken. Wenden Sie Ihr Gemüt statt dessen Gott und seiner Liebe zu. Machen Sie sich bewußt, daß die heilende Kraft Gottes den Patienten durchströmt, und laden Sie diesen Gedanken mit einem starken Gefühl auf. Sehen Sie den Menschen, für den Sie beten, mit Ihrem geistigen Auge vital, lebendig und überschäumend vor Begeisterung. Hören Sie ihn sagen, daß ein Wunder mit ihm geschehen sei. Tun Sie das so oft, wie Sie sich dazu gedrängt fühlen, und wunderbare Ergebnisse werden folgen.

Sie müssen die Heilung wirklich wollen

In München hatte ich eine Unterredung mit einer Dame, die unter schwerer Arthritis zu leiden hatte. Sie wurde medikamentös behandelt mit Aspirin und Codein, bekam heiße Bäder, Hitzetherapie etc., aber die arthritischen Beschwerden verstärkten sich.

Ich erklärte ihr, daß die Endung »itis« eine Entzündung des Gemüts beinhaltet. In anderen Worten: Irgendwo in den Tiefen ihres Unterbewußtseins muß sich ein mentaler

Eiterherd befinden, etwa ein tiefsitzendes Grollgefühl, Feindseligkeit oder Unversöhnlichkeit, gepaart mit der Weigerung zu vergeben. Daraufhin bekannte sie, daß sie vor Jahren ihre Mutter, die inzwischen in die nächste Dimension gegangen war, laufend bestohlen hatte. Über einen bestimmten Zeitraum hinweg hatte sie größere Geldsummen an sich genommen und wurde jetzt von unerträglichen Schuldgefühlen gepeinigt. Sie war überzeugt, Strafe verdient zu haben. Alles das verursachte die Entzündungszustände in ihrem Körper.

Oftmals liegt die Heilung bereits in der Erklärung. Ich fragte sie, ob sie denn jetzt auch noch zum Stehlen neige. Die Antwort: »Nein, ich führe ein gutes, ehrliches Leben.« So konnte ich sie auf den Umstand hinweisen, daß sie jetzt nicht mehr die Frau ist, die einmal Geld entwendet hatte. Diese Frau ist sie nicht mehr – spirituell, mental oder physisch. Ich bedeutete ihr: »Sie sind jetzt so gut, als hätten Sie niemals etwas Unrechtes getan.« Das Lebensprinzip oder Gott straft niemals und trägt auch nichts nach. Wenn Sie sich selbst vergeben, dann ist Ihnen vergeben. Das Leben vergibt Ihnen, wenn Sie sich selbst und anderen vergeben. Es sind Ihre Schuldgefühle, die den gegenwärtigen Zustand herbeigeführt haben. Ändern Sie Ihre Einstellung, und Sie verändern damit zugleich diesen Zustand. Sie werden dann völlig geheilt sein. Vergebung ist ein Austausch, bei dem man Furchtgefühle durch Gottvertrauen ersetzt, Krankheit durch Heilsein, Armut durch Reichtum und Schmerzen durch Frieden. In anderen Worten: Negative und destruktive Emotionen werden gegen Harmonie, Gesundheit und Gemütsfrieden ausgetauscht.

Ich gab ihr das folgende Gebet zur regelmäßigen Anwendung, wobei ich ihr einschärfte, das Bejahte nicht zwischenzeitlich wieder zu verneinen: »Alles ist Geist und Manifestation des Geistes. Mein Leben ist das Leben Gottes; ich bin jetzt vollkommen. Alle meine Organe sind Ideen Gottes, die mich betreuen und mir zum Vorteil gereichen. Ich bin ein spirituelles Wesen: Ich bin die vollkommene Reflexion des vollkommenen Gottes. Ich fühle und ich weiß, daß ich in jeder Hinsicht vollkommen bin; ich bin spirituell, göttlich, heilig. Ich bin eins mit meinem Vater, und mein Vater ist Gott. Ich bringe Harmonie, Frieden und Freude zum Ausdruck. Alles Wachstum in meinem Körper und meinen Belangen wird von der unendlichen Intelligenz beherrscht, dem aktiven, allweisen, gesetzestreuen Prinzip, Gott genannt. Ich bin eingetaucht in die heilige Allgegenwart, und jedes Atom, alles Gewebe, jeder Muskel und Knochen meines Körpers ist überflutet mit dem grenzenlosen Licht. Mein Körper ist der Körper Gottes; ich bin heil und vollkommen. Ich bin eins mit Gott. Mein Gemüt ist überflutet mit dem Frieden, der jede Vernunft übersteigt, und alles ist gut. Ich danke Dir, Vater.«

Kürzlich hörte ich nun von ihr. Wie sie schrieb, gingen die Ödeme zurück, die Kalkablagerungen seien im Schwinden begriffen, und die Schmerzen hätten spürbar nachgelassen. Ich bin gewiß, daß sie – sofern sie ihre spirituelle Arbeit weiter fortführt – eine vollkommene Heilung erfahren wird.

In Zürich, der Heimatstadt des großen Carl G. Jung, herrscht ein bemerkenswertes spirituelles Bewußtsein. Erhard Freitag sowie Manfred G. Schmidt halten dort regelmäßig Vorträge vor einer großen Zuhörerschaft. Auch Seminare werden von Zeit zu Zeit dort abgehalten. Ich selbst erlebte überfüllte Säle in allen Städten der deutschsprachigen Länder, einschließlich Zürich.

Bei einer Konsultation in meinem Zürcher Hotel berichtete mir eine Dame von dem Mißgeschick, das ihr widerfahren war. Sie hatte einem Betrüger die stattliche Summe von 100.000 Schweizer Franken ausgehändigt, weil der ihr eingeredet hatte, ihr dafür die Einreise in die USA ermöglichen zu können, mit der sie offenbar Schwierigkeiten hatte. Das war natürlich unbedacht und fahrlässig gehandelt. Sie hatte weder einen Anwalt hinzugezogen noch Erkundigungen beim amerikanischen Konsulat eingeholt. In anderen Worten: Sie hatte ihren gesunden Menschenverstand nicht gebraucht.

Sie räumte freimütig ein, sich höchst unklug und töricht verhalten zu haben. Sie hatte es zugelassen, das Opfer negativer Suggestionen zu werden. Ein Betrüger hat immer dann Erfolg, wenn seine Opfer die Dinge nicht durchdenken, von Gier gepackt werden und meinen, etwas für nichts bekommen zu können. Kein Mittagstisch ist gratis! Die Suggestion des Betrügers, die Behauptung, einen Beamten der Einwanderungsbehörde bestechen zu können, um ihr ein gültiges Visum zu verschaffen, nährte bei ihr falsche Vorstellungen und unredliche Motivationen. Wären ihre Motive lauter gewesen, dann hätte sie dieses Ansinnen auf der Stelle zurückgewiesen. Jedem gewissenlosen Betrüger fällt es schwer, einen wirklich ehrlichen Menschen auf eine solche Weise hereinzulegen, weil dieser Vorschläge dieser Art gar nicht erst in Erwägung ziehen würde. Bedenken Sie: Die Suggestion eines anderen Menschen verfügt über keinerlei Macht, das Suggerierte zu erschaffen. Sie können es immer zurückweisen. Wird eine Suggestion allerdings von Ihnen akzeptiert, so wird sie damit zu einer eigenen Denkbewegung. Von den Zürcher Behörden wurde sie informiert, daß dieser Mann sich von vielen alleinstehenden Frauen größere Geldbeträge erschwindelt hatte und jetzt hinter dem eisernen Vorhang, in Ostdeutschland lebt.

Ich erklärte ihr, daß ihr Geld so lange nicht verloren ist, wie sie den Verlust nicht mental akzeptiert. Ich empfahl ihr die folgende Bejahungsformel: »Ich bin mit den 100.000 Franken, die ich _____ gegeben habe, mental und spirituell vereinigt. Sie kehren zu mir zurück – vervielfacht und in göttlicher Ordnung.« Ich wies sie darauf hin, daß es dabei von äußerster Wichtigkeit sei, das Bejahte nicht in der Zwischenzeit wieder zu verneinen, da das Unterbewußtsein jeweils das Kontemplierte verstärkt. Es war daher wesentlich, jeden Gedanken an Verlust völlig auszuschalten. Dann würde das Geld zu ihr zurückkehren auf Wegen, die sie nicht kennt. Die Wege des Unterbewußtseins sind unergründlich.

Das Ganze spielte sich einige Monate vor der Fertigstellung dieses Kapitels ab, und ich habe bislang noch nichts von der jungen Frau gehört. Ich weiß jedoch, daß sie eine Antwort erhalten wird, sofern sie an ihrer Bejahung festhält. Alles wird wieder wettgemacht – verstärkt und vervielfacht. Gestehen Sie sich niemals einen Verlust ein. Sie können sich immer an das Zentrum wenden und ihr Gutes von dem Ihnen innewohnenden unendlichen Vorratshaus beanspruchen. Der göttliche Geist wird diesen Anspruch honorieren.

Sie hatte Schuldgefühle wegen ihrer Ehescheidung

Eine junge Frau in Frankfurt hatte erhebliche Schuldgefühle wegen ihrer Scheidung von ihrem Mann, einem verantwortungslosen Alkoholiker, der sie und die Kinder drangsalierte und alles Geld in die Wirtshäuser trug. Sie hielt sich für eine schlimme Sünderin.

Ich fragte sie, ob sie vor ihrer Heirat nicht eine intuitive Wahrnehmung, ein deutliches Gefühl der Warnung verspürt habe, das sie vor dem beabsichtigten Schritt bewahrt hätte. Sie räumte ein, daß es so gewesen sei, sie habe die Warnung jedoch in den Wind geschlagen. Es war die innere Stimme ihres höheren Selbst, bestrebt, sie zu schützen. Es ist dieses innere Gewahrsein, das stille innere Wissen, das immer darauf aus ist, uns zu schützen. Viele Menschen mißachten diese inneren Warnungen. Es ist ein schwerwiegender Fehler, eine Ehe einzugehen, wenn solche inneren Warnungen, wie in diesem Fall, beharrlich fortbestehen.

Ich machte ihr klar, daß es nicht richtig sei, eine Lüge zu leben. Deshalb war ihre Scheidung auch keineswegs etwas Unrechtes, weil beide Ehepartner bereits eine mentale Scheidung vollzogen hatten – eine Scheidung von der Liebe, von Harmonie, Frieden, Ehrlichkeit, Integrität, Freundlichkeit und Wohlwollen.

Sie zitierte Matthäus 19

Darauf entgegnete sie mir mit Versen aus dem Neuen Testament, die sie offenbar auswendig gelernt hatte:

Da fragten sie: Warum hat dann Mose geboten, ihr einen Scheidebrief zu geben und sie zu entlassen? Er sagte zu ihnen: Mose hat euch wegen eurer verhärteten Herzen erlaubt, eure Frauen zu entlassen; von Anfang an aber ist's nicht so gewesen. Ich aber sage euch: wer seine Frau entläßt, es sei denn wegen Unzucht, und eine andere heiratet, der bricht die Ehe (Matth. 19:7–9).

Die Bibel ist ein psychologisches und spirituelles Textbuch und muß selbstverständlich ihrer inneren Bedeutung gemäß interpretiert werden. Es war und ist immer wieder die Unkenntnis dieser inneren Bedeutung, die schuld ist an endloser Verwirrung, Schuldgefühlen, Elend und Versagen. Sie hatte außerhalb ihrer Kirche geheiratet und war nur zivilrechtlich getraut worden. Ihre Angehörigen behaupteten daher, sie habe gesündigt und würde unvermeidliche Strafen auf sich ziehen.

Das erste, was Sie sich über eine Eheschließung begreiflich machen sollten, ist die Tatsache, daß niemand – kein Rabbiner, kein Priester, kein Pastor und auch kein Richter – imstande ist, eine Ehe zu heiligen. Sie vollziehen lediglich eine rein äußerliche Zeremonie – sie dramatisiert im Äußeren die innere Übereinkunft der beiden Eheleute. Ebenso gibt es auf der ganzen Erde keine Kirche, die eine

Eheschließung heiligen kann. Eine Heirat ist die Vereinigung zweier Seelen, die jeweils im anderen die Gegenwart Gottes wahrnehmen.

In anderen Worten: Ein jeder ist mit der Gottesgegenwart im Innern vereinigt.

Gott ist Liebe

Wenn sich zwei Herzen in Liebe vereinen und miteinander ehrlich, gerecht und aufrichtig sind, dann ist es Gott oder reine Liebe, die zwei Menschen zusammengibt. Es ist dann die Vereinigung zweier Seelen, die ihren Weg zurück in das Herz der Wirklichkeit suchen. Dem wahren Sinn nach ist jeder vermählt oder vereinigt mit einem Gott der Liebe, denn Gott ist Liebe.

Ich erklärte ihr, daß eine Ehe, die auf Unwahrheiten, auf Falschheit oder Hintergedanken beruht, aus allen Blickwinkeln heraus falsch ist. Es wäre sehr töricht zu behaupten, daß Gott oder die allumfassende Liebe in jeder Ehe gegenwärtig ist. Ihr Ex-Ehemann hatte sie nämlich belogen. Er hatte ihr verschwiegen, daß er Alkoholiker und bereits dreimal geschieden war. Seine letzte Familie hatte er sogar einfach im Stich gelassen. Diese sogenannte Ehe war nichts als eine Farce, ein Trug und eine Maskerade. Die junge Frau mußte erkennen, daß sie nur geheiratet wurde, weil sie wohlhabend und sehr attraktiv war und ihr Mann mit ihr seinen Minderwertigkeitskomplex kompensieren wollte.

Nachdem sie nunmehr die innere Bedeutung der von ihr zitierten Bibelverse begriffen hatte, fühlte sie sich auf wunderbare Weise frei von jeglichem Schuldgefühl, das ohnehin auf falschen Indoktrinationen in frühester Kindheit beruhte. Ich gab ihr das folgende Gebet mit der ausdrücklichen Weisung, das Bejahte nicht wieder zu verneinen.

Ich erklärte ihr, daß bloßes Wünschen nicht ausreicht,

sie bekommt das Begehrte im Leben nur dann, wenn sie in ihrem Unterbewußtsein auch das entsprechende mentale Äquivalent etabliert. In anderen Worten: Wenn sie mit Interesse über die Eigenschaften, die sie bei einem Mann bewundert, nachsinnt, dann errichtet sie nach und nach ein Ideal in ihrem Bewußtsein. Dann wird sie schließlich – gemäß dem Gesetz des Unterbewußtseins – die Verkörperung dieses Ideals zu sich heranziehen. Dies ist das Gebet, das ich ihr gab:

»Ich weiß, daß ich jetzt mit Gott eins bin. In ihm lebe ich, in ihm bewege ich mich, und in ihm habe ich mein Wesen. Gott ist Leben; dieses Leben ist das Leben aller Menschen. Wir alle sind Söhne und Töchter des einen Vaters.

Ich weiß und ich glaube, daß es einen Mann gibt, der darauf wartet, mich zu lieben und zu umsorgen. Ich weiß, daß ich zu seinem Glück beitragen kann.

Er liebt meine Ideale und ich die seinen. Er hat nicht die Absicht, mich zu beherrschen, und auch ich habe das nicht mit ihm vor. Es gibt nur gegenseitige Liebe, Freiheit und Respekt.

Es gibt nur einen Geist. In diesem Geist kenne ich ihn bereits. Ich vereinige mich jetzt mit den Qualitäten und Attributen, die ich bewundere und von meinem Ehemann zum Ausdruck gebracht sehen möchte. Mit ihnen bin ich eins im Gemüt. Mein Partner und ich kennen und lieben uns bereits im göttlichen Gemüt. Ich sehe den Gott in ihm; er sieht den Gott in mir. Nachdem ich ihn im Innern bereits kenne, muß ich ihm auch äußerlich begegnen, das ist das geistige Gesetz.

Diese Worte gehen von mir aus und vollbringen das, wozu sie ausgesandt wurden. Ich weiß, es ist jetzt getan, beendet und vollbracht in Gott. Danke, Vater.«

Von dieser jungen Frau habe ich einen entzückenden Brief bekommen. Sie ist jetzt glücklich verheiratet und gerade auf einer Weltreise.

Liebe versagt nie.

... Was Gott zusammengefügt hat, das soll der Mensch nicht scheiden (Matth. 19:6)

Die Mißinterpretation dieses Verses hat vielen Menschen immer wieder heillose Verwirrung und Schuldgefühle beschert. Es handelt sich zumeist um Menschen, die da meinten, daß eine Scheidung nicht rechtens und sündhaft sei, da ihre Eheschließung in einer bestimmten Kirche vollzogen worden war. Nichts könnte weiter von der Wahrheit entfernt sein als das. Gott ist Liebe; und wenn zwei Menschen nicht in Liebe vereint sind, dann ist das keine wirkliche Ehe. Gott oder die Liebe ist in einer solchen Verbindung nicht gegenwärtig; deshalb ist die ganze Aufführung eine Täuschung.

Wie ich in vorangegangenen Büchern bereits erwähnt habe, vollziehe ich auch Trauungen. Hier in meiner unmittelbaren Nachbarschaft, in Leisure World, leben viele Senioren. Da ist es schon einige Male vorgekommen, daß ich Paare von 75 oder 80 Jahren getraut habe. Oftmals sagt der Ehemann, daß dabei sexuelle Beweggründe fortfallen. Statt dessen ist man ehrlich, gerecht und offen zueinander. Ehrlichkeit, Integrität, Gerechtigkeit und guter Wille sind alles Kinder der Liebe. Daher ist es Gott oder die Liebe, die solche Menschen zusammengibt, so als wären sie 20 oder 21 Jahre alt.

Das Wort *Mensch* in dem oben zitierten Bibelvers bedeutet Manifestation im objektiven Bereich des Raumes. Wenn es Liebe ist, die zwei Menschen vereint, dann bringt es keine objektive Situation, kein Zustand, keine Begebenheit zustande, diese Verbindung zu zerstören. Nichts kann sich der göttlichen Liebe entgegenstellen. Wir alle leben in einer subjektiven oder objektiven Welt, daher bringen wir objektiv im Bereich des Raumes das zum Ausdruck, was dem Unterbewußtsein oder subjektiven Bewußtsein aufgeprägt worden ist. Das ist die Bedeutung der uralten Wahrheit »Wie innen, so außen«.

Eheschließungen vollziehen sich im Gemüt

Vielen Frauen, die sich nach einem Ehepartner sehnen und die auch die geistigen Gesetze kennen, empfehle ich, sich einen vertrauten Menschen auszusuchen, der mit Sicherheit erfreut sein wird, wenn sie ihm etwas Schönes von sich mitteilen. Dann sollten sie unmittelbar vor dem Einschlafen diesen Menschen sagen hören, was sie so gern hören möchten – Glückwünsche, begeisterte Zustimmung, Komplimente, Segenswünsche etc. Im schläfrigen Zustand des Hinüberdämmerns ist das Unterbewußtsein ganz besonders ansprechbar – es tritt sozusagen hervor – und kann so mit Leichtigkeit imprägniert werden, unmittelbar bevor man sich dem Schlaf überläßt.

Viele Witwen und andere Frauen haben mir schon gesagt: »Ich habe Ihre Stimme ganz deutlich vor dem Einschlafen vernommen. Ich habe gehört, wie Sie sagten: ›Ich erkläre euch nun zu Mann und Frau‹, und das unmittelbar vor dem Einschlafen.« Das letzte wache Konzept, der letzte wache Gedanke wird dem Unterbewußtsein eingegeben. Die Weisheit des Unterbewußtseins trifft sodann die Entscheidung, auf welche Weise die Verwirklichung herbeigeführt wird. Die erwähnten Frauen waren sich bewußt, daß sich alle Transaktionen im Gemüt vollziehen. Wenn sie daher den Gedanken an eine Heirat erwägen, dann wissen sie bereits, daß sie Eigenschaften – einen Charakter – heiraten, das in ihrem Gemüt vorhandene Ideal. Bei der Gebetstätigkeit muß man sich immer den vollendeten Zustand vergegenwärtigen. Wer das Ende gesehen hat, der wird auch die Mittel der Verwirklichung kennenlernen.

»Ich erkläre euch nun zu Mann und Frau« sind die Worte, die ich am Ende einer Trauungszeremonie gebrauche. Da diese Zeremonie sich bereits im Gemüt der Betroffenen vollzogen hatte, mußte sie auch im äußeren Bereich Wirklichkeit werden. In fast allen Fällen, in denen Frauen diese Technik angewandt haben, wurde ihnen auch die Freude des beantworteten Gebets zuteil. Die äußere Zeremonie – die Eheschließung – war die Bestätigung ihrer inneren spirituellen Arbeit, das in die sichtbare Erscheinung gerufene Bild ihres Denkens und Fühlens – der schöpferischen Imagination.

Unwissenheit ist die einzige Sünde und alles Leiden die Konsequenz

Buddha fragte einmal in der Meditation nach der Ursache für alles Leiden und Elend in Indien. Die Antwort, die er bekam, lautete *Unwissenheit*. Lehren auch Sie die Menschen die Wahrheit des Seins. Wie wir wissen, ist Unkenntnis des Gesetzes keine Entschuldigung – das ist vom Bürgerlichen Recht her bekannt. Wer eine rote Ampel überfährt, der kann nicht Unkenntnis geltend machen. Er bekommt auf jeden Fall eine gebührenpflichtige Verwarnung.

Wir leben zusammen; wo ist der Unterschied?

Diesen Satz habe ich schon oft genug gehört. Der Student im College, der alles besser weiß, sagt gewöhnlich: »Ich schlafe mit verschiedenen Mädchen. Was ist daran falsch?« Dann antworte ich mit einer Gegenfrage: »Wovor haben Sie eigentlich Angst? Haben Sie Angst, eine Verpflichtung einzugehen? Scheuen Sie die Verantwortung? Haben Sie einen Minderwertigkeitskomplex? Liebe ist ein Zustand des Einsseins. Wenn Sie ein Mädchen wirklich liebhaben, dann können Sie nichts Liebloses tun. Was Sie tun, ist Drückebergerei. Liebe findet immer ihre objektive Bestätigung. Sie müssen Ihre Liebe demonstrieren.«

Ich habe schon mit vielen Mädchen gesprochen, die mit dem »idealen Boy« gelebt hatten. Sie liebten diesen »Idealtyp« jeweils auf ihre Weise und sehnten sich nach der Heirat. Unterbewußt vergaß so eine junge Frau dann, die Pille zu nehmen und wurde schwanger. Die Story ist dann immer wieder die gleiche: Er verläßt sie, lehnt jede Verantwortung ab und behauptet zudem noch, sie sei von jemand anderem geschwängert worden. Wo ist da die Liebe? Die Ehrlichkeit? Die Aufrichtigkeit?

»Was für ein entsetzlicher Unsinn«, sage ich zu jenen Studenten, die nicht müde werden, mit ihren Eroberungen zu prahlen und unentwegt behaupten, mit vielen Kommilitoninnen zu schlafen. »Warum laden Sie dann nicht mal Ihre Schwester nach hier ein und machen sie mit all diesen großartigen Liebhabern bekannt?« Die Antwort ist wohl nicht allzu schwer zu erraten: »Nicht meine Schwester. Eher würde ich sie umbringen!« Wie Sie sehen, handelt es sich da jedesmal um die Schwester eines anderen. Welch eine widerwärtige Heuchelei! Das geistige Gesetz besagt jedoch: Wenn wir einem anderen Leid zufügen, dann fügen wir uns selbst Leid zu.

Einige der Mädchen, die sich dem widmen, was sie freie Liebe nennen, entwickeln bei einer ungewollten Schwangerschaft sofort Schuldgefühle. Von ihren sogenannten Liebhabern verlassen, begehen sie oftmals Selbstmord oder werden zu Prostituierten. Der eigentlich verantwortliche Mann, der da meint, sich sang- und klanglos empfehlen zu können, kann seiner Verantwortung nicht entgehen; das Gesetz seines Unterbewußtseins reagiert auf seine ureigene Weise.

Sehen Sie sich jene Leute einmal genauer an, die da meinen, ohne Trauschein auskommen zu können – diesen Fetzen Papier, wie sie sagen. Sie sind zumeist sehr unaufrichtig, von Ängsten beherrscht, streitsüchtig und geradezu beängstigend unsicher. Sie fürchten immer, daß die Verbindung nicht halten könnte. Sie wollen keine Verantwortung übernehmen. Da von Liebe in diesem Zusammenhang nicht die Rede sein kann, ist das Ganze nichts als Heuchelei.

Einige machen geltend, sie müßten aus rein steuerlichen Gründen ohne Trauschein zusammenleben. Das ist völlig falsch. Ich erwidere dann: »Wenn es sich aber um wahre Liebe handelt und Sie sich, wie Sie sagen, im Herzen verheiratet fühlen, weshalb dokumentieren Sie es dann nicht auch? Alles Subjektive wird in der objektiven Welt offenbar. Wenn einer von Ihnen heute nacht sterben würde, welche Vorkehrungen haben Sie getroffen? Ist Ihr Partner finanziell gesichert? Falls Sie heute im Schlaf hinübergehen sollten, haben Sie eine Lebensversicherung, um den Partner abzusichern? Sie müssen Ihre Liebe schon beweisen.«

Den Frauen sage ich: »Lassen Sie sich nichts einreden. Was Ihnen von einem Mann gesagt wird, hat keine Bedeutung. Wichtig ist sein Verhalten. Was er tut, das ist, was er meint. Frauen wacht auf!«

Behüte dein Herz mit allem Fleiß, denn daraus geht das Leben (Spr. 4:23)

Mit Herz ist im hebräischen Symbolismus und in der figurativen Sprache der Bibel immer das Unterbewußtsein gemeint. Das heißt, daß jede Aktion eine ihr gemäße, korrespondierende Reaktion bewirkt. Es bedeutet zugleich, daß alles, was Sie Ihrem Unterbewußtsein mit Gefühl aufprägen, von diesem als Form, Funktion, Erfahrung und Begebenheit hervorgebracht wird. Eine wirkliche Ehe ist eine Angelegenheit des Herzens (dem Sitz der Liebe) und keine der Kirche, des Tempels, des Standesbeamten oder des Gerichts. Aus dieser Wahrheit folgt, daß das Äußere nur den inneren Gemütszustand bestätigt. Anderenfalls stimmt etwas nicht. Die Übereinstimmung von Verstand und Unterbewußtsein tritt immer im äußeren Bereich zutage. Die Gesetze des Gemüts besagen, daß jede innere Tätigkeit auch im äußeren Bereich erfahren wird. Eine wahre Ehe ist eine Sache des Herzens, und das Herz oder

Unterbewußtsein ist die Wohnstatt Gottes. Sie selbst sind der Tempel des lebendigen Gottes. Alle Macht Gottes befindet sich in Ihrem Innern. Gleich, ob Sie diese Macht Ihr höheres Selbst nennen, ICH BIN, Allah, Brahma, Ain Soph, Überseele oder lebendigen allmächtigen Geist – in Wahrheit hat sie keinen Namen. Die altertümlichen Mystiker sagten: »Wenn du es benennst, kannst du es nicht finden; wenn du es findest, kannst du es nicht benennen.«

Eine Reise nach London

In den frühen fünfziger Jahren hatte ich in der Londoner Caxton Hall das Truth Forum gegründet, das danach von Dr. Evelyn Fleet geleitet wurde. Ich habe im Lauf der Jahre dort so manchen Vortrag gehalten und auch Seminare abgehalten. Auf meiner letzten Reise dorthin hatte ich die Ehre, Rev. Michael Grimes als Lehrbeauftragten (Minister of Divine Science) zu ordinieren. Rev. Grimes hält regelmäßig Vorträge über die geistigen Gesetze und ist ein hervorragender Lehrer sowie ein profunder Scholar der Lebensgesetze und der Wirkungsweise des Heiligen Geistes.

Bei meinem letzten Besuch arrangierte er eine gemeinsame Veranstaltung der Science of Mind und der Unity-Bewegung in London, letztere unter der Leitung von Dr. Ralph Seelig, ebenfalls ein ganz großartiger Lehrer der ewigen Wahrheiten. Er verbreitet zusammen mit seiner charmanten Gattin diese ewigen Gesetze auf wundervolle Weise. Sie beide sind auf vielfältige Weise erleuchtet und gesegnet. Beide, Dr. Grimes und Dr. Seelig, sind doppelt gesegnet durch so wunderbare Ehefrauen, mit denen sie vorwärts, aufwärts und gottwärts gehen.

Eine hoffnungslose Ehesituation

Vor meinem Vortrag in der Caxton Hall wurde ich in meinem Hotel von einem Ehepaar gleich nebenan aufgesucht.

Wie sie mir erzählten, waren sie in der Church of England kirchlich getraut worden. Nichtsdestoweniger war ihre Ehesituation, so wie sie sich jetzt darstellte, untolerierbar. Der Ehemann mußte einräumen, daß er sich seiner Frau gegenüber Grausamkeiten zuschulden kommen ließ. Zuweilen hatte er sie mit einer Peitsche mißhandelt, um, wie er sagte, sexuelle Entspannung zu finden. Die Ehefrau wiederum hielt eine Scheidung für eine schwere Sünde. Sie hatte seltsame, groteske und abergläubische Auffassungen von der Bedeutung der Ehe.

Ich machte ihnen klar, daß ein Trauschein kein Freibrief für Grausamkeiten, Auspeitschungen, Vernachlässigung oder Schändung ist. Der Ehemann war offenkundig ein psychopathischer Sadist. Er gab auch zu, seine Frau verprügelt zu haben. Zudem war die Ehefrau der Hauptverdiener – der eigentliche Ernährer. Ihr Pfarrer jedoch hatte sie beschworen, bei ihm auszuhalten, ungeachtet seiner Grausamkeiten, seiner Ausschweifungen oder sexuellen Abnormitäten. Andernfalls drohten ihr einmal schlimme Konsequenzen. Das ist selbstverständlich alles blühender Unsinn. In keiner Bibel der Welt findet sich eine solche Lehre.

Wenn solche Seelsorger einmal die Exegese der Bibel studieren oder die 2000 Jahre alten Schriften des Judäus – die allegorische Auslegung der fünf Bücher Mose – lesen würden, dann würden sie sehen, daß die ganze Bibel allegorisch, mystisch, figurativ und idiomatisch ist. Sie enthält Fabeln, Mythen, Kryptogramme und Nummern. Auch das Neue Testament ist angefüllt mit Parabeln, aber kein vernünftiger Mensch nimmt all diese Gleichnisse wortwörtlich.

Nehmen wir einmal die Begriffe *Unzucht* und *Ehebruch*. Sie stehen in der Bibel keineswegs für bloße körperliche Handlungen. Das Gemüt wirkt auf den Körper ein. Der Körper ist ein Vehikel. Er handelt nur auf entsprechende Anweisungen des Gemüts. Sie können auf

Ihrem Körper eine Melodie der Liebe oder eine des Hasses spielen. In anderen Worten: Ihr Körper tut niemals etwas ohne ausdrücklichen Befehl ihres Gemüts. Das ist einfach und bedarf keiner weiteren Erklärung.

Der *Mann* steht in der Bibel für den wachbewußten Verstand, das *Weib* für das Unterbewußtsein. Wenn es beispielsweise heißt: ... *Wer eine Frau ansieht und sie begehrt, der hat in seinem Herzen mit ihr schon die Ehe gebrochen* (Matth. 5:28), dann offenbart das einen Vorgang im Herzen oder Unterbewußtsein. Und selbstverständlich wird ihrem Körper das widerfahren, was ihrem Unterbewußtsein aufgeprägt wurde.

Ihr Körper ist nicht verantwortlich

Die Kräfte, von denen Ihr Körper beherrscht wird, sind mentaler und spiritueller Art. Ihre mentale Einstellung bestimmt Ihr Verhältnis zu Gott, den Menschen und dem Universum. Um auf die beiden Eheleute zurückzukommen: Sie vermochten die spirituellen Bedeutungen der mit Ehebruch bezeichneten Bibelpassagen zu erkennen und beschlossen daraufhin, ihre Verbindung – diese grausame Täuschung – zu lösen. Sie wissen jetzt, daß Unzucht im biblischen Sinne eigentlich Götzendienst ist – ein Huldigen falschen Göttern oder der Beischlaf mit dem Schlechten im Bett ihres Gemüts.

Wenn Sie etwa den Sternen irgendeine Macht einräumen oder meinen, andere Menschen besäßen Macht über Sie, wenn Sie der Meinung sind, von einem Luftzug einen steifen Hals bekommen zu können etc., dann huldigen Sie falschen Göttern oder begehen Ehebruch, weil Sie dem erschaffenen Ding Macht zugestehen statt dem Schöpfer. Sie betreiben Unzucht – biblisch gesprochen –, wenn Sie irgendeiner Äußerlichkeit Macht einräumen, etwa Voodoo-Zauber, schwarzer Magie, Horoskopen oder üblen Wesenheiten, auch böse Geister genannt. Gott ist die einzige

Macht und Gegenwart. Die Unzucht hört auf, wenn Sie dem ICH BIN in Ihrem Innern die höchste Anerkennung zuteil werden lassen, wenn Sie Gott als die einzige Macht und Gegenwart gelten lassen. Wenn Sie es jedoch vorziehen, im Bett Ihres Gemüts mit Negativitäten den Beischlaf zu vollziehen, als da sind Groll, Ärger, Verdruß und Übelwollen, dann erzeugen Sie damit eine üble Nachkommenschaft.

Die Bibel befaßt sich eingehend mit der subjektiven Seite des Lebens, und keineswegs mit Lehrmeinungen, Dogmen, Formulierungen und Vorschriften für das Eheleben, wie sie von verschiedenen Kirchen etabliert worden sind. Ehebruch und Götzendienst meinen hierbei das gleiche. Wir sprechen von chemischen Stoffen wie Sodiumchlorid als von chemisch reinen Substanzen. Hier sind alle Ehebrecher entfernt; keine Fremdsubstanz ist vorhanden. Auf eine gleichartige Weise müssen Sie Ihr Gemüt reinigen und aufhören, irgendwelchen Äußerlichkeiten – Menschen, Zuständen oder Begebenheiten – Macht einzuräumen. In anderen Worten: Sie müssen aufhören, anderen Göttern zu huldigen.

Der spirituell denkende Mensch gesteht der phämomenalistischen Welt keinerlei Macht zu. Die Macht erkennt er allein dem Schöpfer zu, nicht dem Erschaffenen. Ehebruch ist, wie gesagt, eine rein innere Angelegenheit – eine Sache des Herzens (Unterbewußtseins). Wenn Sie sich mental und emotionell mit falschen Ideen und Konzepten vermählen, dann treiben Sie Unzucht. Alles, über das Sie nachsinnen und das Sie als wahr empfinden, wird ihrem Unterbewußtsein aufgeprägt, sofern es mit einem starken Gefühl aufgeladen ist. Das ist dann eine mentale Sexualhandlung. Der wachbewußte Verstand vermählt sich mit dem Unterbewußtsein, und aus dieser Verbindung geht ein Kind hervor, *Sohn* genannt. Der Sohn ist die Manifestation oder Subjektivierung Ihrer Idee, sei sie gut oder schlecht.

Weshalb sie nörgelte

Eine Ehefrau in London stand kurz vor der Scheidung. Ihr Mann hatte sein ganzes Vermögen an der Börse verspekuliert und war jetzt ständig mürrisch, schlecht gelaunt und deprimiert. Jetzt verlangte er die Scheidung, weil sie ihn, wie er sagte, zu Tode nörgelte.

Ich konnte ihr klarmachen, daß Nörgeln und Gekeife so ziemlich der schnellste Weg zur Auflösung einer Ehe ist. Gerade jetzt – so sagte ich ihr – brauche er Ermutigung und Unterstützung von ihrer Seite. Darauf meinte sie, ihr Mann hätte zum Zeitpunkt ihrer Heirat über gute Eigenschaften verfügt. Ich überzeugte sie, daß diese Charakteristiken und Qualitäten nach wie vor bei ihm vorhanden seien, sie müßten nur wiedererweckt werden. Das kann durch das wissenschaftliche Gebet erreicht werden.

Ich gab ihr das folgende Gebet zur häufigen Anwendung und machte ihr klar, daß ihr Mann ihre spirituelle Ermutigung unterbewußt empfangen würde, wodurch sie beide gesegnet wären: »Ich weiß, daß mein Mann für meine konstruktiven Gedanken und Vorstellungen empfänglich ist. Ich weiß und ich fühle, daß im Mittelpunkt seines innersten Seins absoluter Frieden herrscht. Mein Mann wird auf allen seinen Wegen göttlich geführt. Er ist ein Kanal für das Göttliche. Die Liebe Gottes erfüllt sein Gemüt und sein Herz. Zwischen uns herrscht Harmonie, Frieden, Liebe und Verständnis. Ich verbildliche ihn mir als glücklich, gesund, frohgemut, liebevoll und wohlhabend. Ich umgebe ihn mit dem heiligen Kreis der Liebe Gottes, der für jede Negation undurchdringlich ist.«

Sie besprachen die Dinge miteinander, noch während ich mich in London aufhielt, und kamen zu dem Entschluß, zusammen zu bleiben. Wie ich kürzlich hörte, hat der Ehemann inzwischen eine recht lukrative Position gefunden. Das Gebet verändert die Dinge: Es verändert den Betenden.

Halten Sie Ihr Gemüt auf Gott gerichtet, dann wandert es nicht zu den falschen Göttern und irrigen Überzeugungen der Welt. Wenn sich im Eheleben Schwierigkeiten ergeben, sollten die Betroffenen jeweils den Gott im anderen erhöhen. Sprechen Sie dann zum Geist ihres Ehepartners etwa folgendermaßen: »Der Geist in mir spricht zum Geist von John oder Mary. Zwischen uns gibt es allezeit nur Harmonie, Frieden, Liebe und Verständnis. Gott denkt, spricht und handelt durch mich und auch durch meinen Ehepartner.« Wenn Sie sich das zur Gewohnheit machen, wird Ihre Ehe im Lauf der Jahre immer besser und gesegneter.

Er kam zu ihr zurück

Ein Londoner Apotheker hatte einen Streit mit seiner Frau. Das war für sie der Anlaß, ihn zu verlassen und einen anderen Mann zu heiraten. Auch er verheiratete sich wieder. Im Grunde seines Herzens jedoch war er nach wie vor mit seiner ersten Frau verheiratet. Auch sie sehnte sich nach ihm und sagte ihm das auch. Von allem Anfang an war es Liebe, die sie zusammengeführt hatte, wogegen in seiner gegenwärtigen Situation davon kaum die Rede sein konnte. Er sah das ein, und es kam zu einer Wiedervereinigung. Es hat keinen Sinn, eine Lüge zu leben. Es ist bei weitem anständiger und ehrenhafter, eine solche Lüge abzubrechen, als sie weiterhin zu leben.

Die Antwort auf ein jedes Problem besteht in spirituellem Gewahrsein. Das Wissen darum und wissenschaftliches Gebet kann viele Ehen retten, zum Teil noch bevor sie überhaupt geschlossen werden. Andererseits würde so manche Scheidung überflüssig sein, wenn spirituelles Gewahrsein und eine tiefe Reverenz für das Göttliche vorherrschen würden. Nur Gott und seine Liebe kann die Wunden eines gebrochenen Herzens verbinden und die Eingekerkerten freisetzen.

Disziplinieren des Gemüts

... fand es sich, daß sie vom heiligen Geist schwanger war (Matth. 1:8). Der *heilige Geist* ist der heile Geist Gottes, der in den unterbewußten Tiefen eines jeden Menschen wohnt. *Joseph* ist Ihr wägender oder wachbewußter Verstand. *Maria* repräsentiert Ihr tieferes Bewußtsein, angefüllt mit den Qualitäten, Attributen und Kräften Gottes. Joseph (der wachbewußte Verstand) sollte dem heiligen Kind (Ihr Gewahrsein der Gegenwart und Macht Gottes in Ihrem Innern) Führer und Berater sein. Ihr Denken ist Joseph und Ihr Gefühl oder Ihre Emotion Maria. Wenn diese beiden sich in Frieden und Harmonie vereinen, ist Ihr Gebet beantwortet; das ist Gott in Aktion. Das ist die Wirkungsweise Ihres Gemüts, und das Wissen darum ist die Geburt des heiligen Kindes oder der Ihnen innewohnenden Weisheit.

Achten Sie auf ein harmonisches, synchrones und freudiges Verhältnis zwischen ihrem wachbewußten Verstand und Ihrem Unterbewußtsein, und Sie werden Gesundheit, Frieden, Kraft und Sicherheit hervorbringen. Setzen Sie den richtigen Gedanken auf den Thron Ihres Gemüts, dann werden Sie im Herzen auch das rechte Gefühl verspüren. Das vermählte Paar repräsentiert Ihr vereinigtes Denken und Fühlen. Sobald diese Vereinigung erfolgt ist, kommt das dritte Element – der Frieden (Gott) hinzu, und Sie erfahren die Freude des beantworteten Gebets. Lassen Sie ihr Herz zum Kelche der Liebe Gottes werden und eine Krippe für die Geburt Ihres Gewahrseins dieser Gottesliebe, dann wird das daraus hervorgehende Kind Ausdruck Gottes auf Erden sein.

Das Gesamtverzeichnis der Heyne-Taschenbücher informiert Sie ausführlich über alle lieferbaren Titel. Sie erhalten es von Ihrer Buchhandlung oder direkt vom Verlag.

Wilhelm Heyne Verlag, Postfach 20 12 04, 8000 München 2

Murphy Autogenic-Kassetten

Dr. Joseph Murphy jetzt auch als **Autogenic-Kassettenprogramm**, mit Meditationsmusik unterlegt.

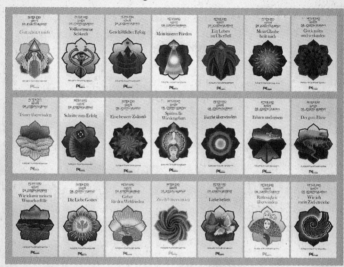

- ★ Liebe befreit
- ★ Die Liebe Gottes
- ★ Eine bessere Zukunft
- ★ Spirituelle Wiedergeburt
- ★ Trauer überwinden
- ★ Furcht überwinden
- ★ Ratlosigkeit überwinden
- ★ Zweifel überwinden
- ★ Fahren und reisen
- ★ Mein Glaube heilt mich
- ★ Vollkommene Sehkraft

- ★ Mein innerer Frieden
- ★ Gebet für den Weltfrieden
- ★ Schritte zum Erfolg
- ★ Wie ich mein Ziel erreiche
- ★ Geschäftlicher Erfolg
- ★ Ein Leben im Überfluß
- ★ Wie ich mir meinen Wunsch erfülle
- ★ Gut kaufen und verkaufen
- ★ Gott schützt mich
- ★ Der gute Hirte

Fragen Sie danach bei Ihrem Buchhändler.
Rufen Sie einfach bei uns an
und verlangen Sie das kostenlose **„PETER ERD JOURNAL"**
mit **Gewinnspiel.**

Verlag

Gaißacher Straße 18 · Postfach 75 09 80 · 8000 München 75
Telefon (089) 7 25 30 04

BESONDERE BÜCHER

- Klaus Jürgen Becker, **Nie mehr ärgern**
- Klaus Jürgen Becker, **Urlaub für immer**
- Uma Silbey, **Heilkraft der Kristalle**
- Lori Reid, **Die weibliche Hand**

- DIVO Helche Weber, **Alta-Major-Energie**
- Catherine Ponder, **Die Heilungsgeheimnisse der Jahrhunderte**
- Johannes Walter, **Die heilende Kraft des Atmens**
- Elisabeth Kroll-Hermkes/Rudolf Borgartz,
  Gespräche mit dem Jenseits

Der PETER ERD Verlag bietet eine ausgezeichnete Auswahl an besonderen Büchern, Broschüren und Tonkassetten zu den Themen „Positives Denken", „Gesundheit", „Esoterik" und „Neues Management".

Erhältlich in Ihrer Buchhandlung.

Bitte fordern Sie das kostenlose **PETER ERD Journal**
direkt beim Verlag an:

Postfach 75 09 80 · 8000 München 75 · Telefon 0 89 / 7 25 30 04

BESONDERE BÜCHER

○ Penny McLean, **Kontakte mit Deinem Schutzgeist**
○ Penny McLean, **Adeline und die Vierte Dimension**
○ Ronald Shone, **Dein Ziel sehen und erreichen**
○ Veronika Zickendraht, **Neue Frauen braucht das Land**

○ Shakti Gawain, **Leben im Licht**
○ Dr. Joseph Murphy, **Die Kraft schöpferischen Denkens**
○ Farida Wolf, **Nimm mich in Deine Hände**
○ Peter Erd (Hrsg.), **Der positive Tagestip**

Der PETER ERD Verlag bietet eine ausgezeichnete Auswahl an besonderen Büchern, Broschüren und Tonkassetten zu den Themen „Positives Denken", „Gesundheit", „Esoterik" und „Neues Management".

Erhältlich in Ihrer Buchhandlung.

Bitte fordern Sie das kostenlose **PETER ERD Journal**
direkt beim Verlag an:

Postfach 75 09 80 · 8000 München 75 · Telefon 0 89 / 7 25 30 04

Dr. Joseph Murphy

Wege und Wahrheiten für ein besseres und erfolgreiches Leben

Dr. JOSEPH MURPHY
Die Macht der Suggestion
08/9500

Dr. JOSEPH MURPHY
Ihr Weg zu innerer Sicherheit
08/9504

Dr. JOSEPH MURPHY
Finde Dein höheres Selbst – lebe Dein wahres Ich

08/9516

Dr. JOSEPH MURPHY
Tele-PSI
08/9526

Dr. JOSEPH MURPHY
ASW – Ihre außersinnliche Kraft

08/9532

Dr. JOSEPH MURPHY
Das Superbewußtsein

08/9543

Dr. JOSEPH MURPHY
Die Kraft schöpferischen Denkens
08/9555

Wilhelm Heyne Verlag München